시련과　고난을　딛고　선
세브란스 의과대학(1945~1957)

시련과 고난을 딛고 선 세브란스 의과대학(1945~1957)

초판 1쇄 발행   2021년 8월 25일

지은이 | 박형우
펴낸이 | 윤관백
펴낸곳 | 도서출판 선인

등 록 | 제5-77호(1998.11.4)
주 소 | 서울시 마포구 마포대로 4다길 4(마포동 324-1) 곳마루 B/D 1층
전 화 | 02)718-6252 / 6257
팩 스 | 02)718-6253
E-mail | sunin72@chol.com

정가   30,000원
ISBN   979-11-6068-607-4   93910

시련과 고난을 딛고 선

세브란스 의과대학(1945~1957)

박형우 지음

도서출판 선인

한국 최초의 서양식 병원인 제
중원으로부터 시작된 연세대학교
의과대학의 역사는 한국 서양의학
의 주요 역사로서도 큰 의미를 갖
고 있습니다. 그동안 연세대학교
의과대학의 역사에 대해서는 1965
년 80년사에 이어, 1985년 100년사
가 간행된 바 있습니다. 그런데 이
책들은 많은 자료가 발굴된 현재

개나리가 핀 '안산 자락길'에서

의 기준으로 보면 내용이 빈약하였지만, 일부 관련자들의 중요한 증언이 담
겨 있습니다. 이후 2005년에 120년사의 전편(1885~1945)이 간행되었습니다.
이 책은 이전의 80년사나 100년사와 달리 원전 자료들을 이용함으로써 해방
이전의 연세대학교 의과대학의 역사에 대하여 보다 정확하고 풍부한 자료를
담았다고 볼 수 있습니다. 하지만 해방 이후 현재에 이르는 역사는 아직 간행
되지 않았습니다.

이 책은 1945년 8월 해방이 되어 '세브란스 의학전문학교'라는 교명을 되찾

은 세브란스가 1957년 1월 연희대학교와의 합동으로 연세대학교 의과대학으로 탄생될 때까지 12년이 조금 넘는 기간의 역사를 다루고 있습니다. 이 기간은 연세대학교 의과대학의 역사뿐 아니라 한국 의학의 역사에서도 가장 힘들고, 중요했던 시기이었다고 평가할 수 있습니다.

이 책은 제1부 해방과 의예과 설치, 제2부 대학 승격과 재정 · 시설 확충, 제3부 한국전쟁과 연세합동의 3부로 구성되어 있습니다.

제1부에서는 해방과 함께 '세브란스 의학전문학교'라는 교명의 부활, 미 군정의 의학 교육 방침, 최동 제4대 교장의 취임, 그리고 1945학년도의 학사 일정을 다루었습니다. 이에 덧붙여 6년제 의과대학의 도입으로 의예과를 설치하는 과정, 학생 모집, 1946학년도의 학사 일정을 다루었습니다. 그리고 38선을 중심으로 남북으로 갈리면서 정치적으로나 사회적으로 불안정한 상황에서 세브란스 학생들이 주도하였던 전재민 구호 및 방역 활동, 신탁 통치 반대 운동과 각종 문화 활동을 다루었습니다. 마지막으로 일제 시기 유일한 사립 의학 교육기관(경성여자의학전문학교는 1930년대 말에 설립됨)으로서 유능한 한국인 의학자의 본산이었던 세브란스 동창들의 해외 연수, 일본인들의 철수로 생긴 공백을 메꾸며 남한과 북학의 의학계에서 활동하였던 세브란스 출신들의 활동을 다루었습니다.

제2부에서는 6년제 대학 승격 과정, 1947학년도의 학사 일정, 시설과 도서의 확충 및 각종 문화 활동을 다루었습니다. 그리고 동은 김충식의 기부, 선교사의 귀환과 선교부의 각종 지원을 다루었으며, 1948년 대한민국 정부 수립 직후의 이용설 제5대 학장 취임, 1948학년도와 1949학년도의 학사 일정, 학생 활동, 교수진들의 연구와 연수, 그리고 세브란스와 연희의 합동 논의 재개를 다루었습니다.

제3부에서는 1950년 6월의 북한의 남침으로 일어난 한국전쟁의 경과와 세브란스, 1950학년도와 1951학년도의 학사 일정, 전시연합대학, 세브란스 분원, 그리고 1952년 서울 복귀 이후 김명선 제6대 학장 취임, 전후 복구와 1952학년도부터 1956학년도까지의 학사 일정, 한국 전쟁 후의 학술 활동, 마지막

으로 한국 전쟁 이후 연희대학교와의 합동이 실현되고 연세 의료원이 출범하는 과정을 다루었습니다.

앞에서 이 책이 다루고 있는 시기가 '가장 힘든' 시기라고 언급하였는데, 자료를 확보하여 연구하는 측면에서도 '가장 힘든' 시기 중의 하나라고 볼 수 있습니다. 그 이유는 관련 자료가 많지 않을 뿐 더러 많은 경우 단편적으로 산재해 있기 때문입니다. 또한 선행 연구들도 많지 않아 다양한 분야의 여러 자료들을 일일이 찾느라 당초 예정보다 많은 시간이 소요되었습니다. 필자가 최대한 노력을 하였음에도 미진한 부분이 많을 것입니다. 독자 여러분들의 많은 이해를 부탁드립니다.

수집한 자료는 주로 동은의학박물관, 연세대학교 박물관, 국사편찬위원회 홈페이지, 국립중앙도서관 신문 아카이브, 필라델피아의 미국 장로교회 역사관, 뉴저지 모리스타운의 드루 대학교 연합감리교회 아카이브 등의 도움을 받았습니다. 도움을 주신 관계자들께 감사드립니다. 책 뒤에 첨부된 참고문헌에는 여러 자료들 중에서 중요한 것들만 수록하였습니다. 이 책을 읽는 세브란스 선배님들 중에서 내용 중 틀리거나 보충해야 할 부분을 필자에게 알려주시면 대단히 고맙겠습니다. 또한 관련 자료나 사진을 연세대학교 의과대학 동은의학박물관으로 기증해 주시면 관련 분야 연구에 큰 도움이 되겠습니다.

이 책은 여러 자료에 근거하여 서술된 것이지만 연세대학교 의과대학에서 간행한 공식 역사서는 아닙니다. 필자는 이 책을 쓰면서 당시 한국 사회의 전체적인 흐름을 살펴보고, 그 흐름 속에서 연세대학교 의과대학이 어떻게 발전하였는가를 살펴보았습니다.

이 연구비는 김명선 재단의 연구비 지원으로 이루어졌습니다. 김명선은 해방 이후 세브란스 의과대학의 부학장에 이어, 1954년 학장에 취임하여 연세 합동을 성사시킨 장본인으로서 연세대학교의 역사에 큰 영향을 미친 인물 중의 한 명이었습니다. 그를 기념하는 재단에서 연구비를 받아 이 책을 집필하게 되어 더욱 뜻이 깊다고 생각합니다. 다만 당초 2년 정도의 기간이면 원고 집필이 끝날 것으로 예상하였지만, 위에 설명한 이유 때문에 이제야 보고서를 제출하게 되었음을 2020년에 작고한 강두희 전(前) 이사장께 송구한 마음으로 보고 드립니다. 필자의 고충을 충분히 이해해 주시리라 믿습니다. 아울러 이 보고서를 흔쾌하게 받아주신 현 이경식 이사장께도 감사드립니다. 그리고 이 보고서의 출판을 가능토록 해 준 연세대학교 의과대학 유대현 학장께도 감사드립니다.

필자는 2021년 8월 말로 정년을 하게 됩니다. 당초 정년을 맞이하여 준비해 왔던 주제가 있었지만, 6개월 전부터 이 책의 원고 완성에 집중하여 끝내게 되면서 이 책이 정년 기념 저서가 되었습니다. 정년 후에도 최근 필자가 집중해 왔던 초기 의료 선교사 관련 자료집이나 기타 관련 연구를 계속해서 진행하려 합니다. 여러분들의 많은 관심과 성원을 부탁드립니다.

마지막으로 이 책이 나오기까지 사진 자료를 제공해 준 동은의학박물관의 김세훈 관장, 정용서 학예실장, 원고 내용을 검토, 교정해 준 강양구 국장과 전재완 군, 도서출판 선인의 윤관백 대표와 편집부에도 감사의 말씀드립니다.

2021년 8월 1일
안산 자락에서
상우(尚友) 박형우 씀

hwpark0409@naver.com

제1부 해방과 의예과 설치

제2부 대학 승격과 재정·시설 확충

시련과 고난을 딛고 선
세브란스 의과대학(1945~1957)

연세대학교는 1957년 1월 연희대학교와 세브란스 의과대학의 합동으로 탄생하였다. 잘 알려진 바와 같이 두 대학은 모두 개신교의 여러 교파가 연합하여 설립된 고등 교육기관이었다. 130여 년 전 한국에서 본격적인 전도 활동을 벌이기 시작하였던 개신교의 여러 교파들은 당장 선교에 나설 수 없는 상황에서 '의료'와 '교육'을 앞세웠다. 여기서 '의료'의 상징적인 기관이 세브란스, '교육'의 상징적인 기관이 연희(Chosen Christian College)이었다. 그런데 초등이나 중등 교육기관과 달리 고등 교육기관은 한 교파가 단독으로 운영하는 것이 거의 불가능하였기 때문에 여러 교파가 연합하였다.

한국 최초의 서양식 병원 제중원의 개원

가장 먼저 한국에 선교부를 조직하였던 미국 북장로교회는 1884년 12월에 일어난 갑신정변의 와중에서 의료 선교사 호러스 N. 알렌(Horace N. Allen, 1858~1932)이 민비(閔妃, 1851~1895)의 조카인 민영익(閔泳翊, 1860~1914)의 생명을 구하였고, 이것이 계기가 되어 1885년 4월 한국 최초의 서양식 병원인 제중원(濟衆院)이 탄생하였다.

그림 1-1. 한국 최초의 서양식 병원인 제중원(재동).

그림 1-2. 제중원(구리개). 1894년 9월 미국 북장로교회 선교부로 이관되었다.

제중원은 건물, 일부 운영비 등의 하드웨어는 조선 정부가 담당하고, 병원의 핵심인 의료, 즉 소프트웨어는 미국 북장로교회가 담당하는 일종의 합작 병원이었다. 여기서 합작은 일종의 '협동'이었다.[1] 미국 북장로교회는 기독교의 전도, 조선 정부는 서양 의술의 도입을 통한 국가 발전의 도모를 목적으로 하여 서로 달랐지만 한국에 서양의학을 도입하기 위하여 서로 힘을 합쳤던, 즉 '협동'하였던 것이다. 하지만 조선 정부가 마련한 예산을 조선인 관리들이 착복하여 선교사나 선교부가 운영 경비를 마련해야 하는 경우가 많았다.

어쨌건 이런 '협동'을 바탕으로 미국 북장로교회는 제중원을 근거지로 선교를 준비할 수 있었다. 더욱이 올리버 R. 에비슨(Oliver R. Avison, 1860~1956)에 의하여 1894년 9월 제중원이 미국 선교부로 이관되어 선교 병원으로 재조직됨으로써 보다 안정적인 선교에 나설 수 있었다.

세브란스 병원으로의 발전

1885년 4월 10일 개원할 당시 재동에 위치해 있던 제중원은 약 600평의 부지에 다수의 건물들이 있었고, 대략 40명을 입원시킬 수 있는 규모이었다. 환자가 많아지자 제중원은 1887년 초 구리개(명동성당과 을지로 사이의 언덕지대)로 이전하였다. 자세한 규모는 알려져 있지 않지만 필요에 따라 보다 많은 건물을 지을 수 있을 정도로 부지가 상당히 넓었다. 하지만 전형적인 한옥을 개조하여 병원으로 사용하였기 때문에 환자 관리가 용이하지 않았다. 또한 의사 1~2명이 진료를 담당함으로써 의학 교육, 진료, 최신 의학 지식 습득 등은 곤란한 실정이었다. 다른 교파의 병원들은 구리개 제중원보다 훨씬 더 열악한 상태에 있었다.

이에 에비슨은 1895년 2월 중앙병원을 구상하였고, 1897년 10월에는 연합병원을 구상하였다. 이런 상황에서 건강이 악화된 에비슨은 1899년 3월 안식

---

[1] 외국인들이 쓴 글에는 흔히 '한국의 왕이 후원(patronage)하며 알렌이 책임을 맡은 병원'으로 묘사되어 있다. 현실적으로 제중원은 외아문에 배속된 조선 정부의 기관이기도 하였다.

그림 1-3. 세브란스 병원(1904). 동은의학박물관 소장.

년으로 귀국하였다. 그는 1900년 4월 말 미국 뉴욕 카네기 홀에서 '의료 선교에 있어서의 우의'라는 제목의 강연을 하였는데, '큰 연합병원이 건립된다면 여러 의료 선교사들이 힘을 합쳐 효율적으로 사업을 할 수 있을 것'이라는 내용이었다. 이 강연을 들은 클리블랜드의 자선 사업가 루이스 H. 세브란스 (Louis H. Severance, 1838~1913) 씨가 병원 건립 기금으로 1만 달러를 기부하였다. 1900년 10월 한국으로 돌아온 에비슨은 세브란스 씨가 병원 부지 구입을 위해 추가로 기부한 5천 달러에 힘입어 남대문 밖 복숭아 골에 대략 1만 평 크기의 병원 부지를 구입하고 1904년 9월 한국 최초의 현대식 병원을 준공하였다. 이와 함께 병원 이름을 세브란스 병원으로 바꾸었다.[2)

병원 건립 기금의 기부 소식을 들은 에비슨이 고맙다고 인사하자 세브란스 씨는 "받는 당신 보다 주는 내가 더 기쁘다"는 말로 화답하였으며, 이것이 바로 진정한 기부 정신을 나타내는 말로 흔히 인용되고 있다.

한국 최초의 면허 의사 배출과 연합

개원 이후 1886년 3월 제중원에서 처음 시작된 한국의 서양 의학교육은 의사 배출이라는 열매를 맺지 못하였다. 하지만 1904년 9월 세브란스 병원으로 규모가 확대되고 두 번째 교수로 제시 W. 허스트(Jesse W. Hirst, 1864~1952)가 합류하면서 거의 전 과목의 의학 교과서가 번역 출판되었다. 학생들이 이 교과서로 의학 교육을 받으면서, 1908년 6월 한국 최초의 면허 의사가 배출되었다. 이후 여러 교파가 의학 교육과 병원 경영에 참여하면서 세브란스는 '연합'으로 운영되었으며, 1913년 학교 명칭도 기존의 세브란스 병원의학교(Severance Hospital Medical College)에서 세브란스 연합의학교(Severance Union Medical College)로 바뀌었다. 이렇게 세브란스는 개신교가 한국에서 앞세웠던 '의료'의 상징적인 기관이 되었다.

세브란스의 발전과 전문화

1910년 한국을 식민지로 만든 일제는 1915년 전문학교 규칙을 반포하였는데, 전문학교가 되기 위해서는 학교를 유지할 만한 재산을 가진 재단법인을 조직하고 상당한 설비와 교원을 갖추어야 했다. 총독부가 운영하는 관립 기관에 비해 선교부가 운영하는 사립 기관은 이러한 조건을 맞추기가 쉽지 않았다. 하지만 세브란스는 이미 1913년 연합 교육 기관의 토대를 갖추었기에 여러 교파가 분담하여 해결할 수 있었다. 규칙에 따라 일본어 등의 교육을 위하여 몇몇 일본인을 교수로 채용하였으며, 마지막으로 재단이사회를 조직

---

2) 1902년 세브란스 씨가 병원 대지를 위해 기부한 5,000달러로 구입한 약 10,000평의 부지는 현재 기준 시가가 평당 6,000만 원이 넘으며, 따라서 현 시가로 따지면 6,000억 원이 넘는다.

함으로써 1917년 5월 14일 조선총독부로부터 세브란스 연합의학전문학교의 인가를 받았다.

이를 계기로 각 교실이 조직되는 등 교육과 진료가 전문화되었다. 이후 조선 총독부 지정(1922년) 및 일본 문부성 지정(1934년) 등을 통하여 무시험으로 일본 의사 면허를 취득하게 됨으로써 일본의 다른 의학전문학교와 어깨를 나란히 할 수 있었다. 또한 경성부민기념 전염병실(1926년), 신병실(1928년), 결핵병사(1920년), 병리부검실(1928년), 치과 진료소(1931년), 대수술실(1932년) 및 기초학 교실(1934년) 등 다수 건물이 신축 및 증축되었다.

이 동안 세브란스는 시료과를 두고 돈이 없는 환자들을 기독교 정신에 입각하여 무료 진료하였다. 그 진료비의 대부분은 외국인들의 기부로 충당되었다. 1930년대에 들어 세브란스에 기부하는 한국인들이 나타나기 시작하였다. 1934년 장교동에 사는 이학숙(李學淑) 여사는 시료 입원 환자 1명의 1년 치 경비에 해당하는 365엔을 기부하여 시료 사업에 큰 도움을 주었다. 이외에도 전라도의 대지주이었던 구마모토 리헤이[熊本利平, 1876~1968]는 1934년 10월 시료실 환자 1명의 3년 치 입원료를 기부하였고, 같은 달 안경부의 김교익(金教益) 역시 시료실 환자 1명의 1년 치 입원료를 기부하였다. 1941년에는 서울의 부호 독지가 조병학(曺秉學, 1884~1942)이 토지 60만 평을 기부하였고, 1943년에는 1917년 졸업생 차형은(車亨㥥, 1895~?)이 함경남도 영흥군 내 토지 30만 평을 기부하였다.

하지만 1920년대 말 세계 경제공황의 여파로, 1930년 3월 결산에 따르면 1만 엔의 적자가 났다. 다행히 세브란스 가(家)의 보조로 위험을 넘겼지만, 재정의 안정이 큰 문제로 대두되었다. 1910~20년대에는 입원 환자의 반 정도가 무료 진료의 혜택을 받았지만, 1930년대에 들어 재정의 악화로 인하여 10% 정도로 대폭 줄어들었다.

이런 가운데 1934년 2월 에비슨이 교장직을 사임하면서 후임 제2대 교장으로 한국인 오긍선(吳兢善, 1879~1963)이 임명되었다.

일제의 탄압과 교명(校名) 강제 개칭

1931년 9월 만주사변을 일으키고 한반도에서 각종 탄압정책을 구사하던 일제는 1937년 7월 중일전쟁을 일으켰다. 이런 일제는 미국이 경제적 압박을 가하자 노골적인 반미 태도를 취하였으며, 이때부터 내선일체라는 구실로 일본어 사용을 강요하기 시작하였다. 그리고 집회가 시작될 때에는 동쪽에 있는 일본 궁성을 향해 궁성 요배를 하도록 하였고, 한민족이 일본국의 국민이며 일본국을 위해 신명을 다하여 충성을 하겠다는 3개 조항의 '황국신민의 서사'를 낭독하도록 하였다. 이에 더 나아가 1938년 9월 신사참배를, 1940년 2월부터는 창씨개명을 강요하였다.

이런 와중에서 1939년 2월 21일에 개최된 이사회에서는 교장에 최동, 부교장에 얼 W. 앤더슨(Earl W. Anderson, 1879~1960)이 선임되었다. 하지만 조선총독부가 아무런 의사를 밝히지 않는 가운데 1940년 2월 이사회에서 오긍선 교장과 더글러스 B. 에비슨(Douglas B. Avison, 1893~1952) 부교장이 유임되었다. 이후 일제는 미국과 영국의 색채를 깨끗이 씻어 버리기 위하여 학교의 명칭을 변경하도록 요구하였고, 1941년 12월 개최된 재단이사회는 '아사히 [旭] 의학전문학교'로 개칭하기로 결정하였다.

일제는 학교 명칭 변경에 그치지 않고 1928년 건립된 에비슨 동상도 철거하도록 조치하였다. 이에 1942년 3월 '아사히 의학전문학교 동창회장 오긍선은 동상을 일본 당국에 자진 헌납'하였다. 한편 1942년 8월 15일부로 신임 제3대 교장으로 인가를 받은 이영준(창씨 명: 기미야마, 公山富雄)은 8월 18일 소집된 교수회의에서 학교를 대혁신하되, 일본인 교수를 확충하고 1943년 신학기부터 일본인 학생의 입학을 허용한다고 발표하였다. 이에 따라 세브란스 역사상 처음으로 일본인 학생 2명이 입학하였다.

이상과 같이 세브란스는 교명이 바뀌고 폐교는 면하였지만, 선교사가 모두 떠나 미국과 캐나다에서의 기부는 들어오지 않았고 설비나 약품 등이 공급되지 않는 가운데 일제를 뒷받침하는 기관으로 변모해 갔다.

제1부
해방과 의예과 설치

제1장

교명 부활과 학사 일정의 정상화

36년 동안의 일제의 식민지 지배를 받았던 한국은 1945년 8월 15일 해방 (解放)되었다. 이와 함께 일제의 강압으로 1942년 2월 1일부터 '아사히[旭]'로 강제 개명되었던 세브란스는 '세브란스 의학전문학교'라는 명칭을 되찾았다.[1] 그러나 한반도는 미·소 양국에 의해 38선을 기준으로 북쪽은 소련이, 남쪽 은 미국이 각각 분할 점령하게 되었다. 이런 상태에서 한반도 문제를 매듭짓 기 위하여 1945년 12월 모스크바에서 개최된 삼상회의는 한국에 대한 '신탁통 치와 임시정부 수립 및 그를 통한 독립'을 논의하기 위한 미소 공동위원회의 설치를 의결하였다. 하지만 이를 둘러싸고 반민족 친일 세력과 민족 세력 간 의 대립구도가 좌익과 우익 간의 대립 구도로 바뀌었고, 통일정부 수립 노력 은 남한 단독정부 수립 노선에 의해 좌절되었다.

---

[1] 한편 연희전문학교는 1942년 원한경이 추방된 후, 그해 8월 17일 연희는 적산(敵産)으로 조선 총독부 관리로 넘어갔고, 이사회는 해체되었다. 이후 임명된 일본인 교장들은 대대적으로 직 제를 개편하였고, 결국 1944년 연희전문학교는 폐교되었다. 5월 16일 일제는 연희가 사용하던 교사에 수업 연한 3년의 경성공업경영전문학교를 개교하였다. 해방이 되고 1945년 9월 23일 유억겸을 위원장으로 7명의 위원으로 구성된 접수위원회가 조직되었으며, 미 군정청의 결정 으로 9월 25일 학교를 되돌려 받았다. 학교는 11월 6일 개학하였다.

그림 1-4. 서대문 형무소 앞에서 출옥한 독립지사를 맞이하는 한국인들.

결국 남쪽은 9월 9일 서울에 입성한 미군이 1948년 8월 15일 대한민국 정부가 수립되기 전까지 통치하게 되었으며, 이 기간을 미 군정기(美 軍政期)라고 한다. 당시 미 군정청은 선교사들의 활동을 허용하지 않았고, 일부 선교사들이 미 군정의 고문 자격으로 활동하였을 뿐이었다. 일제시기에 한국에서 활동하였던 여러 선교부 중에서 가장 타격을 받은 것은 함경도와 용정 일대에서 선교 활동을 하였던 캐나다 연합교회이었다.

1. 해방 당시의 세브란스

해방 당시 세브란스의 상황을 직접적으로 알려주는 자료는 거의 없으며,

'의학백년'에 실려 있는 당시 당직 의사 정태천(鄭泰天, 1944년 졸업)의 회고를 통해 단편적으로만 이해할 수 있을 뿐이다.[2)]

해방 후 며칠이 지나 당시 병원의 당직 의사(지금의 전공의에 해당함)인 1944년 졸업 동기들이 모여 해방이 된 지금, 우리 학교와 병원에서 일제의 잔재를 청산하기로 의견을 모았다. 그 결과 우선 일제하에서 일본인들의 앞잡이 노릇을 한 이영준 교장을 만나 따지자는 데 의견의 일치를 보았다. 동기 일동 14명은 목도(나무칼, 당시 교련 훈련용으로 참나무로 만든 길이 4자, 직경 1치 1푼 정도의 칼)를 들고 오후 2시

그림 1-5. 해방 당시의 교장 이영준. 동은의학박물관 소장.

경 병원 위쪽에 위치한 학교 본부 2층의 교장실로 쳐들어갔다. 문을 박차고 교장실로 들어 가보니 정면의 큰 책상에 이영준 교장이 앉아 있었다. 그 옆에는 당시 검도 5단의 체육 교관인 K가 동석해 있었다. 아마 무슨 정보가 흘러 들어간 모양인지 K씨가 신변 보호인으로 옆에서 지키고 있는 듯 했다. 한편 나무칼로 무장한 10여 명이 한꺼번에 교장실로 들어서니 실내 분위기는 갑자기 돌변했으며 일행 중 한 사람인 오원선(吳元善, 1944년 졸업)이 "당신은 교장으로 있으면서 학생들에게 너무 나도 나쁜 짓을 많이 하였는데 어찌 같은 민족으로 그럴 수가 있었느냐?"고 따졌다. 그랬더니 그 옆의 K 교관이 벌떡 일어나 험상 궂은 얼굴로 "젊은 사람들이 교장 선생님께 대한 언동이 그게 무언가. 너희들이 나무칼을 들고 오면 어떻게 할 테냐?"하면서 우리에게로 다가왔다. 일촉즉발의 위기였다. 우리는 나무칼을 치켜들고 쳐들어갈 기세였고 K 교관도 방어 태세로 서너 걸음 다가왔다. 당시 K 교관이나 이영준 교장은 아무 것도 지니지 않았고, 우리는 수적으로 우세할 뿐만이 아니라 검술도 할 줄 알았다. 게다가 젊은 패기가 있었기에 겁날 것은 없었다. 장내는 대번에 살벌한 분위기로 변하였다. 이때 사태를 직감한 이영준 교장이 K 교관을 제지하면서 "K 선생, 가만히 계시오."라고 말을 꺼내고는 자리에서 일어섰다. 그는 만연에 웃음을 가득 띠

2) 연세대학교 의과대학 의학백년 편찬위원회, 의학백년(서울, 연세대학교 출판부, 1986), 132~134쪽.

며 "여러분, 잘 오셨소. 그렇지 않아도 여러분과 한번 만나려고 할 참이었소. 잠깐만 진정하고 내 말을 들어보시오."하고는 손을 들어 우리를 환영하는 몸짓을 썼다. 그러자 장내의 분위기는 한결 누그러져서 많이 안정이 되었고 K 교관도 제자리에 다시 앉았다. 우리도 나무칼을 내리고 한 줄로 정리하여 섰다. 이영준 교장은 자리에서 일어선 채로 그 특유의 달변을 토하기 시작했다. "나도 여러분과 피를 나눈 같은 민족인데, 어찌 여러분과 마음이 다를 수 있겠소. 나도 나라와 민족과 학교를 사랑할 줄 압니다. 그러나 일제 말기의 어려운 시기에 누군가가 이 학교를 맡아서 운영을 해야 될 것이 아니겠소? 그러면 내가 여러분들에게 묻겠는데 이 학교를 일본 사람이 맡아서 운영하는 것이 좋겠소, 아니면 한국 사람이 맡아서 운영하는 것이 좋겠소? 사실은 아사히로 이름을 바꿀 때 일본인이 운영하겠다고 나온 것을 겨우 막았소. 그때 내 생각으로는 학교를 지키려면 우리 한국 사람이어야만 한다고 생각했소. 그래서 내가 교장을 한 것이고 또한 주위의 권유로 그리했소. 일본은 우리 학교를 폐교시키려고 항상 기회를 엿보고 트집을 잡으려고 감시하고 있었소. 그러한 상황에서 어떻게 해야 학교를 지키겠소? 그동안 내가 한 행동이 약간 지나친 정도 없지 않아 있었소. 하지만 그것은 오로지 학교를 일본의 손아귀에서 지키고 학생들의 희생을 최소한으로 줄이는 데 목적이 있었소. 그러한 고생 끝에 다행히도 학교는 폐교를 면하였고 억울하게 희생된 학생들 역시 해방이 된 지금에 와서 바로 복교시켜서 학업을 계속시킬 작정이오. 만일 여러분들이 나의 입장에 있었다면 여러분은 어떻게 했겠소?" 이영준 교장의 말에 우리는 할 말이 없었다. 당장 이영준 교장을 몰아내고 분풀이를 하려던 사람들은 서로 마주보고 서 있기만 하였고 이영준 교장은 그 자리에 선 채 부동의 자세였다. 그때 그 옆에 앉아 있던 K 교관이 일어나면서 웃는 얼굴로 "여러분, 교장 선생님의 말씀이 옳은 것 같습니다. 부득이 한 일이었다고 생각됩니다. 자, 자, 이러고 있을 것이 아니라 어서 돌아가서 바쁜 병원 일을 돌보아주시오."하였다 당직의사들은 하는 수 없이 되돌아 나올 수밖에 없었다. 지금에 와서 돌이켜 생각해 보니 이런 정도로 끝난 것이 참으로 잘 되었다고 생각된다. 당시 사제지간에 난투극이 벌어지고 사람이 다치고 하였다면 어떻게 되었을까! 일행 중에는 왜 이영준 교장을 그냥 두었느냐고 투덜대는 친구도 있었지만 돌이켜 보건대 그 정도로 수습된 것이 참으로 다행이라 생각된다.

그림 1-6. 세브란스 학생들의 시가행진. 연합국을 환영하고 있다. 국가기록원 소장.

그림 1-7. 세브란스 학생들의 시가행진.

그림 1-8. 연합국을 환영하는 플랜카드를 내건 세브란스 학생들(9월 10일). 플랜카드 위에 왼쪽부터 성조기, 중국기, 태극기, 영국기 및 소련기가 걸려 있다. 미국 국립 문서기록 관리청 소장. 국사편찬 위원회 홈페이지에서 인용.

한편 해방과 함께 일제시기에 한국민들을 괴롭히고 억누르던 사람들에 대한 증오심과 적개심이 일어나 크고 작은 보복이 여기저기에서 일어났다. 세브란스의 경우, 제일 먼저 교련 교관인 다니가키 요시오[谷垣好雄][3]가 목총세례를 받고 무릎을 꿇고 빌었으며, 일본학 교수 세키구치 쇼고[關口正吾][4]는 4학년 학생들의 목총을 보고는 겁에 질려 죽을 죄를 용서해 달라고 땅에 엎드려 빌었다고 한다. 그날 이후 둘은 다시 보이지 않았다.

2. 미 군정

1945년 8월 15일 일본이 패망한 이후 남한의 군정을 담당한 것은 미 제10군 산하의 존 R. 하지(John R. Hodge, 1893~1963) 장군이 지휘하는 제24군단이었다.[5] 미군은 7월 22일 점령지역에 대한 군정 실시를 위하여 군정단(軍政團)과 군정중대(軍政中隊)의 편제와 장비를 공표한 바 있었고, 하지는 이에 근거하여 8월 28일 주한 미군의 구성 부서로 군정(軍政)을 정식으로 수립하였다. 도(道)와 같은 상층 행정 기관을 운영하기 위한 군정단은 선임 군정장교가 지휘하였고, 시, 읍 같은 하층 행정기관을 운영하는 군정중대는 중령급이 지휘하였다.

따라서 세브란스는 서울에 소재한 교육 기관이자 의료 기관으로서 군정단에 의해 설치된 (정부) 조직인 학무국과 보건후생국, 그리고 서울시를 관할하는 군정중대의 관할을 받았다.

---

3) 그는 1943년 당시 일본 육군 보병 중위로서 교련 및 체조 과목의 강사이었으며, 해방 당시에는 대위 계급이었다.
4) 문학사인 그는 1943년 당시 교수로서 수신, 일본어 및 일본학을 강의하였다.
5) 정병준, 해제: 주한 미24군단의 대한 군정계획과 군정중대·군정단. 한국현대사자료집성 47~51쪽(국사편찬위원회, 2000).

그림 1-9. 서울에 입성한 미군을 바라보는 서울역 앞의 서울시민들(9월 9일). 미국 국립 문서기록 관리청 소장. 국사편찬위원회 홈페이지에서 인용.

1) 군정단의 기구 조직

미 군정청은 조선 총독부의 각 국(局)과 과(課)의 사무를 그대로 인수하여 조직되었다. 최초의 군정기구는 총무과, 외사과, 인사과, 기획과, 회계과, 지방과로 이루어진 관방(官房)과, 집행부서로 경무국, 재무국, 광공국, 학무국, 농상공국, 법무국, 체신국, 교통국 등의 8개국(局)으로 이루어졌다. 후에 보건후생국, 군무국, 그리고 공보국 등이 신설되어 11개국으로 개편되었으며, 광공국이 상무국으로, 농상국이 농무국으로 개칭되었다.

군정청은 1946년 3월 집행부서의 국제(局制)를 부제(部制)로 개편하면서 학무국(學務局)은 문교부(文敎部)로 개명하였고, 보건후생국(保健厚生局)은 보건후생부(保健厚生部)로 승격시켰다.

그림 1-10. 서울에 입성한 미군 제7사단 제21보병대가 서울역에서 시내로 행진하기 위해 명령을 기다리는 것을 경찰이 지켜보고 있다(9월 10일). 미국 국립 문서기록 관리청 소장. 국사편찬위원회 홈페이지에서 인용.

군정청은 1946년 9월 한국인에게 행정권을 이양하겠다고 발표하였고, 1947년 5월 군정법령 제141호로 38도선 이남의 미 군정 기관을 '남조선 과도정부(南朝鮮 過渡政府)'로 호칭할 것을 결정하였다. 과도정부는 13부 6처를 13부 1특별국으로 통·폐합하는 기구 개혁안을 단행하였고, 이 기구는 1948년 8월 대한민국 정부가 수립될 때까지 유지되었다.

2) 군정중대

제24군단은 군정을 실시할 부대가 도착하기 전인 8월 22일 임시로 3개의 군정팀을 조직하였는데, 이 가운데 제3군정팀이 9월 11일 서울시의 시정을 담당하였다. 9월 8일 인천에 상륙하여 서울에 진주한 제7사단이 서울, 경기, 강원, 충북을 관할하였다. 이어 서울시의 군정을 담당한 제97군정단 산하의 제40군정중대의 제임스 E. 윌슨(James E. Wilson) 소령은 11월 16일 서울시에 대한 지휘권을 인계 받았다.

제3군정팀에서 세브란스 병원과 의학전문학교를 담당한 것은 콜 설리반(Col Sullivan) 중위이었다. 사립 기관인 세브란스에서 그의 역할은 구체적으로 알려져 있지는 않다. 다만 9월 27일, 9월 1일부터 1년 동안 사용할 1,500톤의 석탄을 세브란스가 구매할 수 있도록 군정청에 요청하여 허가를 받은 것으로 보아 세브란스 같이 중요한 민간 의료 기관이 원활하게 운영되도록 도와주는 역할을 한 것으로 판단된다.

3) 의학 교육의 관할

의학교육 담당관의 임명

1945년 9월 9일 인천에 상륙하여 9월 10일 서울에 도착한 군정 준비 요원 중에서 얼 N. 로카드 대위가 9월 11일 학무국의 국장으로 임명되었다.[6] 9월 30일에는 글렌 S. 키퍼(Glenn S. Kieffer, 1898~1957) 대위가 부국장으로서 고등 교육을 담당하였다.

그런데 의학 교육은 일제시기에 전담 부서나 전담 직원이 없이 고등교육계에서 담당하였기 때문에 어느 부서가 이를 담당해야 하는지가 문제로 대두되었다. 당시 미국인 의무 장교를 직원으로 보유하고 있던 보건후생국은 서울에 있는 의학 전문학교의 경우, 인적 자원과 시설의 부족을 극복하기 위하여

---

[6] 얼 N. 로카드(Earl N. Lockard, 1904~1990)은 일리노이 주 시카고에서 태어났으며, 1926년 일리노이 대학을 졸업하였고, 1932년 석사 학위를 받았다. 그는 시카고의 우드로우 윌슨 주니어 대학에서 영어 교수로 근무하다가 제2차 세계대전이 일어나자 1942년 8월 소위로 입대하였으며, 1943년 8월 중위로, 1944년 6월 대위로 승진하였다. 그는 1946년 1월 소령으로 승진하였으며, 11월 7일 전역하였다.

여러 학교의 병합이 필요함을 제안하였다. 하지만 학무국은 담당 직원이 없었음에도 의학 교육 업무를 보건후생국으로 이관하는 것에 대하여 반대하였다. 이 문제를 두고 두 부서가 여러 번에 걸쳐 논의한 끝에 의학 교육은 학무국에서 담당하는 것이 옳다는 결론에 도달하였고, 10월 15일 학무국 고등교육과에 의과대학계가 설치되면서 군의관 존 M. 챔벌레인(John M. Chamberlain) 소령이 처음으로 의학교육 담당관으로 임명되었다.

그림 1-11. 얼 N. 로카드.

한국 의학교육 평의회의 조직

10월 30일 학무국 의학교육 담당관과 보건후생국의 의료 담당관은 6개 의학전문학교장(세브란스의학전문학교, 경성대학 의학부, 경성의학전문학교, 경성여자의학전문학교, 대구의학전문학교, 광주의학전문학교), 조선의사협회 대표, 그리고 의학교육 조사위원회 대표와 만나 한국 의학교육 평의회(Korean Council of Medical Education)의 회원 자격과 조직에 대하여 논의하였다. 이 회의에서 도출된 제안에 따라 평의회는 의학전문학교장, 조선의사협회 대표, 그리고 의학교육 조사위원회 대표로 구성하는 것으로 결정되었다. 그리고 평의회의 기능은 의학교육에 관하여 의과대학계에 자문 역할을 하는 것으로 정해졌다. 이에 따라 11월 3일 평의회의 회원이 임명되었고, 11월 15일 회장이 선출되었다.

11월 16일 각 과에 군정과장 이외에 한국인 담당관을 선임하는 조직 개편을 시행함에 따라 평의회의 추천으로 11월 17일 세브란스 의학전문학교의 교수이던 김명선(金鳴善, 1897~1982)이 의과대학계의 한국인 담당관으로 임명되었다. 의과대학계는 치과대학 및 약학대학의 업무도 담당하였다.

해방 당시 의학 교육기관들의 문제들

1945년 11월 군정청이 조사한 바에 의하면 당시 의학 교육기관들이 갖고 있던 중요한 문제들은 다음과 같았다.[7]

1) 자격이 있는 교수 요원의 부족
2) 필수적인 장비, 약품 및 물품의 부족
3) 수송 수단의 부족
4) 학부의 표준화된 교과 과정의 부재
5) 의예과의 표준화된 교과 과정의 부재
6) 설비 공간의 부족
7) 졸업 후 교육의 부재
8) 제2차 세계대전 중 외국 의학계의 발전으로부터의 고립
9) 사립 의학교육 기관의 재정 불안정
10) 부속병원에 대한 이분화된 관리

이들 문제에 대하여 군정청이 취하였던 조치는 다음과 같았다.

1) 한국인 의사의 졸업 후 미국 연수를 위한 계획을 미국 교육 시찰 사절단에 제출하였다.[8]
2) 의과대학의 물품 및 장비에 대한 요청서를 유엔 한국 재건단에 제출하였고, 의과대학 부속병원을 위한 의류 물품은 물자관리 공단과 계약을 체결하였다.
3) 교통국을 통하여 의과대학에서 사용할 트럭 지원을 요청하였다.
4) 조선 교육심의회의 승인을 받기 위하여 한국 의학교육 평의회가 의과대학 표준 교육 과정을 작성하였다.
5) 조선 교육심의회의 승인을 받기 위하여 한국 의학교육 평의회가 의예과 교육을 위한 계획을 작성하였다.

---

[7] Part 6. Bureau of Education. History of Bureau of Education from 11 September 1945 to 28 February 1946.
[8] 미 교육 시찰 사절단 6명 중에는 보건후생국에 파견한 구영숙이 포함되었으며, 이들은 3월 15일 인천을 떠나 미국에서 3개월 동안 시찰한 후 8월 16일 귀국하였다.

6) 의과대학의 추가 공간을 확보하기 위한 분명한 조치는 취하지 않았다.
7) 조선 교육심의회의 승인을 받기 위하여 한국 의학교육 평의회가 졸업 후 교육 계획을 작성하였다.
8) 유엔 한국 재건단과 외사과의 해외 교육부서에 의학 교과서와 잡지를 요청하였다.
9) 1946년 1월 29일 대민 행정실로부터 군정청이 사립 의학교육 기관에 대한 경비 차액 보조를 승인받았다.
10) 의과대학 부속병원에 대한 관리는 1945년 12월 17일자 포고령 제35호에 의해 보건후생국에서 학무국으로 이관되었다.

그림 1-12. 조셉 M. 돈단빌.

한편 의과대학계의 책임을 맡고 있던 챔벌레인 소령은 12월 17일 군의관인 조셉 M. 돈단빌 중위로 교체되었다.[9] 돈단빌은 김명선과 함께 한국인 의사들을 위한 최신 의학 정보를 담은 한글로 된 의학 잡지인 조선의사신보(朝鮮醫師新報)를 발간하였다. 이 잡지는 해방 이후 발행된 최초의 학술지로서 발행은 조선 주둔 미 군정청 학무국 의학교육계, 편집인은 김명선이었다. 이 잡지의 창간

그림 1-13. 조선의사신보 창간호. 동은의학박물관 소장.

9) 조셉 M. 돈단빌(Joseph M. Dondanville, 1919~2001)은 일리노이 주 몰린에서 태어났으며, 매사추세츠 주 워스터의 홀리 크로스 대학(Holy Cross College)을 졸업하고 1943년 시카고 대학교에서 의학박사의 학위를 받았다. 졸업 후 보스톤의 레이키 진료소에서 마취과 수련을 받았으며, 1944년부터 1947년까지 미 군정청에서 복무하였다. 그는 전역하여 마취과 의사로 활동하였는데, 1949년부터 1953년까지 디트로이트의 헨리 포드 병원에서 마취과 책임자이었으며, 일리노이 주 앨톤에서 개업을 하다가 1976년 은퇴하였다.

호는 1946년 3월 1일 발간되었는데, 'Sulfonamide 제제 특집'이었으며, 4월 1일 발간된 제1권 제2호는 'Penicillin 특집호', 5월 1일에 발간된 제1권 제3호는 '성병 특집'이었다.

3. 개학(재개교)

해방 당시 한국의 모든 학교는 일제의 명령으로 여름 방학이 되었음에도 수업을 종료하지 않다가 8월 5일부터 문을 닫고 있던 상태에 있었다. 9월 11일부터 업무를 개시한 군정청 학무국의 가장 중요한 업무 중의 하나는 학교의 문을 여는 일이었다. 그런데 미군이 진주하기 전인 8월 29일, 한국에서 군정을 실시하기로 되어 있던 제24군단의 케니스 C. 스트로더(Kenneth C. Strother, 1901~2001) 참모차장은 곧 실시될 군정과 관련된 지시를 내렸는데, 초등학교 이외의 학교는 일단 폐쇄하고 모든 교육 관계자의 자격을 심사하며, 기독교 계통의 학교, 대학의 재개 및 설립에 관하여 조사할 것을 지시하였다.[10]

군정청은 유능한 한국인들의 자문을 받기 위하여 9월 16일 16명의 한국인 교육자들이 참석한 회의를 개최하였는데, 한국인들은 7개 교육 분야를 대표할 사람들을 투표로 선출하여 한국인 교육위원회(Korean Committee on Education)를 조직하였다.[11]

이 위원회와 학무국 내 한국인들의 조언에 따라 군정청은 9월 17일 일반 명령 제4호 '교육의 조치'를 하달하여 공립 소학교는 9월 24일 월요일에 개학하며, 사립학교는 학무국의 인가를 받는 대로 개학할 수 있다고 발표하였다.[12] 인가 신청서에는 교명, 위치, 직원 조직표, 설립자 이름, 예산표, 교과

---

[10] 강명숙, 미군정기 고등교육 연구. 서울대학교 대학원 교육학 박사 학위 논문(2002년 8월).
[11] 11월 이 위원회에는 3개 분야의 대표가 추가되었는데, 의학교육 분야의 대표는 윤일선이었다. 정태수, 미군정기 한국교육사 자료집(상)(서울, 도서출판 홍지원, 1992), 58쪽.

과정표, 생도 수 등을 기재하도록 하였다.[13] 단 이것은 기존 학교에 한하고 허가 없이 신설 확장 등은 인정하지 않았다. 또한 중등 이상의 조선인 교직원은 9월 29일까지 도 학무국에 등록하도록 하였다. 미 군정도 처음부터 사립학교에 대한 통제 정책을 시행하였던 것이다.

미 군정은 9월 28일 각 도에 중등학교 이상의 교육기관 재개교를 허락하는 담화를 내려 보냈다.[14] 이 중 고등 교육과 관련된 것으로는 '중등학교 이상의 관공립학교는 10월 1일부터 재개함, 전문학교 교수 희망자는 교장에게, 대학 교수 희망자는 각 학부장에게 채용 희망서에 이력서와 필요한 증명서류를 첨부하여 지원할 것, 전문학교와 대학은 당분간 이전의 과정을 참고하여, 교장 혹은 학부장의 지시에 따라 교육을 진행하는 것'이었다. 이 내용은 모두 관공립학교에 관한 것이었지만, 각 사립 전문학교들은 9월 17일의 일반 명령과 9월 28일의 담화를 검토하여 재개교를 서둘렀다.

당시 모든 전문학교의 설립 인가, 교장 임명 요청 승인, 학생 증원 요청 승인, 장학 지도 및 감사, 사립 전문학교에 대한 보조금 등의 업무는 학무국 고등교육과의 전문학교계가 담당하였다. 군정청의 전문학교계가 파악한 바에 의하면 세브란스 의학 전문학교는 교수진을 정비하고 모든 전문학교 중에서 가장 빠른 9월 28일 재개교하였다. 다른 의학교육 기관의 수업 개시일은 다음과 같았다.

세브란스의학전문학교	9월 28일
경성대학 의학부	10월 1일

---

12) 미 군정은 일반 명령 제4호를 개정한 군정 법령 제6호를 1945년 9월 29일 공포하였는데, 일반 명령과 내용이 동일하지만 법격(法格)이 격상되고 공포일이 변경되었다. Headquarters, United States Army Forces in Korea, Office of the Military Governor, Seoul, Korea, General Orders No. 4(Sept. 17th, 1945); Headquarters, United States Army Forces in Korea, Office of the Military Governor, Seoul, Korea, Ordinance No. 4, General Order Number 4 is suspended and amended to read(Sept. 29th, 1945).

13) 독립 건설의 신교육. 매일신보(1945년 9월 18일).

14) 학무 행정 새 출발. 매일신보(1945년 9월 30일).

경성의학전문학교	10월 8일
경성여자의학전문학교	10월 19일
광주의학전문학교	11월 1일
대구의학전문학교	11월 23일

세브란스는 9월 28일 최동 교수가 교장에 선임되었고, 9월 29일에 개교식을 거행하였으며, 10월 1일 개학을 하고 우선은 국사와 국어를 가르치고 농촌 문제, 일반 과학 등을 강의하였다.15)

4. 최동 제4대 교장 취임

1) 최동 교장 취임

한편 이영준16) 교장은 해방이 되자 도의적 책임을 지고 사임하였고, 9월 28일 소집된 교수 회의에서 법의학을 전공하는 최동(崔棟, 1896 ~1973) 교수가 제4대 교장에 추대되었다.17) 그의 취임식은 1946년 5월 15일 개교 62주년 기념식에서 거행되었다.

최동은 1921년 6월 세브란스를 졸업하였고, 1926년 2월부터 2년 동안 캐나다의 토론토 대학교 의학부에서 병리학 분야를 연수받았다.

그림 1-14. 최동 교장. 동은의학 박물관 소장.

15) 세의전 학과 강좌. 조선통신 제30호(1945년 10월 4일).
16) 오긍선 교장의 후임으로 1942년 8월 15일부로 아사히 의학전문학교의 교장으로 인가받았다.
17) 해방 직후 모든 교장과 이사진이 사임하였기에 교수 대표 5명과 동창 대표 5명이 모여 최동을 교장으로 선임하였으며, 10월 13일 미 군정에 승인을 요청하였다. '세의전 의대로 進, 신교장 에 최동 씨 피임.' 조선통신 제26호(1945년 9월 30일).

그는 1933년 10월 세브란스의 교수 겸 재단이사로 임명되었고, 1935년 7월 도호쿠[東北] 대학교에서 의학박사 학위를 수여받았다. 그는 1939년 2월 21일 이사회에서 오긍선 교장의 후임으로 교장에 선임되었지만 일제가 승인하지 않아 취임하지 못한 바 있었다.

2) 해방 당시의 교수진

최동이 학장으로 취임할 당시 세브란스의 교수진에 대해서는 정확한 자료가 남아있지 않다. 하지만 여러 자료를 종합하여 보면 1945년부터 1946년 예과 설치 이전까지의 교수진은 다음과 같이 추정된다.

학장	최동			
부학장	김명선[18]		학생부장	이병희[19]
병원장	최재유[20]		부원장	한용표[21], 설경성[22]
목사	김경종(金庚鍾)[23]			
해부학	조교수	최금덕[24]		
생리학	교수	김명선, 이병희		
생화학	조교수	차영선[25]		
약리학	교수	이세규	강사	이우주[26]
병리학	교수	이응렬[27]		
법의학	교수	최동		
내과학	교수	오한영, 한용표	조교수	조광현[28]
	조교수	이보영[29]	조교수	양원철[30]
외과학	조교수	박용원[31], 노형진[32]		
	강사	조명제[33], 이원명[34]		
산부인과학	교수	설경성		
소아과학	교수	조동수	조교수	서정주[35], 김국성[36]
안과학	교수	최재유	강사	최창수[37]
이비인후과학	교수	이병현	조교수	정기섭[38]
	강사	서상원[39]		
방사선과학	조교수	이기섭[40]		
치과학	교수	박용덕	강사	이동섭[41]

18) 1946년 12월 4일부로 부교장에 임명되었다.
19) 1946년 12월 4일부터 1947년 10월 26일까지 학생부장으로 활동하였다.

5. 1945학년도의 학사 일정

1) 학사 일정의 단축

일제시기에 세브란스는 4년제 전문학교로서 3월 말에 졸업식을 거행하고, 4월 1일 신입생들의 입학식을 거행하였다. 이에 따라 1937년 4월에 입학한 학생들은 1941년 3월 25일에 졸업하였다. 그런데 일제는 1938년 4월에 입학

20) 1945년 11월부터 1947년 5월 20일까지 부속병원장으로 활동하였다.
21) 1946년 7월 20일 부원장직을 사임하였으며, 1947년 11월 29일 사직하였다.
22) 1946년 7월 20일부터 1948년 3월까지 부속병원 부원장으로 활동하였다.
23) 함경남도 출신이며, 1928년 평양 신학교를 졸업하고 혜산진과 함흥에서 목사로 시무하다가 1946년 9일 교목으로 임명되었다.
24) 1944년 4월 강사로, 1945년 12월 조교수로, 1946년 5월 부교수로 임명되었다.
25) 1945년 7월부터 생화학교실에서 근무하였으며, 1946년 12월 조교수로 임명되었다.
26) 1945년 8월 강사로, 12월 조교수로 임명되었다.
27) 1943년 5월 1일 병리학교실 강사에 임명되고 1944년 11월 1일 경성여자의학전문학교 병리학 강사를 겸임하다가 1945년 12월 22일 교수로 임명되었다. 그는 1947년 4월 사망하였다.
28) 1945년 3월 조교수로 임명되었다.
29) 1940년 3월 강사로, 1946년 1월 조교수로 임명되었다.
30) 1946년 5월 15일 조교수로 임명되었다.
31) 게이오 대학 의학부를 졸업하고 외과 수련을 받은 후 귀국하여, 1945년 12월 외과학교실의 조교수로 임명되었다.
32) 1944년 3월 강사로, 1945년 12월 조교수로 임명되었다.
33) 1946년 7월 5일 강사로 임명되었다.
34) 1946년 5월 강사로 임명되었다.
35) 1945년 4월 강사로 임명되었으며, 1947년 6월 조교수에 임명되었다.
36) 1946년 7월 30일 조교수로 임명되었다.
37) 1945년 9월 강사로 임명되었다.
38) 정기섭은 1926년 졸업하였으며, 이비인후과에서 수련을 받고 1929년 강사에 임명되었다. 그는 1934년에 사임하고 개업하였다. 그는 1947년 10월부터 1948년 3월까지 총무부장의 직을 맡았으며, 1948년 3월 부속병원장에 임명되었다.
39) 1946년 12월 4일 강사로 임명되었으며, 1948년 4월 1일 사임하였다.
40) 1946년 7월 30일 조교수로 임명되었다.
41) 1946년 10월 강사로 임명되었다.

하여 1942년 3월 말 졸업 예정이었던 학생들을 3개월 앞당겨 1941년 12월 26일에 졸업시키도록 하였다. 한 해에 2개 학년이 졸업하게 된 것이었다. 이것은 1941년 12월 7일의 일본군의 진주만 공습과 밀접한 관련이 있어 보이는데, 보다 많은 의사들을 조기에 배출시키기 위한 것으로 생각할 수 있다. 1944년 3월 말 졸업 예정이었던 1940년 4월 입학생들은 다시 3개월을 앞당겨 1943년 9월 29일 졸업시킴으로써 3년 반 만에 졸업하였다. 1945년 3월 말 졸업 예정이었던 1941년 4월 입학생들도 1944년 9월 29일에 졸업하였다.

2) 1945학년도의 신입생

1945년 4월 1일에는 135명의 신입생이 입학하였다. 이들은 전문부 1학년 과정을 끝낸 후 84명은 전문부 과정을 계속하였지만, 나머지 51명은 1946년 예과가 설치되자 예과 1학년 과정에 들어갔다.

전문부 과정을 계속한 84명 중에서 68명은 1949년에 졸업하였지만 9명은 1950년에 졸업하였고 7명은 제적되었다. 예과 과정에 들어간 51명 중 33명은 1951년 졸업하였지만 2명은 1953년에 졸업하였고 16명은 제적되었다.

3) 학사 일정의 정상화

비정상적으로 단축되었던 학사 일정은 1943년 4월 입학한 학생들부터 정상화되어 1946년에는 졸업생이 배출되지 않았으며, 학년이 9월 시작으로 변경되면서 이들은 4년의 교육을 받고 1947년 6월에 졸업하였다.

1945년 4월부터 1946년 3월까지 진행된 강의는 다음과 같았다.

| 1학년 | 영어, 생물학, 해부학, 생리학, 화학 |
| 2학년 | 외국어, 생리학, 병리학, 기생충학, 미생물학, 약리학, 내과학, 외과학, 소아과학, 이비인후과학 |

3학년   내과학, 외과학, 산부인과학, 소아과학, 피부비뇨기과학, 안
                    과학, 이비인후과학, 정신병과학

군정이 실시된 후 1945년 10월 1일부터 6일까지 세브란스는 문학, 과학, 음
악, 한국사, 한국어, 작문, 지방 문제 등에 대한 강의를 개설하였는데, 이들
주제에 관심을 가진 모든 사람들의 출석을 권장하였다.[42]

4) 제36회 졸업식

70명[43] 모집에 1,050명 지원이라는 유례없이 높은 경쟁률을 뚫고 1942년
4월에 입학한 학생들은 1, 2학년 강의는 비교적 충실하게 진행되었다. 하지만
3, 4학년 강의는 시국 관계상 제대로 강의를 받을 수 없었다.[44] 현역군인이
지휘하는 입소 훈련이 강화되었고, 방학은 노동 봉사로 시달렸다. 그러던 중
3학년이 끝날 무렵 나이 어린 순서로 10명에게 소집 영장이 떨어졌고, 이들은
4학년 개학 다음날 만주로 떠났다. 그리고 나머지 학생들은 군수공장 밀집지
인 제주도와 함흥 등에 배치한다는 졸업 후 배치 계획서가 공개되었다. 이와
같이 어수선한 가운데 8월 15일 해방이 되었다. 이들의 학적부에는 4학년 점
수가 기록되어 있지 않으며, 졸업시험도 치르지 못하였다. 1942년 4월에 입학
한 63명 중 54명은 1945년 10월 제36회로 졸업하였지만, 5명은 1947년, 1명은
1948년에 졸업하였고, 3명은 제적되었다.
1945년 10월 22일 제36회로 63명이 졸업하였는데, 1942년 4월에 입학한 학
생이 54명, 1941년 4월 입학한 학생이 8명, 그리고 1940년 4월에 입학한 학생
1명이었다.

---

[42] Education, 3 Oct. 45, Transportation Communication Education.
[43] 70명 중 졸업생 63명만의 명단이 확인된다.
[44] 동창 재상봉행사를 맞으며. 연세대학교 의료원 소식 제302호(1995년 5월 15일), 3~4쪽.

세의전 졸업식. 세브란쓰 의전에서는 오는 22일 오후 2시 부내 정동(貞洞) 예배당에서 제25회 졸업식을 거행할 터인데, 이에 앞서 21일 오전 11시 동 예배당에서 졸업예배가 있다.[45]

이날의 졸업식은 김구(金九, 1876~1949)를 비롯한 많은 내빈이 참석한 가운데 성대하게 거행되었다.

5) 개교 62주년 기념행사

세브란스는 1946년 5월 15일 개교 62주년 기념식을 거행하였다.[46] 일제 말기 일제의 억압으로 제대로 기념식을 갖지 못하였기에 광복 후 처음 맞는 기념식이었다. 이날 오후 2시에 대강당에서 거행된 기념식은 애국가 합창으로 시작하여 학무부장 대리의 축사가 있었고, 최동 교장의 취임식과 함께 15년 이상 근속한 7명의 교수, 10명의 직원에 대한 기념품 증정이 있었다. 15년 이상 근속한 교수와 직원(확인된 것만)들은 다음과 같았다.

최동(법의학)	25년	오한영(내과)	22년
김명선(생리학)	22년	윤일선(병리학)	17년
최재유(안과)	17년	최영태(미생물학)	16년
조동수(소아과)	15년		
박봉기(서기)	30년	최재영(용인)	30년
서상우(철공 용인)	19년	○상훈(서기)	18년
정창휘(수위장)	17년	원이길(간호부장)	16년
김한주(해부 기수)	15년	이순이(식당 식모)	15년

---

45) 세의전 졸업식. 매일신보(1945년 10월 20일).
46) 여기서 62주년은 1884년 9월 호러스 N. 알렌 박사의 내한을 기점으로 한 것이었다. 이 기점은 후에 1885년 4월 10일 한국 최초의 서양식 병원 제중원(광혜원)의 개원으로 바뀌었다.

한편 기념식에 앞서 오전 10시부터 동창회 정기 총회가 개최되었는데, 졸업생이 배출되지 않았기에 신입 회원은 없었다.

의예과 설치

1. 의예과의 설치 과정

1) 이원형 의학 교육 체계의 철폐

1946년에는 '의예과 설치'라는 중요한 제도적 변화가 있었다. 의예과 설치는 4년제 의학전문학교의 6년제 의과대학 승격을 전제로 한 것이었으며, 이는 한국의 의학 교육이 복선형에서 단선형으로 바뀐 중요한 사건이었다. 여기서 복선형이란 예과 2년, 본과 4년의 6년 과정이었던 경성제국대학 의학부와 4년 과정이었던 의학전문학교로 이분화된 의학 교육 체계를 의미하며, 그 저변에는 일제의 한국인, 특히 사립 교육 기관에 대한 차별이 깔려 있었다.

이렇게 이분화된 의학 교육이 정착된 과정은 다음과 같았다. 1910년 8월 일제의 강제병합 이후 한국인들은 민립대학(民立大學)의 설립을 위하여, 국채보상운동으로 모은 600만 엔을 기금으로 대학 설립 인가를 신청하였으나 총독부로부터 기각당한 적이 있었다. 이후 1919년의 3·1 운동을 계기로 한국인들 사이에 다시 민립대학을 설치하자는 운동이 일어났다. 그리하여 1922년 11월 이상재(李商在, 1850~1927)를 대표로 한 발기인들에 의하여 '조선 민립대학 기성회'가 조직되었다. 이 기성회의 목표는 1,000만 엔의 기금을 모아 법과 · 문과 · 경제과 · 이과 등 4개과를 1차로 설치하고, 2차로 공과, 3차로 의과 · 농과 설치하는 것이었다. 그러나 일제의 방해와 홍수, 가뭄 등으로 모금에 실패하고 말았다.

민립대학 설립을 허락하지 않았지만 일제는 내심 당황해 하였고, 일종의 민심수습책으로 경성제국대학(京城帝國大學)을 설립하였다. 기존의 관립 전문학교들이 조선 총독부가 관할하는 학교이었다면 경성제국대학은 일본 제국 정부가 관할하는 일본 '제국주의'의 상징적인 학교이었다. 1924년에 2년제의 예과가 개교하였고, 1926년에 법문학부와 의학부가 개교하였다. 이로서 한국에서 의학 교육은 복선형 교육 체계가 정착되었다.

일제시기 고등 교육기관은 대학, 관공립 전문학교, 사립 전문학교의 순서로 위계적 서열화가 이루어졌고, 동시에 관공립은 일본인 위주의 학교, 사립은 조선인 위주의 학교라는 민족적 서열화가 조성되었다.[1] 따라서 조선인들에게는 고등 교육 기회가 제한적으로 제공되었을 뿐 아니라 학교 운영에서도 소외되었다. 더욱이 일제는 사립학교를 억압하였다.

2) 선교사들의 종합대학 설립 계획

민립대학의 설립이 좌절되고 일제가 경성제국대학을 설립하자, 한국에서 활동하던 선교사들은 세브란스와 연희를 중심으로 한 종합대학의 설립 계획을 세웠다. 이것은 서울에 연합 기독교 대학(Union Christian College)의 설립을 추진하면서 여건이 되면 두 학교를 합동하기로 하였던 당초의 계획을 구현하는 것이었다. 세브란스는 1917년 양교가 전문학교로 인가받은 직후부터 넓은 부지를 확보하기 위하여 적극적으로 나섰고, 에비슨이 세브란스와 연희의 교장을 겸임하고 있었기 때문에 실현이 불가능해 보이지 않았다. 따라서

---

[1] 강명숙, 미군정기 고등교육 연구. 서울대학교 대학원 교육학 박사 학위 논문(2002년 8월).

1920년대 전반에 대학교 설립이 추진되었다. 하지만 두 학교의 합동은 일제의 불허와 세계 경제 공황에 따른 기금 모금 부진으로 실현되지 못하였다. 이후 1941년 12월 일본이 하와이를 공습하면서 태평양 전쟁이 벌어졌고, 일제는 모든 선교사들을 추방함으로써 이러한 계획은 더 이상 진행되지 못하였다.

3) 미 군정의 대학 승격 논의

해방이 되자 많은 사립 전문학교들은 대학(교)으로의 승격을 위해 적극 나섰고, 미 군정은 '각 학교가 이전보다 더 상급의 학교로 개교를 원하고 있는데, 예를 들면 전문학교는 대학으로'라고 파악하고 있었다. 하지만 미 군정은 10월 22일 사립 전문학교의 대학 승격 및 대학 신설에 대하여 추후 연구 후 방침을 결정할 것이라고 언명함으로써 다시 한 번 유보 정책을 취하였다.

> 일정한 표준 교육 제도를 실시하기 위하여 기설 사립학교는 학무국의 인가를 받지 않으면 그 정도 이상으로 승격할 수 없게 되었는데, 새로운 종류의 승격 인가에 대하여는 학교별 또는 일반적으로 교육제도를 연구하여 방침이 결정될 때까지는 보류하기로 되었다. (……)[2]

이즈음 미 군정이 대학 승격 문제를 논의하기 위하여 3인으로 구성된 고등교육 기준위원회(高等敎育 基準委員會)는 미국과 유럽의 학위 기준과 유사한 기준을 받아들인다는 원칙을 세웠다. 이 문제는 1945년 11월 14일 조직된 조선 교육심의회(朝鮮 敎育審議會)에서 본격적인 연구와 토의가 진행되었다. 심의회는 학무국이 교육 분야의 기획 업무를 수행하기 위하여 외부의 한국인들로 조직한 중앙 위원회이었다.

처음에 심의회에는 9개의 분과가 있었지만, 의학교육 분과가 추가되어 10개의 분과가 되었다. 각 분과에는 7~10명의 위원이 있었는데, 학무국의 미군

2) 학교 승격은 보류. 매일신보(1945년 10월 23일).

장교와 한국인 직원이 각각 한 명 배치되었고 나머지 위원은 일반인 중에서 선정하되 최소한 공립학교와 사립학교에서 각각 1명씩을 위촉하도록 하였다.

의학교육 분과위원회인 한국 의학교육 평의회는 연희전문학교장 유억겸(俞億兼), 보건후생국장 이용설, 성모병원 외과 과장 박병래(朴秉來), 서울의학전문학교장 심호섭(沈浩燮), 광주의학전문학교장 최성재(崔成在), 대구의학전문학교장 고병간(高秉幹), 서울대학 의학부장 윤일선(尹日善), 세브란스의학전문학교장 최동, 여자의학전문학교장 정구충(鄭求忠)으로 구성되었다.[3] 이 분과위원회의 역할은 의과대학 예과 설립, 의학교 교과서 통일, 졸업생 연구 기관 설립 계획, 해당 연구기관에 대한 장학 보조금, 의학교 남녀 공학, 해당 회의에 대한 제(提) 의안, 의학교 입학에 대한 시험 표준과 자격 등을 토의하고 결정하여 군정청에 제출하는 것이었으며, 매주 회의를 개최하였다.

조선 교육심의회는 12월 13일에 열린 제3차 회의에서 6·3·3·4제의 실시를 채택하고, 1946년 9월부터 실시하되 현재의 학년은 1946년 8월까지 연장한다는 조건으로 '현행 교육제도에 대한 임시 조치안'을 발표하였다.[4] 또한 한 학년은 이전의 3학기 대신 2학기로 나누어 1학기는 9월부터 이듬해 2월까지, 2학기는 3월부터 8월까지이며, 방학은 8월 한 달과 12월부터 1월 사이의 두 달을 각각 여름 방학과 겨울 방학으로 정하였다. 이 중에 고등 교육과 관련된 내용은 다음과 같았다.

- 전문학교
  - (가) 현행 전문학교 제도는 1945년도 현재 남녀 각 중등학교 제4학년 졸업자가 입학하여 졸업할 때까지 존속케 하며, 또는 신제도에 의한 각종 대학에 3년제의 전문부로 개칭하여 존치케 함
  - (나) 현재의 남녀 각 전문학교 각 학년 재학생은 당해 학교를 순차 졸업한 후 신제도에 의한 각종 대학에 진학할 수 있음

---

[3] 의학교육의 제 사무처리. 조선일보(1945년 12월 4일), 조간 2쪽.
[4] 신 학년은 명년 9월부터 새 교육제 이념 수립코자 심의회. 自由新聞(1945년 12월 13일), 2쪽; 獨立自尊의 氣風 新教育의 理念 確立. 동아일보(1945년 12월 14일), 석간 2쪽.

- 대학 예과
  신제도에 의한 각종 대학에는 현행 4년제 남녀 각 중등학교 제4학년
  졸업자가 입학하여 졸업할 시까지 2년제의 예과를 설치케 함.
- 대학 입학 자격
  신제도에 의한 각종 대학에 입학을 희망하는 자는 현재의 대학 예과
  졸업자나 또는 재래의 전문학교 졸업자로서 이에 응(應)케 함

각 분과는 1946년 2월 말까지 최종 보고서를 제출하였고, 조선 교육심의회
는 3월 7일 전문학교와 예과를 폐지하고 고등 교육기관은 4년제 대학으로 단
일화하며, 학위와 대학에 대한 규정을 정하고, 기존의 각 관립 전문학교의 대
학 승격을 결정한다는 최종 건의안을 제출한 후 해산하였다.

학무국이 직제개편으로 승격된 문교부(文教部)는 심의회의 보고서를 심의
하였는데, 고등교육 분과위원회는 1946년 4월 26일 입학시험에 대한 요강을
발표하였다. 하지만 1946년 5월 각 전문학교의 대학 승격이 결정되고 승격
진행 상황이 공개되면서 수정할 필요가 생겼다. 이에 따라 1946년 6월 8일
입시 제도가 수정 · 보완되어 발표되었는데, 의과대학과 관련된 내용은 부기
(付記)의 형태로 포함되었다.[5]

현 의전 1년생은 의대 2년에
사립 전문도 임시 조처에 준거
경대 학부 생도 모집엔 특별 시험 실시

이. 현행 일반 국립 의전
1. 현행 일반 국립 의학전문학교로서 신제도의 의과대학으로 승격함에
   제하여는
   (가) 1946년도 의과대학 입학 자격자는 현행 중등학교 제4학년 졸업
        자 우는 1945년도 졸업 예정자로
   (나) 1947년도 동 대학 입학 자격자는 신제도에 의한 중등학교 고등
        과의 1946년도 제2학년 수료 예정자로

---

[5] 고등교육제도의 임시 조치. 동아일보(1946년 6월 10일).

(다) 1948년도 동 대학 입학 자격자는 신제도에 의한 중등학교 고등
과의 1947년도 제3학년 졸업 예정자로서 각각 충당케 함
2. (가) 현행 국립 일반 의학전문학교 1945년도 제1학년 수료 예정자는
신제도에 의한 의과대학 제2학년에
(나) 동 1945년도 제2학년 수료 예정자는 의과대학 제3학년에
(다) 동 1945년도 제3학년 수료 예정자는 의과대학 제4학년에 각각
시험에 의하여 편입하기로 함
3. 신제도의 의과대학 4개 학년의 의학 연구 혹은 현행 의학전문학교와
신제도의 의과대학에서의 수학 기간을 통산하여 4개년 간 계속적 의
학 연구에 해당한 전 학점을 수득한 자에게는 의학사의 학위를 수여
하기로 함. 경대 예과는 금년만 모집
(중략)
부기. 현행 사립 각종 전문학교로서 신제도에 의한 대학에 승격코자하
는 학교는 상기 현행 국립 각종 고등교육기관에 대한 임시조치에 준거하여
실행함을 요망함.

기존의 사립 전문학교는 관공립 전문학교와 마찬가지로 대학에 한시적으
로 존재하는 별도의 전문부로 유지되며, 학부는 전문부 졸업생을 순차적으로
받아들이도록 한 것이었다. 이와 같이 사립 전문학교의 대학 승격이 법적 근
거를 갖게 되었다.

대학 승격 심사를 위한 기준은 고등교육 분과위원회의 건의를 바탕으로 임
시 조치안이 12월 3일 발표되었다.[6] 그 내용은 교수 등급 표준, 대학 명칭,
재정 등에 관한 것이었다. 우선 대학 교수는 석·박사 학위 소유 여부, 학교
졸업 후의 연구 기간, 교육 경험 기간 등에 따라 교수, 부교수, 조교수 및 전
임강사로 세분하였다. 대학 명칭은 3개 이상의 단과대학을 가진 학교를 대학
교, 인문 혹은 자연과를 단위로 한 단과대학을 대학으로 정의하였다. 그리고
기존 학교와 신설학교, 대학과 대학교, 또한 인문계와 자연계를 구분하여 일
정액 이상의 기본금과 운영비를 마련할 것을 요구하였다.

---

6) 교수 등급, 대학 명칭, 경비 결정. 조선일보(1946년 12월 3일), 조간 2쪽.

4) 의예과 교수진의 채용

군정청이 1946년 3월 7일 6·3·3·4제의 학제를 성안하여 대학 설립을 위한 법적 조치를 마련하자 세브란스의 교수회와 이사회는 2년의 의예과 과정을 두기로 결정하였고, 군정청과 협의한 끝에 3월 14일 이와 같은 결정이 적절하다는 합의가 이루어졌다. 이에 따라 의예과의 여러 과목을 담당할 다음과 같은 여러 교수들을 채용하였는데, 초대 의예과 부장에는 김종흡이 임명되었다.

교수	출신지	최종 출신 학교	담당 과목	임용일	연령
김종흡[7] (예과부장)	전북	교토[京都] 제국대학 문학부 철학과 (종교학 전공)	윤리학, 심리학	1946. 8. 1	41
김인완[8]	평남	도쿄 농과대학	생물학	1946. 9. 1	32
김면오[9]	함남	릿쿄[立教] 대학	영어	1946. 9. 20	49
윤일병[10]	경기	도쿄 고등사범학교	물리학	1946. 9. 10	31
이영우[11]	경기	도쿄 농과대학	화학	1946. 10. 1	32
조교수					
윤익병[12]	전북	대구 사범학교	생물학	1947. 9. 1	32
한성일[13]	황해	도쿄 체육대학	체육	1947. 10. 1	31
강사					
김내수[14]	황해	나고야[名古屋] 제국대학	화학	1947. 3. 2	35
곽복록[15]	함북	조오치[上智] 대학	독어	1947. 9. 5	27
탁운한[16]	강원	도쿄 농과대학	유전학	1948. 6. 4	33
최윤식[17]	경기	도쿄 제국대학	기하학	1946. 9. 23	50
신영묵[18]	경기	도쿄 제국대학	미적분학	1947. 2. 5	45
이병기[19]	전북	한성 사범학교	국어	1946. 5. 30	58
이창식[20]	평남	도쿄 동양음악학교	음악	1949.	
민경회[21]	황해	큐슈 제국대학	영어	1949. 3.	
박태준[22]	경북	평양 숭실전문학교	음악		
이회영[23]			독일어		
손원태[24]	서울	세브란스의학전문학교	영어		
이만갑[25]	평북	도쿄제국대학			

7) 김종흡(金宗洽, 1905~?)은 1930년 3월 교토[京都] 제국대학 문학부 철학과를 졸업하였다. 전주 신흥학교의 교사로 임명되었으며, 영어를 가르치며 교무주임의 직책을 맡았다. 1934년 9월

전라북도의 고창중학교 교장으로 부임하여 1938년 3월까지 재직하였다. 1938년 4월부터는 보성중학교 및 개성 송도중학교 교사를 역임하였으며, 1946년 9월 함경남도의 갑산농림학교의 교장에 임명되어 1946년 3월까지 근무하였다. 1945년 5월 경성사범대학 교수에 임명되었다가 1946년 8월 세브란스 예과 교수로 임명되었다. 후에 서울대학교 종교학과 교수와 부총장을 역임하였으며, 은퇴 후 미국에 거주하면서 기독교 고전의 번역에 힘썼다.

8) 김인완(金仁完, 1917~?)은 1941년 도쿄농업대학을 졸업하였으며, 1942년 5월 송도중학교 교사에 임명되었다. 1945년 5월 개성 공립농업학교 교유에, 1946년 4월 춘천 공립농업학교 교육에 임명되었다. 1946년 9월 세브란스 예과 교수로 임명되었다.

9) 김면오(金冕五, 1900~1981)는 1927년 세이소쿠[正則] 영어학교 영문과 및 릿쿄[立敎] 대학 예과를 졸업하였다. 귀국하여 1년 동안 평양 숭실중학교 영어 교사로, 7년 동안 함흥 영생중학교 영어 교사로 근무하다가 1935년 사임하였다. 이후 1946년 3월 문교부 편수국 편수사에 임명되었다가 9월에 사임하고 세브란스 예과 교수로 임명되었다.

10) 윤일병(尹日炳, 1918~?)은 1937년 도쿄고등사범학교 물리화학과를 졸업하고 1942년 경기공립중학교 촉탁교원에 임명되었으며 1946년 1월에 퇴직하고 7월에 경성 공업대학 강사에 임명되었다가 9월에 세브란스 예과 교수로 임명되었다. 한국전쟁 중인 1952년 11월 한국물리학회 창립과정에서 총회 준비위원, 1952년 12월 7일 개최된 한국물리학회 발기총회에서 운영위원 중 1명으로 선임되었다.

11) 이영우(李泳雨, 1916~?)는 1941년 도쿄 농업대학 농학부를 졸업하였다. 안성 공립농업학교 교유, 휘문중학교 교사, 성남중학교 교사로 임명되었다가 1945년 12일 군정청 비료농약과 기사 비료과장에 임명되었다. 1946년 10월 세브란스 예과 교수로 임명되었으며, 1949년 연희대학교 이공대학 화학과 교수로 임명되었다. 1956년에는 의예과 과장에 임명되었다.

12) 윤익병(尹益炳, 1917~?)은 1939년 대구사범학교를 졸업하고 소학교 교사로 근무하였다. 1941년 11월 문부성 주관 중학교 교원(동물과) 예비 시험에 합격한 후 1942년 2월 경성제국대학 예과 생물학 교원으로 임명되었다. 1945년 9월 경성대학 예과 전임강사, 10월 경성여자사범대학 교원에 임명되었다가 1947년 9월 세브란스 예과 조교수에 임명되었다.

13) 한성일(韓成一, 1918~2005?)은 1938년 사리원 공립농업학교를 졸업하고 조선공립학교 훈도에 취임하였다. 1940년 3월 훈도직을 사임하고 일본체육전문학교 사범과에 입학하여 1942년 졸업하였다. 귀국하여 사리원공립농업학교 교유, 평양사범학교 교유, 경기공립중학교 교유 등으로 활동하였다. 1946년 2월 중앙여자대학 강사에 임명되었다가 1947년 10월 세브란스 예과 조교수에 임명되었다. 하지만 1947년 7월 의과대학 승격 당시 강사로 체육을 담당하였다.

14) 김내수(金乃洙, 1924~?)는 1946년 9월 나고야[名古屋]제국대학 공학부 응용화학과를 졸업하였으며, 귀국하여 국립서울대학교 문리과대학 전임강사로 임명되었으며, 1947년 3월 세브란스 예과 강사로 임명되었다. 한국전쟁 중 북으로 떠났다고 한다.

15) 곽복록(郭福錄, 1922~2011)은 1944년 조오치[上智]대 문학부 독문학과를 졸업하였다. 1946년 4월 성진여자중학교 영어교사로 임명되었다가 1946년 10월 경복공립중학교 독일어 교사로 임명되었다. 1947년 3월 세브란스 예과 독일어 강사로 임명되었다. 1955년 시카고 대학교에서 독문학 석사를, 1960년 뷔르츠부르크 대학교에서 박사 학위를 받았다.

16) 탁운한(卓雲漢, 1916~?)은 1935년 춘천공립농업학교 농림과를 졸업하고, 1942년 도쿄농업대학 농학부 농학과를 졸업하였다. 졸업 후 이화학연구소에서 근무를 하다가 1945년 3월 19일 춘천공립중학교 교원에 임명되었으며, 9월 국립서울대학교 농과대학 조교수에 임명되었다. 1948년 6월 세브란스 예과 강사에 임명되었다.

17) 최윤식(崔允植, 1899~1960)은 1922년 히로시마[廣島] 고등사범학교를 졸업하고, 1926년 도쿄 제국대학 이학부 수학과를 졸업하였다. 귀국하여 1930년 휘문고등보통학교 교사, 1937년 경성고등공업학교의 조교수로 임명되었으며, 1945년 경성 광산전문학교 교장에 임명되었다. 1946년 9월 국립 서울대학교 문리과대학 교수로 임명되었으며, 1946년 9월 세브란스 예과 강사로 임명되었다. 이승만 정권이 사사오입 개헌을 추진할 때 '사사오입'(四捨五入, 4는 버리고 5는 올린다)이라는 궤변 논리를 제공해 주었다. 1954년 창립된 대한수학회의 초대 회장으로 선출되었고, 학술원 회원이 되었다. 1955년 미국 시카고대학에서 수학을 연구하고 귀국하였고, 1956년 서울대학교에서 이학박사 학위를 받았는데 대한민국 수학자로서는 최초로 받은 학위이었다.

18) 신영묵(辛永黙, 1904~1974)은 1924년 연희전문학교 수물과를 졸업하고 교토제국대학 이학부 수학과에 입학하였다. 1927년 수학과와 물리 중등교원자격증을 따고 1928년부터 1년 동안 경신학교 교원, 1929년부터 1941년까지 배재중학교 교원, 1941년부터 1945년까지 신의주동공립중학교 교원으로 활동하였다. 1946년 1월 경성공업전문학교 교수에 임명되었다가 9월 서울대학교 문리과대학 교수에 임명되었다. 1947년 3월 배재중학교 교사에 이어 6월 교장에 임명되었고, 9월 세브란스 예과 강사를 경임하였다.

19) 이병기(李秉岐, 1891~1968)는 1913년 한성사범학교를 졸업하고 보통학교 교사로 근무하면서 고문헌 수집과 시조 연구에 몰두하였으며, 1925년 시조 시인으로 등단하였다. 1942년 조선어학회 사건에 연루되어 1년 가까이 복역한 후 귀향하여 고문헌 연구에 몰두하였다. 광복 후 미 군정청 편찬과장, 서울대학교 문리과 대학 교수를 역임하였다.

20) 이창식(李昌植, 1916~1983)은 1943년 도쿄 소재 동양음악학교 연구과를 수료하였으며 그해 7월 도쿄에서 독창회를 열었다. 1946년 2월 경동공립중학교 교사에 임명되었으며, 여러 학교에서 교편 생활을 하였고, 이화여대 음대 교수를 역임하였다.

21) 민경회(閔庚會, 1917~?)는 1943년 규슈[九州] 제국대학 법문학부를 졸업하고, 경성제국대학 법문학부 연문학과 연구실에 입실하였다. 해방 이후 인천 외국문화학술회관 관장에 임명되었고, 1946년 1월 인천공립상업중학교 교사로 임명되었다가 1947년 11월 경성음악학교 교원에 임명되었다. 1948년 9월부터 1949년 2월까지 중앙대학 문학부 교수로 근무하였다. 1949년 3월 세브란스 예과 영어 강사로 임명되었다.

22) 박태준(朴泰俊, 1900~1986)은 1921년 숭실전문학교를 졸업하고 1924년부터 1931년까지 대구 계성중학교에서 음악교사로 재직하였다. 1929년 미국의 더스커럼 대학, 1935년 웨스트민스터 대학에 유학하였다. 1936년 귀국하여 숭실전문학교 교수로 임명되었다. 광복 이후 1945년 전문 합창단인 한국 오라토리오 합창단을 창단하였고, 1945년부터 1973년까지 남대문교회 성가대를 지휘하였다. 1946년 서울여자 음악대학 교수, 1948년부터 1966년까지 연희[연세]대학교 음악대학 교수로 활동하였다. 1947년 7월 의과대학 승격 당시 강사로 음악을 담당하였다.

23) 이회영(李檜永, 1912~?)은 1939년 2월 도쿄 법정대학 법문학부의 문학과를 졸업하였고, 한국전쟁 이전까지 서울대학교 독어독문학과의 전임 교원이었다. 의과대학 승격 당시 강사로 독일어를 담당하였다. 성균관 대학교 독어독문학과 교수로 활동하다가 1977년 8월 31일 정년 퇴임하고 명예교수로 추대되었다.

24) 손원태(孫元泰, 1914~2004)는 1945년 세브란스 졸업생으로 1947년 7월 의과대학 승격 당시 영어를 담당하였다.

25) 이만갑(李萬甲, 1921~2010)은 1944년 도쿄제국대학 문학부 사회학과를 졸업하고 학사 시험에 합격하였다. 그는 1949년부터 서울대 문리대 강사에 이어 교수, 명예 교수를 역임하였다.

5) 예과의 교육 과정

2년의 예과 교육 과정은 다음과 같았다.

	1학년	2학년	합계
윤리학	36시간	36시간	72시간
국어	72	72	144
역사	72	72	144
경제학	36	36	72
영어	216	180	396
제2외국어	144	108	252
수학	144	108	252
물리학 강의	72	108	180
실습	72	144	216
화학 강의	72	108	180
실습	72	144	216
생물학 강의	108	144	252
실습	144	144	288
심리학	72		72
체육	36	36	72
합계	1,368	1,440	2,808

2. 의예과 학생 모집

1) 모집 요강 공고

교육 과목이 정해지고 교수 채용이 진행되면서 6월 초 1946학년도 학생 모집 요강이 공고되었는데, 그 내용은 다음과 같았다.[26]

---

[26] 세부란시 의과대학 신입생 모집. 동아일보(1946년 6월 4일), 1쪽.

〈세부란시 의과대학 신입생 모집〉

1. 모집 인원   예 과 제1학년   약 100명

        전문부 제1학년   약 80명

1. 응모 자격

    (1) 중등학교 4학년 이상 수료자, 졸업자 및 동년 7월 졸업예정자

    (2) 전검(專檢) 합격자

1. 시험 과목

    (1) 국어, 외국어(영어), 수학, 상식, 물리, 화학

    (2) 구두 시험, 신체검사

1. 시험일자 7월 10일 지 7월 13일

1. 입학지원자 접수 기일

    자 6월 10일 지 6월 25일

1. 입학 지원 서류 1식(式) 대금 1부 금3원 상세는 본교 교무과로 문의
    할 사

경성부 중구 남대문통 5정목 115번지
세브란스 의과대학

이 입시에서 전문부 학생 80명과 처
음으로 예과 학생 100명을 함께 뽑을 예
정이었는데, 전문부에는 520명, 예과에
는 703명이 응시하여 높은 경쟁률을 보
였다. 이 중에서 마지막으로 뽑은 전문
부에는 68명이, 처음으로 뽑은 예과에
는 85명이 입학하였다.

2) 입학시험 문제

7월 10일부터 치러진 입학시험 문제

그림 1-15. 세브란스 의과대학 신입생 모
집 광고. 동아일보(1946년 6월 4일).

의 일부는 다음과 같았다.[27]

〈상식 시험〉

1. 甲申政變
2. 마하트마 간지(Mahatma Gandhi)
3. 朝鮮 사람의 民族性
4. 일년 감(도마도)은 웨 빨에 지며, 빨안 部分은 사람에 무슨 作用을 가 젓는가?
5. 사람과 깨고리(蛙)의 正常 體溫. 大略 몇 度면 죽는가?

〈국어 시험〉

1. 다음 글을 解釋하라.
   ㄱ. 朔風은 나무 끝에 불고 明月은 눈 속에 잔데,
      萬里邊域에 一長劍잡고서,
      긴 바람 큰 한 소리에 거칠 것이 없애라.
   ㄴ. 五百年 都邑地를 四馬로 돌아드니,
      山川은 依舊하되 人傑은 간데없네,
      어즈버 太平烟月은 꿈이런가 하노라.
   ㄷ. 벙어리 냉가슴 앓듯
   ㄹ. 한 번 실수는 병가의 상사
2. 다음 글의 傍線 그은 말의 뜻을 쓰라
   ㄱ. 黃菊丹楓이 어느 듯 무르녹아 달 밝고 서리 찬 밤
      울어 예는[1] 기러기도 오늘 내 일에 볼 것이나, 讀書하기 조흔 季節이다.
      하늘 놉고 바람 急한 적에 胡馬[2]가 기리 소리쳐 丈夫의 __이 열리면
      년즛이[3] 萬里의 뜻을 뚫은 것은 가을의 情感이다.
   ㄴ. 사공이 삿대를 들어 한 번 물밑을 국 찌르니 워낙 水勢가 빠른지라 배따라기[4] 소리를 맞츠어 가며 배가 둥실둥실 떠 쏜살[5] 같이 닫기 시작하니 맑은 새벽을 대한 듯 절로 시원함을 느낀다.
3. 다음 말을 너허 短文을 하나씩 지어라.

---

27) 世醫大 入試問題. 동아일보(1946년 7월 23일), 석간 4쪽.

ㄱ. 그러므로   ㄴ. 그럼으로

ㄷ. 마는   ㄹ. 만은

ㅁ. 가량   ㅂ. 가령

ㅅ. 가리키다   ㅇ. 가르치다

ㅈ. 가진   ㅊ. 갖은

3) 신입생 전형과 관련된 파문

1946년 신입생 전형과 관련하여 불미스러운 일이 발생하였다. 그것은 최동 교장과 회계과장이 무조건 합격을 약속하고 김 모씨 외 4명으로부터 현금 48만 원을 불법 기부 받았는데, 제1관구 경찰청 정보과의 조사에서 이를 시인하였다는 것이다.[28] 이를 보도한 신문들은 '敎育者여 良心 잇는가?', '건국 초 신성해야 할 교육계에 1대 오점(汚點)' 등으로 표현하며 그 귀추에 주목하였다.

이러한 사실이 알려지자 입시에서 떨어진 수험 학생들은 9월 초 '세부란스 의대 입학 재시험 요구 위원회'를 조직하고 문교 당국에 다음과 같은 진정서를 제출하는 한편 최 교장의 배제에 적극적으로 투쟁하기로 하였다.

〈진정서〉

1. 세부란스 의과대학에서는 이번 입시 지원자 중에서 입시 승낙을 조건으로 수험 전에 (거)액의 금전을 요구 수령한 자(가) 수 명에 달한 사실을 일반 사회에 여론화할 것

1. 이 사실이 폭로되기까지 교수단이 총사직하게 되기 전 조교수 십사인 연서 날인하여 교수단에 건의한 내용 제3항에 '입시 감독자 부정 행위한' 적발의 서면이 있음

1. 기회 균등의 신교육 이념을 명시한 문교부 당국의 지침에 배치되는 처사를 한 최 교장을 즉시 징계 요구하는 동시에 입시 공정을 기하기 위하여 우리는 재시험을 요구함

---

28) 學園에 不正事實. 現代日報(1946년 8월 31일), 2쪽; 敎育者여 良心 잇는가 世醫專서 入試 志願者로부터 收賄. 第119號 獨立新報(1946년 8월 31일), 2쪽.

그림 1-16. 의예과 1학년 학생들의 창경원 방문(1946년 11월 9일).

이러한 불미스러운 일이 발생하여 사회적인 물의가 높아가고 있는 상황에서 세브란스의 교수들이 총사직하는 사태가 벌어졌다.[29] 그 이유는 18명의 조교수 및 강사들과의 갈등 때문이었다. 즉 조교수들은 '교수들이 지난 2년 동안 건국에 중요 임무를 맡고 있는데, 옳은 노선을 걷지 않고 학도에게는 정치 운동을 금하면서 교수 자신은 정치 운동에 분주하고 있으며, 또 일부는 사복(私腹)을 채우려고 장사에 눈이 어두워 교단에 오르지 않는다.'고 지적하였다. 조교수들은 비상한 결심으로 다음과 같은 사항을 교수회 및 교장에게 건의한 바 있었다.

> 1. 학교를 공부하는 분위기로 향상시킬 것.
> 1. 교수의 권위를 지키고 내부 문제를 외부에 누설하지 말 것.
> 1. 직원 간에 개인감정을 떠나 오직 학교 발전에만 노력할 것.
> 1. 학교 발전에 성의 없는 교수는 깊이 반성할 것.

8월 30일 개최된 교수회에서는 이 건의가 정당함을 인정하여 받아들임과 동시에 우수한 교수들을 영입하여 학교의 발전을 위하고 문호를 개방하자는 데 의견 일치를 보았다. 이에 따라 전 교수는 총 사직과 동시에 학감 김명선 교수를 통하여 교장에게 사직원을 제출하였다.

이 사태를 수습하기 위하여 9월 3일 개최된 이사회에서는 교수들의 사직서는 일단 수리하고 대학으로 승격할 준비로 새로 교수진을 편성하되, 이 문제는 교장에게 일임하기로 결정하였다. 그리고 이 기회에 왜정 잔재를 일소하고 명랑한 학원으로 재출발하기로 결의하였다.

하지만 납득할 만한 즉각적인 조치가 이루어지 않은 것 같다. 11월 7일 졸업생 유지 약 70명이 아서원(雅紋圓)에서 만나 '세부란스 의과대학 재건 대책위원회'를 조직하여 활동에 들어갔기 때문이다.[30] 대책위원회는 다음과 같은

---

[29] 世醫專 敎授들 總辭職, 理由는 助敎授 陳과의 校內 分裂. 水産經濟新聞(1946년 9월 3일), 2쪽.

4개 항을 결의하였다.

1. 최동 교장 인책 사임(소위 일선 융화에 관한 저술 문제로)
2. 재단 확충
3. 사임 교수 유임
4. 시설 완비

이병천(李炳天, 1920년 졸업), 최성장(崔性章, 1932년 졸업) 외 5명으로 구성된 대책 위원회의 실행위원들은 11월 9일 문교부장을 만난데 이어 이사회, 기타 관계자들을 만나 활동을 벌였다. 이에 대하여 학교 당국자는 이를 부인하며 '그 진상은 현 간부들에 불만을 가진 동창생들이 그날 밤 모였지만, 그 모임에 격분한 졸업생들이 그 모임의 불순 무모함을 분쇄한 사실이 있다.'고 언급하였다.[31]

하지만 최동 교장이 해방 이전 친일적 저술을 하였다는 문제가 거론되었고, 결국 11월 27일 학부형, 일반 사회 유지들이 학교 운영을 일신하기 위하여 '세의전 재건 확대 위원회'를 결성하였다. 집행 위원으로는 이극로(李克魯, 1893~1978), 양근환(梁槿煥, 1894~1950) 등이 선임되었으며, 다음과 같이 결의하였다.

최동 교장의 교육계 인퇴를 문교부에 요청할 것.
사임한 5명 교수의 유임을 요청할 것.
이사회의 불법 인계에 대해 조사할 것.
기타 세전 확충 강화 대책을 강구할 것.

이런 움직임에도 최동 교장이 1948년까지 교장으로 재임한 것으로 보아 1946년도 입시와 관련된 불법 기부가 밝혀진 이후, 조교수들의 건의, 동창 대

---

30) 世醫大 改革 運動. 第174號 獨立新報(1946년 11월 10일), 2쪽.
31) 世醫大 紛爭 眞相. 水産經濟新聞(1946년 11월 12일), 2쪽.

책 위원회, 세의전 재건 확대 위원회 구성 등 일련의 대책이 최동 교장의 사임으로 직접 이어지지는 않았다.

3. 1946학년도의 학사 일정

1) 개학의 연기

1946학년도에는 학년 시작이 4월이 아닌 9월로 변경되어 개학은 당초 9월 14일로 예정되었다. 하지만 6월부터 콜레라가 전국에서 유행하여 보건후생부는 적극적인 방역 대책에 나섰고, 세브란스도 이에 적극 참여하였기에 개학은 연기되어 입학식은 9월 20일에, 개학식은 21일에 거행되었고 23일 개강하였다.

2) 1946학년도의 의예과

의예과의 첫 학생들이 입학할 당시 세브란스의 가장 심각한 문제는 공간의 부족이었다. 1944년 건축을 시작하였던 에비슨 홀이 아직 완공되지 않은 상태에서 예과생이 뽑았기에 더욱 그러하였다. 1946년 2월 세브란스는 용산중학교를 사용할 수 있도록 해달라고 청원하여 군정청이 이를 검토를 한 바 있었지만 이루어지지 못하였다.[32] 그리하여 예과생들은 처음 몇 달 동안 임시적으로 당시 종로구 연지동에 있었던 정신여자중학교의 교사를 빌려 강의를 받았으며, 이후 서울역 앞의 교사로 옮겨 왔다.

예과생들은 A반과 B반으로 나누어 강의가 진행되었다. A반은 전문부 1, 2학년을 수료한 학생 중 학부 과정을 희망하는 학생들이었고, B반은 예과로

---

[32] Summary of Activities for Week Ending 23 February 1946. HQ USAMGIK, Bureau of Education, Seoul, Korea(Feb. 25th, 1946).

입학한 신입생들이었다.[33] 2년간의 의예과 과정을 마친 후 A반 학생들은 학부 2, 3학년생으로 되었고, 예과에 입학한 학생들은 학부 1학년생이 되었다.

1946년에 9월 1일에 입학한 전문부 학생들은 1950년 6월 졸업하였다. 그런데 예과가 신설되자 이미 입학하여 일부 과정을 끝낸 학생들이 6년제 대학 졸업을 원하며 예과 편입을 요청하는 경우가 있었다. 그리하여 2년 과정을 끝낸 1944년도 입학생 중에서 3명이 예과 1학년으로 편입하였는데, 김재전, 김창신 및 유기묵이었다. 이들은 1948년 7월 2년의 예과 과정을 수료하고 학부 3학년에 편입하여 1950년 졸업하여 세브란스의 첫 학부 졸업생이 되었다.

그리고 1945학년도 입학생 중 51명은 1946년 3월 전문부 1학년을 수료하고 7월에 의예과에 편입되었고, 2년의 예과 과정을 수료한 후 1948년 7월 9월에 학부 2학년에 편입되었다. 이들은 1951년 11월 졸업하였다.

3) 1946학년도의 강의

1946학년도에는 예과 1학년, 전문부 1학년, 2학년, 3학년, 4학년의 강의가 진행되었는데, 다음과 같았다.

예과 1학년	미적분학, 해석기하학, 물리학, 화학, 생물학, 영어 제1, 영어 제2, 심리학, 독일어, 국어, 국사, 윤리학, 경제학, 음악, 체육
전문부 1학년	외국어, 수학, 물리학, 생물학, 해부학, 생리학, 화학, 생화학, 의학사
전문부 2학년	영어, 생리학, 생화학, 병리학, 기생충학, 미생물학, 약리학, 외과학, 진단학
전문부 3학년	외국어, 병리학, 미생물학, 위생학, 내과학, 외과학, 산부인과학, 소아과학, 안과학, 이비인후과학, 정신병학과, 치과학

---

[33] 오흥근, 재상봉 특집. 의대 50주년. 연세대학교 의료원 소식(2002년 5월 6일), 7쪽.

| 전문부 4학년 | 법의학, 내과학, 외과학, 산부인과학, 소아과학, 피 |
| | 부비뇨기과학, 안과학, 이비인후과학, 의학사 |

이외에도 미 군정청이 주관하는 기생충학 강의가 세브란스에서 진행되었다. 이 강의는 1947년 3월 4월 오브레이 C. 피텐저[34] 중령의 승인으로 글렌 A. 노블[35] 박사가 주도하고 디트리히(Dietrich) 대위가 도왔는데, 면허를 가진 20여 명의 의사를 대상으로 한 과정이었다. 강의는 3월 24일 시작되었으며, 매주 화요일과 목요일 오후 1시부터 4시 30분까지 수업이 진행되었다.

1947년 5월 말 도쿄 제406 일반 의학 실험실의 로렌스 리치(Lawrence Ritchie) 박사는 상당한 양의 기생충학 자료들을 보내왔는데, 세브란스와 서울대학교 의과대학에서 사용되었다.

4) 개교 63주년 기념식

개교 63주년 기념식은 1947년 5월 15일 다채로운 행사로 거행되었다. 기념식은 오전 9시 대강당에서 개최되었으며, 10시부터 기념논문 당선 발표가 있었다.

당선작은 3학년 김채원(金采元)의 '세부란스 學園의 現狀과 우리들의 進路'이었다.[36] 이 논문은 세브란스의 사명과 현상, 일제하 세브란스의 회고, 해방 전후 비교 통계, 구체적 현상 및 7개항의 제언, 그리고 결어 등으로 이루어져 있다. 즉 세브란스의 역사를 살펴보고 현재의 상태를 분석하며 7개항의 제언

[34] 오브레이 C. 피텐저(Aubrey C. Pittenger, 1899~1978)는 미 군정청 학무국에서 계급이 가장 높았으며, 1945년 10월 10일부터 근무하다가 12월 17일 강원도 군정 장관실로 전출하여 교육을 담당하였다. 그는 1955년 대령의 계급으로 전역하였다.

[35] 글렌 A. 노블(Glenn A. Noble, 1909~2001)은 감리교회 선교사 윌리엄 A. 노블(William A. Noble, 1866~1945)의 막내아들이다. 그는 캘리포니아 주립대학, 버클리 의과대학을 졸업하고 기생충학을 전공하였으며, 캘리포니아 주립 폴리테크니컬 대학의 생물학 과장으로 활동하였다.

[36] 김채원, 세부란스 學園의 現狀과 우리들의 進路. 세브란쓰. 창립 63주년 기념호(1947), 30~37쪽.

을 함으로써 '세브란스의 장래를 비추는 빛을 비추기를' 소망하였다. 여기서 7개항의 제언은 1) 학원 구성원의 가일층의 자각과 분발, 2) 강의의 혁신, 3) 도서관 문제, 4) 부대시설 개선 문제, 5) 선배와의 긴밀한 연대, 6) 학생회 문제, 7) 경제적 결핍의 해소이었다.

논문 발표에 이어 10시 반에는 교내 웅변대회가 열렸다. 오후 1시에는 축하 운동회와 가장행렬이 열렸다. 그리고 25일부터 2일 동안 수도극장에서 학생회 주최로 축하 연극 '생의 제단', 가면극 '어느 날 밤의 꿈', 대학 합창단의 음악회 공연이 개최되었다(자세한 것은 77쪽의 학생 활동을 참고할 것). 그런데 이 축하 공연은 개교 기념과 아울러 여름 방학을 이용한 무의촌 순회 진료와 전재민 무료 진료 사업을 위한 기금 모금의 목적으로 이루어진 것이었다.

5) 1947년 상반기의 주요 행사

1947년 상반기에 진행되었던 주요 행사의 일지는 다음과 같았다.

1월 1일	오전 10시 신년 축하식
1월 22일	구정 휴교
2월 1일	개학식 거행
2월 4일부터	24일까지 전문부 학기말 시험
2월 19일부터	26일까지 예과 학기말 시험
3월 1일	독립 선언 기념식 거행
3월 22일	졸업생 송별회 개최
4월 1일	학년 말 시험 실시
4월 7일	방학 시작
4월 14일	개학
4월 15일	이응렬 교수 학교 장례식 거행
4월 27일	야외 예배(향린원)
5월 6일	헐쉬될도 박사의 특별 강연(말라리아와 아메바 치료법에 대하여) 기생충 특별 강연(글렌 A. 노블 박사)

5월 15일	창립 63주년 개교 기념 축하식
5월 25~26일	창립 기념 연극 공연(수도극장)
5월 31일	입학 지원서 교부
6월 1일	YMCA 향린원(香隣院) 시료
6월 7일	제37회 졸업식 거행
6월 8일	YMCA 천진원(天眞院) 시료
6월 15일	YMCA 영생원(永生院), 천진원(天眞院) 순회 시료
6월 19일부터	25일까지 예과 학기말 시험
6월 22일	교목(校牧) 환영회 개최
6월 25일	입학 지원 수속
7월 5일	입학 시험 실시, 미국 선교사단 내방

1946~47학년도의 학생회장은 김덕순(金惠舜, 1947년 졸업)이었고, 1947~48학년도의 학생회장은 양재모(梁在謨, 1948년 졸업)이었다.

6) 제37회 졸업식

세브란스의 제37회 졸업식이 1947년 6월 7일 거행되어 모두 93명의 졸업생이 배출되었다. 이들의 대부분은 1943년 4월 입학생들로서 2월 20일 마감된 입시에서 70명 모집에 1,130명이 응시하였는데, 50명 증원을 신청 중이었기에 이를 합해도 거의 10대 1이라는 높은 경쟁률을 뚫고 입학한 학생들이었다. 이때 93명이 입학하였는데, 이 중 83명은 1947년 6월 제37회로 졸업하였지만, 3명은 1948년, 2명은 1949년에 졸업하였고, 5명은 제적되었다.

세브란스의학전문학교 명의의 마지막 졸업장을 받고 1947년 6월 졸업한 93명은, 1943년 4월에 입학한 학생이 83명, 1942년 4월 입학한 학생이 5명, 그리고 1941년 4월에 입학한 학생 2명, 1939년 4월에 입학한 학생이 1명이었다. 그리고 2명은 1945년 3학년으로 편입하였다.

졸업식에 앞서 1947년 3월 30일 오전 11시 정동제일교회에서 졸업예배를 드렸다.

卒業證書

李 圭 東

西紀壹九貳五年拾壹月四日生

右는本校所定의課程을
完修하엿기此證書를授
與함

西紀一九四七年六月七日

世富蘭偲醫學專門學校長 崔 棟

그림 1-17. 1947년도 졸업생 이규동의 졸업장. 세브란스의학전문학교 명의로 수여된 마지막 졸업장이다. 동은의학박물관 소장.

학생들의 활동

1. 전재민 구호 및 방역 활동

세브란스는 맞은편에 1925년 9월에 준공된 서울역 역사(驛舍)가 있어 서울
뿐 아니라 한반도 교통의 요지에 위치해 있었다. 따라서 해방이 되어 일본으
로 쫓겨 가는 일본인들, 그리고 귀국하여 고향으로 돌아가는 한국인들로 대
단히 혼잡하였다. 특히 일제하에서 옥고에 시달렸던 많은 애국지사, 무고하
게 징용되어 노역에 혹사당하였던 동포들은 당장 먹을 것도 부족했고 위생
상태도 엉망이었다. 서울역 앞의 이러한 비참한 광경을 목격한 세브란스 학
생들은 이들의 구호에 적극적으로 나섰다.

해방 후 처음으로 조직된 학생 조직은 8월 16일 서울 지역 학생들이 휘문
중학교에서 서울 학도대회를 개최한 다음날 결성된 건국학도대(建國學徒隊,
대장 김봉태)이었는데, 곧 소멸되었다.[1]

---

[1] 한국 반탁·반공 학생운동 기념사업회, 한국 학생 건국운동사(서울: 한국 반탁·반공 학생운
동 기념사업회 출판국, 1986), 60쪽.

1) 조선학도대

8월 25일에는 일본 각지에서 유학하다가 돌아온 학생들과 조선 내의 전문학교 학생들로 전국 규모의 조선학도대(朝鮮學徒隊)가 조직되었으며, 총본부는 종로 2가 화신 백화점 옆의 5층 별관에 두었다. 조선학도대에 참여하였던 세브란스 지대는 대장 윤복영(尹福榮), 부대장 나도헌(羅濤憲), 3학년 김덕순(金悳舜), 이병태(李炳台), 2학년 양재모(梁在謨), 김재전(金在洇), 오장옥(吳章鈺) 등으로 구성되었다.

학도대의 주요 활동은 치안 유지와 구호 활동이었다.[2] 학도대는 8월 29일 부민관(府民館)에서 3,000여 명이 참가한 가운데 조선 학도 총궐기대회를 개최하고,[3] 학교별로 구역을 나누어 치안 및 계몽 지도 등에 나섰다. 세브란스는 약학전문학교와 함께 용산구를 담당하였다.

8월 15일 해방이 되었지만 미군의 진주가 늦어지면서 조선학도대의 성급한 일부 치안 대원들은 일본 군경의 무장 해제를 시도하기도 하였다. 그러나 9월 9일 서울에 진주한 미군 사령부가 당분간 치안 유지와 행정 기관을 그대로 존속시킨다는 의외의 조치를 취함으로써 무위로 끝나고 말았다. 하지만 미군이 진주하기 전까지 예비 지식인인 학생들의 자율적인 활동은 우리 민족에 의한 새로운 자주 독립국가 건설이라는 온 국민의 열망을 표출한 것이었다.

조선학도대는 발족된 지 20일밖에 되지 않은 9월 7일 일부 간부가 조선 인민공화국 지지 발언을 하면서 정치색이 짙어져 분열의 조짐이 나타났다. 이에 세브란스 학도대는 주요 사업을 귀국 전재민의 구호 사업으로 정하고 오로지 전재민 구호 사업에만 전념하였다.

---

[2] 한국 반탁 · 반공 학생운동 기념사업회, 한국 학생 건국운동사(서울: 한국 반탁 · 반공 학생운동 기념사업회 출판국, 1986), 61쪽.
[3] 경성의 중등학교 이상 학도들 조선 학도 총궐기 대회 개최. 매일신보(1945년 9월 1일).

그림 1-18. 전국 학도대회에 참가한 세브란스. 동은의학박물관 소장.

2) 세의전 구호소

세브란스 학도대는 먼저 서울역과 협의하여 역 구내에 세의전 구호소(世醫專 救護所)를 설치하였다. 구호대는 구호부, 자위부 및 청소부로 세분하여, 주로 전재민의 취사, 의류 보급, 이발, 목욕 및 환자 진료를 실시하였고, 무질서한 노점의 자율 규제 등 역 주위의 질서 확립과 청소도 담당하였다. 또한 당국과 절충하여 일종의 여행증인 전재민 증명서와 무임승차권을 발급할 수 있게 됨으로써 전재민들이 무사히 고향으로 돌아갈 수 있도록 하였다.

필요한 경우에는 세브란스 운동장과 병원, 그리고 남대문 교회에 귀환 동포를 수용하여 숙식을 제공하고 치료하였다. 하지만 공간이 협소하여 8월 26일에는 서울역 맞은 편의 남산 밑에 위치한 고아원 시설인 향린원(香隣園)을 인수하여 구호 활동을 확대하였다.

그림 1-19. 서울역과 그 맞은편에 위치한 세브란스(1945년 9월 9일). 남대문 교회 옆의 운동장에 천막이 보인다. 미국 국립 문서기록 관리청 소장. 국사편찬위원회 홈페이지에서 인용.

8월 28일에는 기구를 개편하여 본부, 구호부, 자위부를 두고, 구호부는 용도계, 취사계, 치료계, 수용계 및 서무계 등 5개 부서로 나누어 구호 활동을 벌였다. 세브란스의 구휼 활동이 성과를 올리자 건국준비위원회와 조선 재외전재민동포구제회, 서울부청 등에서 식량과 피복 등의 각종 구호품을 기부하였다. 특히 조선 재외전재민동포구제회의 구휼부장이며 경성 의사회 회장이었던 이용설(李容卨, 1895~1993, 1919년 졸업) 동창은 직접 전재민 치료에 나서기도 하였다. 이외에도 최성장(崔性章, 1932년 졸업), 강필구(姜必求, 1931년 졸업), 이용겸(李容兼, 1933년 졸업), 이성산(李聖山), 김천만(金千萬), 정문도(鄭文道) 등도 큰 도움을 주었다.

그림 1-20. 북한 지방에서 도착한 열차에서 짐을 내리는 한국인들(서울역, 1945년 10월 8일). 미국 국립 문서기록 관리청 소장. 국사편찬위원회 홈페이지에서 인용.

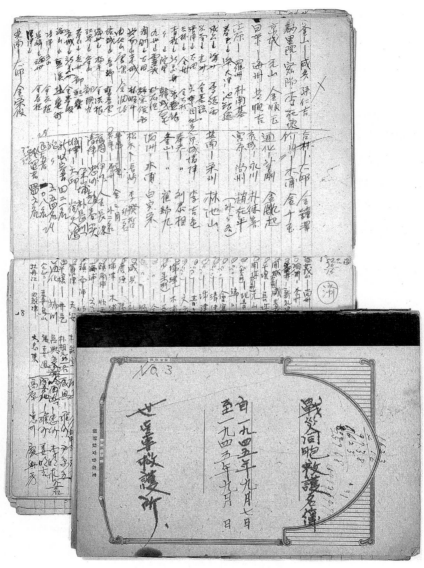

그림 1-21. 세의전 구호소에서 작성한 전재동포 구호 명부(1945년 9월). 명부에는 전재동포의 출발지와 도착지, 그리고 이름이 적혀 있다. 동은의학박물관 소장.

9월에 접어들자 일본과 만주 등지에서 더 많은 전재민 동포들이 귀국하는 바람에 세브란스 병원 및 운동장, 향린원만으로는 도저히 수용할 수 없게 되자 다른 활로를 찾을 수밖에 없었다. 마침 남대문 인근의 북창동에 위치해 있던 긴치요[闇千代]라는 이름의 회관을 9월 13일에 인수하여 500여 명의 전재민을 수용하였다. 회관의 주인인 사이토[齋藤]는 학생들의 헌신적인 봉사 활동에 감복하여 학도대에 전 재산을 양도하겠다는 뜻을 전달하였지만, 학도대의 성격상 그 재산의 인수는 불가능하였고 따라서 그 제의는 무산되었다. 이런 가운데도 9월 20일 추석에는 수용되어 있는 전재민과 학생들 및 세브란스 병원 직원들이 흥겨운 한때를 보내기도 하였다. 하지만 학교 당국의 수업 복귀 지시로 구호 사업은 한 달 만에 마무리를 짓고 조선 재외전재민동포구제회에 인계되었다.

한 달 동안의 구호 활동의 성과를 살펴보면, 전재민 수용자 취사 연인원이 75,840명, 각종 기부금이 151,213원이었으며, 사용하고 남은 현금 148,806원, 백미 14가마, 그리고 3트럭분의 의류 전체를 조선 재외전재민동포구제회에 인계하였다.

3) 방역 활동

1946년 6월부터 콜레라가 전국에서 유행하자 보건후생부는 적극적인 방역 대책에 나섰다. 서울시의 긴급한 콜레라 방역을 위하여 보건후생부는 세브란스 의전, 경성대 의학부 및 여의전의 학생 40명과 의사 16명을 동원하여 6개 기차역(경성역, 용산역, 신촌역, 성동역, 청량리역, 영등포역), 4개 버스 정차장 등에 검역소(檢疫所)를 설치하였다.

하지만 부산을 중심으로 한 남부 지방의 콜레라 유행도 만만치 않았다. 6월 3일 현재 176명의 환자가 발생하였고, 매일 환자가 늘어나고 있었다.[4]

---

4) 虎疫 患者 蔓延. 조선일보(1946년 6월 10일), 조간 2쪽.

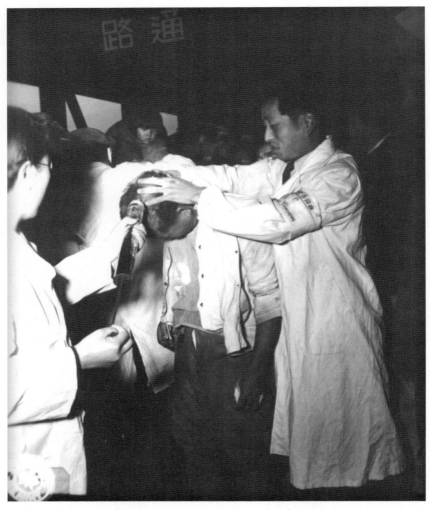

그림 1-22. 서울역에 도착한 열차에서 린 승객에게 D. D. T.를 살포하는 방역 요원들(1945년 11월 28일). 미국 국립 문서기록 관리청 소장. 국사편찬위원회 홈페이지에서 인용.

세브란스는 10명의 의사를 중심으로 부산에서 방역사업에 나섰지만, 유행이 심해지자 7월 25일 12명의 인원을 증파하였다. 이와 함께 많은 학생들이 콜레라 방역에 동원되었기 때문에 개학이 연기되었다.

4) 진료 봉사

세브란스 학생들은 해방이 된 직후 남산 밑에 위치한 고아원 시설인 향린원(香隣園)을 인수하여 구호 활동을 확대한 바 있었다. 학생들은 고아원인 향린원에 계속 관심을 가져 1947년 4월 27일에는 향린원에서 야외 예배를 드렸고, 6월 1일과 6월 15일 향린원에서 순회 진료를 하였다. 이외에도 6월 7일 천진원, 6월 15일 영생원(永生園)에서 무료 진료를 하였다.

여름 방학에는 학생회 주최로 학생 5~6명씩으로 두 개의 팀을 만들어 두 주일 동안 무의촌 진료에 나섰다.[5] 한 팀은 경성여자의학전문학교 학생 2명과 함께 강화도에서, 다른 팀은 전남 화순군 동북면과 옥구군 옥산면에서 활동을 벌였다.

한편 학생 기독청년회는 이병희 교수의 지도하에 흑산도 방면으로 무의촌 순회 진료를 떠나 상당한 성과를 거두었다고 한다. 특기할 만안 것은 의예과의 김인완, 윤익병 교수가 인솔하는 생물채집반이 동행한 일이었다.

2. 신탁 통치 반대운동

1) 세브란스 학생대회

개학을 하였지만 한국의 독립과 관련한 정세는 학생들이 학업에 열중할 수 없게 만들었다. 세브란스 학생들은 한국의 독립과 관련하여 활발하게 의견을 나누던 중 1945년 12월 11일 개최된 제3회 학생대회에서 상하이 임시정부의 깃발 아래에 단결하기로 결의하였고, 학생대표들은 12월 16일 오전 9시 결의문을 김구(金九) 주석에게 봉정하였다.[6]

---

5) 양재모, 사랑의 빚만 지고(서울: 도서출판 큐라인, 2001), 110쪽.

임시정부 신봉

세의전생 결속

　불타를 진리에 대한 열정과 애국지성의 윤리적 실천에 진정한 학생운동을 일으키고자 오랫동안 침묵을 지켜오던 세브란스 의전 사백여 학도는 11일 동교에서 제3회 학생대회를 개최하고 우리의 정통 정부인 임시정부의 깃발 아래에 단결하자는 결의를 하였다. 그런데 동 학생대회에서는 결의문을 김구 주석에게 봉정하기로 되었다.

　당시 한국인들은 완전한 독립 국가를 원하면서 한반도의 신탁통치 문제 등을 다루기 위하여 12월 16일부터 열흘 동안 소련의 모스크바에서 개최된 미국, 영국 및 소련 3개국 외상(外相)들의 모스크바 삼상회의에 큰 기대를 걸고 있었다. 그런데 12월 28일 이 회의에서 미국, 영국, 소련 및 중국의 책임하에 최대 5년 동안의 신탁통치와 미·소공동위원회의 설치가 채택되자, 12월 30일 서울 운동장에서 신탁통치 반대 전국대회가 개최되었다. 대회가 끝난 후 중등학교 이상의 학생들은 반탁 전국 학생운동 준비회를 구성하기로 합의하였다.

　하지만 처음에 반탁을 주장하던 공산주의자들은 소련이 '삼상회의 결정에 반대하는 세력은 임시정부 수립에 참여할 수 없다'고 선언하자 1946년 1월 2일 신탁통치 찬성으로 입장을 바꾸었다. 그러자 좌익 학생들은 1월 3일 모스크바 삼상회의 결정을 지지하며 반탁 전국 학생운동 준비회의 구성을 보류하고 다시 논의할 것을 우익 학생들에게 요구하였다. 이에 따라 학생 운동은 좌익계통의 조선학도대(朝鮮學徒隊)와 우익계통의 전국반탁학생총연맹(全國反託學生總聯盟, 이하 반탁학련)을 중심으로 극단적인 대립을 벌이게 되었다.

2) 반탁 운동의 중심지 세브란스

　반탁학련은 1946년 1월 7일 서울 운동장에서 약 1만 명의 학생들이 운집한

---

6) 임시정부 신봉, 세의전생 결속. 동아일보(1945년 12월 14일), 2쪽.

가운데 반탁치 학생대회를 개최하였다. 이날 집회에서 반탁학련의 부위원장이었던 세브란스의 김덕순은 대표로 '연합국 학생들에게 보내는 메세지'를 낭독하였다.[7]

> 애국의 순혈은 고동
> 반탁, 독립운동은 학도의 일사(一死)로
> 작일, 학생대회열고 시위행렬
> 31교 학도 참가
> 대한자주독립을 절규

젊은 학도들은 참다못하여 마침내 궐기하였다. '반탁' 주검과 피로서 신탁통치를 절대 반대하고자하는 순진한 학도들의 그 성스러운 부르짖음이여. 그대들은 듣는가? 이 땅의 학도들은 조국의 완전 자주독립을 위하여 그 순진한 정열과 양심을 가지고서 반탁의 봉화를 들고 나선 것이다.

민족자결과 완전 자주독립의 깃발을 내걸고 신탁통치 반대를 부르짖는 젊은 학생들의 함성은 7일 아침 서울 운동장에서 돌발되고야 말았다. 이날 아침 경성제학, 이화여전, 연전, 세전 등 시내 46개 남녀 전문대학을 비롯하여 15개 남녀 중등학교 학생 약 1만 명은 신탁반대를 높이 내쓴 깃발과 교기를 들고서 집합하였다. 오전 11시 반경 반탁치 학생대회는 먼저 일동 국기를 향하여 경례하고 애국가를 고리 높여 합창한 후 보전 이철승 군의 개회사로 막이 열리었다.

이번 신탁통치 반대는 민주주의를 신봉하는 연합국가와 학생들의 힘으로 다시 여론을 환기할 것이라는 간지에서 이 대회석상에서 연합국 학생들에게 보내는 메세지를 결의하여 세전 김덕순 군이 낭독하여 만장일치로 채택하였다. 그리고 각 학교 학생을 대표하여 성명서를 차례로 발표하여 각 (학)교의 결의와 각오를 굳게 피력하였다. 순진한 학도들의 이 시위운동을 격려하기 위하여 특히 반반 국민 동원 경기도 지부 선전부장 백남훈 씨와 독립 촉성 중앙청년연맹 김창혁 씨의 축사가 있었다. 이리하여 시위대회를 마치고 계속하여 가두 시위행진으로 옮기었다.

---

7) 애국의 순혈은 고동. 동아일보(1946년 1월 8일), 석간 2쪽.

〈결의문〉

1. 민족자결 신탁치 절대 반대
2. 즉시 자주독립 요구
3. 완전 국제적 해방 요구
4. 통일 정권 수립 요구
5. 군정과 절대 협력
6. 매국노 소진(掃盡)

학생의 자유, 명예, 조국을 위하여 결의함

대한민국 28년 1월 7일 반탁치 학생총연맹

〈연합국 학생에 보내는 메시지〉

대한민국 학생 일동은 친애하는 정으로 세계의 평화와 해방을 위하여 투쟁한 연합국 학생에 감사의 뜻을 표하며 아울러 우리 소식과 희망을 보내고자 한다. 회고하건대 과거 사십 년 동안 일본의 압정하에서 우리 대한민국 학생은 적극적으로 혹은 소극적으로 대의명분을 위하여 싸워왔다. 우리의 투쟁과 정렬이 끝을 맺기에는 너무도 혹독한 폭풍이 있었고 야만적 탄압이 있었다. 그러나 세계평화를 위한 연합국 청년 학도의 성스러운 노력이 우리의 힘을 돕고 끝을 맺게 되어 우리는 다 같이 평화의 날을 맞이하게 되었던 것이다.

그날 대한민국 학생은 연합국 학생 미면(未面)의 벗들에게 충심으로 감사하였고 친애하는 정을 금치 못하였다는 것은 말할 것도 없는 일이다. 그리고 우리는 자주독립만을 목표로 분투노력하여 왔다. 그러한 그림 이부적인 인식 부족에 의하여 5년간 신탁 관리 운운하는 소식이 전하여 짐으로 우리 대한민국 학생은 이에 양심적이고 강력한 반대 의사를 표하고 가장 양심적이요 정의만을 위하는 연합국 청년 학도 제우에 대한민국은 4천년의 역사와 찬란한 문화를 보유한 민족의 구가임을 고하고 우리 대한민국 학도의 즉시 자주 요구에 주력이 있기를 바라며 이로 그친다.

서기 1946년 1월 1일 대한민국 학생 일동

〈행렬 순로(順路)〉

성황리에 대회를 끝마치고 보성전문을 선두로 각 전문학교, 남녀중등학교, 일반 단체의 순서로 운동장을 떠나 동대문−종로−안국동−군정청 앞−광화문통−서대문−남대문의 순로로 씩씩하고 정연한 시위행렬을 하여 마침내 자주독립을 위하여 싸우는 건국 학도의 의기를 떨치었다.

그림 1-23. 1946년 1월 12일 반탁 학생총연맹 주체로 열린 시위
행렬. 동아일보.

부위원장 김덕순 이외에도 2학년 윤석우(尹錫宇)가 반탁학련의 후생부장을 맡았고, 2학년 김재전(金在㵌), 김창순(金昌舜), 양재모, 함영훈(咸永薰), 1학년 김성전(金成銓), 홍석기(洪碣基) 등 많은 학생들이 적극 참여하여 신탁통치 반대 운동에 적극 나섰다.[8] 아울러 반탁학련은 본부를 세브란스에 설치하였으며, 이에 따라 세브란스는 반탁 운동의 중심지가 되었다.[9]

> 반탁 전국학생총련
> 금후도 운동을 계속
> 서울 시내에 있는 중등학교 이상 전문생으로 조직된 반탁 전국학생총연맹본부에서는 신탁동치 절대반대 민족자결 자주독립 즉시 실현의 강령 아래 금후도 계속하여 반탁운동으로 활발히 전개하리라 하며 동 연맹과의 연락 장소는 서울 세브란스 전문학교 학생과에 두었다 한다.

반탁학련의 본부가 있게 된 1946년 1월 초 세브란스는 전교생 일동의 명의로 반탁 전단지를 제작하여 배포하였는데, 그 내용은 다음과 같았다.

〈신탁통치 절대 배격〉

1. 신탁통치를 지지하며 민족통일을 부르짖는 자는 모략이다. 이런 매국노를 배격하자.
1. 소위 시민대회라 하고 진정한 민중을 기만하여 공산주의 선전, 행렬까지 하고 적기가(赤旗歌)를 마치 국가(國歌) 시하는 가면 쓴 조선인을 매장하자.
1. 민족의 대지도자 이승만 박사를 절대 옹호하자.

타도! 타도!
인민공화국 타도!

---

8) 한국 반탁·반공 학생운동 기념사업회, 한국 학생 건국운동사(서울: 한국 반탁·반공 학생운동 기념사업회 출판국, 1986), 132쪽.
9) 반탁 전국학생총련, 금후도 운동을 계속. 조선일보(1946년 1월 9일), 조간 2쪽.

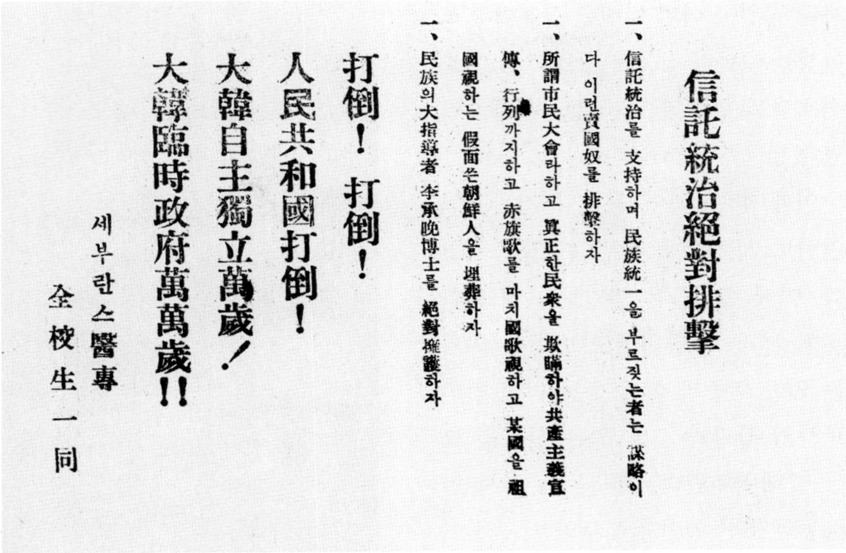

一、信託統治를 支持하며 民族統一을 부로짓는者는 謀略이
다 이런賣國奴를 排擊하자

一、所謂市民大會라하고 眞正한民衆을 欺瞞하야共産主義宣
傳、行列까지하고 赤旗歌를 마치國歌視하고 某國을 祖
國視하는 假面쓴朝鮮人을 埋葬하자

一、民族의大指導者 李承晩博士를 絶對擁護하자

打倒！ 打倒！

人民共和國打倒！

大韓自主獨立萬歲！

大韓臨時政府萬萬歲！！

세부란스醫專

全校生一同

信託統治絶對排擊

그림 1-24. 1946년 초에 세브란스 의전 전교생 명의로 제작된 반탁 전단지. 미국 국립 문서기록
관리청 소장. 국사편찬위원회 홈페이지에서 인용.

　　대한 자주독립 만세!
　　대한 임시정부 만만세!

　　세부란스 의전(醫專)
　　　전교생 일동

3) 1·18 사건

이런 가운데 1946년 1월 18일 오후 2시 반탁학련 주최로 정동 예배당에서
박헌영(朴憲永)의 망언을 규탄하고 반탁 및 반공 의식을 고취시키기 위한 웅
변대회가 개최되었다.[10] 그런데 분위기가 과열되면서 대회가 끝나자 천여 명
의 학생들이 우리 민족의 참된 의지를 보여주자며 소련 영사관으로 몰려가

영사의 면담을 요청하였다. 하지만 영사관 직원이 이미 피신한 상태이었고, 학생들은 하지 장군이 머물고 있는 조선호텔로 향하였지만 그도 부재중이었다.

이때 한 학생이 공산당 기관지인 인민보(人民報)를 쳐부수자고 소리쳤다. 이에 학생들은 인민보사(옛 외환은행 본점)로 향하였고 반탁을 외치는 일반 민중과 함께 수천 명이 인민보사의 활판과 그날 찍은 신문을 모두 불태워버렸다. 학생들은 다시 안국동의 조선 인민당 본부와 서울시 인민위원회도 습격하여 내부를 파괴하였다. 그런데 서울시 인민위원회에서는 좌익의 전위 단체인 학병 동맹원들이 쏜 총에 중학생 한 명이 부상당하였다.

그림 1-25. 세브란스 구내의 반탁치 전국 학생 총연맹을 포위한 경찰들. 동아일보(1946년 1월 21일).

학생들은 잠시 흥분을 가라앉히고 질서 정연하게 김구가 머물고 있던 서대문 경교장(京橋莊)으로 행진하였다. 그런데 신문로에 이르렀을 때 갑자기 요란한 총성이 들렸다. 그리고 선두에 섰던 세의전의 함영훈 등 4, 5명의 남녀 학생이 총탄에 맞고 쓰러졌다. 이와 함께 좌익 청년들의 급습으로 20여 명이 중경상을 입었다.

이 습격이 공산당 전위 부대인 학병 동맹과 국군 준비대 대원들에 의한 것이라고 판단한 군정청은 경기도 경찰부로 하여금 학병 동맹본부에 진입하도

---

10) 生血 뿌려 反託하는 學徒. 동아일보(1946년 1월 20일), 석간 2쪽.

록 지시를 내려 1월 19일 새벽 100명을 검거하였다.

하지만 좌익 측이 강력하게 항의를 하였고, 이에 반탁학련의 간부들도 대거 체포하였다. 1월 20일 오전 10시 종로서와 본정서는 백여 명의 무장 경찰을 동원하여 세브란스 구내에 본부가 있는 반탁학련을 포위하여 남녀 학생 41명을 검거하여 폭행 및 기물 파괴, 그리고 치안법 위반 등으로 입건하였다. 당시 반탁학련 본부에서는 간부 및 회원들이 모여 18일 밤 사건과 행방불명된 여학생들에 대한 대책을 강구하고 있었다. 정오가 지나 본부 안에 있던 연맹 위원장 서리 이철승(보성전문), 김덕순, 김성전, 양재모, 김재전, 홍석기 등 세브란스 학생을 포함한 33명의 남학생과 이화여전 등 여학생 8명이 경기도 경찰부로 압송되어 서대문 유치장에 수감되었다.[11]

1·18 사건에 대한 미 군정 방첩대의 보고

미 군정 방첩대 요원은 1월 21일 서대문 경찰서에 구금 중이던 김덕순 등 3명을 면담하였는데, 그들은 자신들의 행동에 대하여 다음과 같이 진술하였다.

> 1946년 1월 7일, 학생 대표들은 이철승이 주도하는 모임에 참석하기 위하여 세브란스 병원으로 갔다. (……)
> 1월 15일, 공식 대회를 정하기 위하여 다양한 학교 출신의 위원들이 세브란스 병원에 모였고, 1월 18일로 결정하였다. 이들 대표의 이름은 서태원, 이동원, 김덕순, (……)이었다. (……)
> 반탁학련은 1월 18일 오후 2시 정동교회에서 대회를 열었다. 대회에서는 소란이 없었고, 남한과 일본, 북한에서의 신탁통치와 공산주의자들의 활동에 대하여 토론하였다. 그들은 미국이 아니라 공산주의 반대를 목적으로 히는 프로그램에 동의하였다. (……) 그러나 반탁에 고무된 연맹원들이 시위를 전개하였다.
> 약 1,000여 명이 애국가를 부르며 소련영사관으로 행진한 후 미국영사관으로 갔으며, 마지막으로 반도호텔과 조선호텔로 갔다. 이 무렵 군중이

---

11) 실제로는 49명이었다. 한국 반탁 · 반공 학생운동 기념사업회, 한국 학생 건국운동사(서울: 한국 반탁 · 반공 학생운동 기념사업회 출판국, 1986), 145쪽.

점점 늘어나 조선인민보사로 행진하였다. 이때가 18:30경이었다. 이화여대의 학생들과 보성전문학교, 세브란스 의학전문학교 남학생들의 응원에 힘입어, 연맹원 중 소수의 무리가 신문사를 습격하였다. 습격에 참가한 연맹원을 특정할 방법은 없다.

미 군정 방첩대 요원이 1월 21일 세브란스 병원 접수부에서 확인한 내용은 다음과 같았다.

> 1946년 1월 18일 21시경 다음의 인물들이 그날 밤 학생 시위 도중 입은 부상으로 접수하였다.
> 황근옥(여) 곤봉 구타로 인한 두부 열상
> 함영훈   오른쪽 흉부 총상, 곤봉 구타로 인한 오른쪽 어깨 타박상
> 이세광   곤봉 구타로 인한 두부 열상
> 병원 접수부를 추가로 조사하면서 1946년 1월 19일 인민당원에게 구타당해 1월 20일 접수한 다음 학생 조직의 인물들이 밝혀졌다.
> 임영순   곤봉 구타로 인한 두부 열상
> 최영옥   곤봉 구타로 인한 두부 열상

방첩대 요원은 1월 21일과 22일 입원 학생들을 면담하였는데, 함영훈은 중상(重傷)으로 면담하지 못하였다.

한편 세브란스 병원 관계자는 1월 23일 방첩대 요원에게 다음과 같이 진술하였다.

> 학생 조직은 반탁 전국학생총연맹으로 알려져 있으며, 본부는 서울 세브란스병원에 있다. (……)
> 시위대는 대열을 재정비하여 경교장으로 향하였는데, 19시 30분경 서대문 2정목을 지날 때 한 무리의 사람들이 곤봉으로 그들을 공격하였다. 총소리가 났고 함영훈이 총에 맞았으나 아무도 총 쓴 사람을 지목할 수 없었다. (……)
> 1946년 1월 23일 현재, 1946년 1월 18일 저녁 사건으로 학생 1명은 총상을 입고, 6명은 곤봉에 맞아 중상을 입었으며, 그중 2명은 세브란스병원

에서 치료 중이다. 약 20여 명의 학생들이 응급처치를 받았다.

연행 학생의 처리

연행된 49명 중 36명은 곧 석방되었고, 2월 20일 2차로 양재모 등 9명이 석방되었다. 그러나 김성전과 홍석기 등 3명은 끝내 구속되었다. 이들에 대한 재판은 4월 10일 개최되었으며, 자신들의 행위가 '조선은 조선의 나라, 애국심을 이기지 못하여 탈선된 정당방위'이었음을 주장

그림 1-26. 공판에 참석한 세 학생. 동아일보(1946년 4월 11일).

하였다.12) 김병로(金炳魯, 1888~1964), 서광설(徐光卨) 변호사와 교육적 입장에서 특별 변호를 하였던 김명선 교수는 '남의 집을 때려 부셨으니 죄는 죄이지만 순진무구한 청년들의 순정의 발로 때문에 일어났으므로 무죄 석방해야 함'을 주장하였다. 이날 검사는 피고 3명에게 각각 4개월의 징역과 2년의 집행유예를 구형하였다.

4) 전국 학생 총연맹13)

반탁학련은 1월 26일 서울 정동 교회에서 임평기(林平基)의 사회로 1·18 사건 진상 보고 강연회를 개최한 후 2월 16일부터 이틀간 서북 학생 음악회를 개최하였는데, 그 수입금 7,076원 50전을 세브란스 의학전문학교, 이화여

---

12) 法廷의 反託 抗爭 朝鮮은 조선의 나라 愛國心 못니겨 脫線되였소 反託學生 事件公判. 동아일보(1946년 4월 11일), 석간 2쪽.
13) 한국 반탁·반공 학생운동 기념사업회, 한국 학생 건국운동사(서울: 한국 반탁·반공 학생운동 기념사업회 출판국, 1986), 146~148, 153~159, 165~168쪽.

대 외 14개 학교에 나누어 주어 학비 조달이 어려운 학생들에게 조금씩이나마 지급하였다.

반탁학련은 해방 후 처음 맞는 1946년의 3·1절 기념행사에서 민족진영의 기념식에 대거 참가하였고, 단독으로 3월 4일 성토대회를 개최하였다. 3월 9일 정동 교회에서 기미 독립 선언기념 전국 학생 현상 웅변대회를 개최하였는데, 윤석우(尹錫宇)가 전문대학부 4등에 입선하였다.

3월 19일 오후 2시, 세브란스의 강당에서는 서울 시내의 24개 남녀 전문대학생 대표 50여 명이 모여 38선 철폐 요구와 자주 독립 임시 정부 수립 요구를 호소할 전국 학생 비상 총궐기 대회를 개최하기로 결정하였다.[14] 3월 30일 오후 1시 반탁학련 주최로 독립운동의 발상지인 파고다 공원에서 개최된 전국 학생 비상 총궐기 대회에서 윤석우는 '연합국에 보내는 메시지'를 낭독하였다. 이날 대회에서는 결의문 외에 4개국에게 한국의 독립을 요망하는 진정서도 채택되었는데, 김재전은 반탁학련 간부의 대표 중 한 명으로 김구를 방문하여 전달하였다.

그런데 5월이 되어 반탁학련은 분열되었다. 반탁학련을 주도하던 보성전문학교 학생들과 기타 학교 학생들 사이에 갈등이 발생하면서 기타 학교 학생들이 반탁학련을 이탈하였는데, 이때 세브란스 학생들도 5월 16일 새로이 조직된 우익 학생 단체인 독립학생전선(獨立學生戰線)에 참여하였다.

하지만 독립 1주년을 앞두고 통일 전선을 결성하자는 것에 뜻이 모아져 7월 12일 독립학생전선을 비롯하여 유학생 동맹, 각 학생총연맹의 13개 학생 단체, 세전, 연전, 보전 외 32개교 대표 138명이 남산정에 모여 전국학생총연맹(全國學生總聯盟) 결성 발기회를 개최하였다. 이리하여 7월 31일 전국학생총연맹이 조직되었다. 세브란스에서는 김덕순, 김재전, 김창순, 김향, 양달승, 양재모, 윤석우, 조규환 및 최규식이 활동하였다.[15]

---

14) 自主獨立의 애끗는 喊聲. 동아일보(1946년 3월 22일), 석간 2쪽.
15) 한국 반탁·반공 학생운동 기념사업회, 한국 학생 건국운동사(서울: 한국 반탁·반공 학생운동 기념사업회 출판국, 1986), 199, 219~220쪽.

1946년 12월 28일, 신탁 통치안이 발표된 지 만 1년, 그리고 반탁 학생 운동을 시작한 지 1주년이 되는 날을 기념하여 전국학생총연맹에서는 3일 동안 대대적인 각종 기념행사를 개최하였다. 28일과 29일에는 웅변대회를 개최하였고, 30일에는 반탁 기념식 및 표창식을 거행하였다. 표창은 임시 정부의 김구 주석 명의로 반탁 유공 학생 표창식이 거행되었는데, 그중에는 최규식(崔圭植)이 포함되어 있었다.

3. 각종 문화 활동

1) 1946년 성탄절 축하 공연

연극부는 성탄절 축하 공연으로 1946년 12월 20일 배재중학교 강당에서 2막 5장의 성극(聖劇) '마틴 루터'를 공연하였다. 이와 함께 가면극 '어느 날의 꿈'이 상연되었고, 합창단의 공연도 있었다.

2) 연극 '생의 제단'

창립 63주년 기념 공연이 1947년 5월 25일, 26일 양일에 걸쳐 수도극장에서 개최되었다. 이날 공연된 것은 가면극 '어느 날 밤의 꿈', 전 3막의 연극 '생의 제단', 그리고 음악 공연 등이었다.

연극 '생의 제단'은 세균학의 아버지로 불리는 루이 파스퇴르(Louis Pasteur, 1822~1895) 박사의 전기를 극화한 것으로 3학년 강준상이 창작하고 동시에 주인공의 배역을 맡았다. 과학자로서 인간성의 승리, 즉 민족을 초월하여 전 인류를 구원할 수 있게 된 위대한 공적을 묘사한 것이다. 연극의 주인공인 파스퇴르의 정신은 세브란스의 전통 정신과 비교될 수 있으며, 창립 기념 공연으로서는 가장 적절한 주제라는 평가를 받았다.

이 연극에 대한 연극 연출가 이서향의 관람 평은 다음과 같았다.[16]

　(……) 학생극은 연극 대중화 운동의 전위요 민족 연극 수립의 가장 튼튼한 토대라 할 것인 만큼 그 올바른 지도와 육성은 연극계의 중요한 과업의 하나이며, 따라서 적지 않은 관심의 대상인 것이다. 이번 세대 창립 63주년 축하 행사로서 극작가 박노아(朴露兒)[17] 씨의 지도 하에 수도극장에서 상연된 '생의 제단'은 그것이 학생 자신의 창작극이었다는 점에서 흥미와 관심은 더욱 컸다.

　극의 내용은 유명한 세균 발견자 파스퇴르 박사의 전기에서 취재하여 박사의 딸과 애제자와의 연애와 우정을 (……) 이러한 전기물이 흔히 주기 쉬운 타기(惰氣)를 극복한 것은 작자의 유망한 작가로서의 자질을 보여 주었다. 특히 1막에서 그 인물 배치와 사건 전개는 학생의 창작으로서는 상당히 능숙한 솜씨라 할 것이다.

　연기에 있어서는 학자적 양심과 과학에 대한 불같은 열을 가지고 반대론자와 싸우며 연구에 몰두하는 파스퇴르 박사의 강준상 군, 베델 교수로 분한 김병기 군, 그 외에 제사장 역인 김재전 군, 주리 역인 최중현 군, 기성을 지르는 문교대신 역의 김영욱 군 등 모두 어느 정도로 개성을 발휘하여 호기를 보여주었다.

　찬조 출연인 여학생들은 루이의 어머니 이미숙 양이 대담하였고, 그밖에는 표정과 태도에 (……) 충분한 기능을 발휘치 못한 감이 있다.

　그러나 전체적으로 보아 통일 있는 극적 분위기를 큰 파탄 없이 일관 지속하여 극장에 진출한 학생극으로서는 양호한 성적이었다. 이것은 연출의 공이요 박로아 씨의 열정 있는 좋은 지도의 결과일 것이다. 이번 세대 공연을 통하여서도 학생극에 희망하고 싶은 것은 너무 극장 진출에 초급(焦急)하지 않을 일이다. 학생극은 우선 학생의 토대에 교내 생활의 좀 더 밀접한 유기적 관련 속에서 운영되어 줄 더 큰 열의와 (……)

---

16) 이서향, 극평. 생의 제단. 문화일보(1947년 5월 30일), 2쪽. 이서향(李曙鄕, 1914~1969)은 도쿄에서 연극 수업을 받고 1936년경 귀국하였다. 그는 1년 동안 창작 활동을 하다가 1938년부터 연출가로 활동하였다. 그는 1948년 4월 월북하여 북한 국립연극단의 전신인 국립연극극장의 연출가로 근무하였다. 1957년부터는 평양연극영화대학에서 가의를 시작하였으며, 1964년부터는 조선문학예술총동맹 중앙위원회 문학예술 지도부장으로 활동하였다.

17) 박노아(朴露兒)는 러시아에서 유학했다고만 알려져 있으며, 1944년부터 연극계에서 활동하였다. 광복 후 보도연맹에 가입하였으며, 활발히 활동하다가 한국 전쟁 중에 행방불명되었는데 월북하였다는 설이 있다.

1947년 4월 14일 신학년이 시작되어 학생회장으로 선출된 양재모는 윤석우, 임평기, 김병기, 최억, 강준상 및 이삼열 등과 함께 일제 말 전쟁 준비로 중단되었던 학생들의 자치 활동을 연극부, 음악부, 연설부, 국문학부, 체육부, 무의촌 진료부 등의 여러 서클을 중심으로 부활시켜 세브란스 학생 운동의 전통을 회복시키기 위하여 다각도로 노력하였다. 이삼열이 맡았던 음악부는 그리 많은 경비를 요구하지 않았지만, 김병기와 강준상이 주도하였던 연극부는 많은 경비를 요구하였다. 다행히 신설동에서 개업을 하고 있던 유한철(劉漢徹, 1917~1980)의 도움으로 공연을 무사히 마칠 수 있었다.

3) 음악회

세브란스 음악부는 1923년 기독 청년회 음악부로 시작된 이후 10여 년 동안 홍재유(洪載裕, 1930년 졸업), 이인선(李寅善, 1931년 졸업), 황재왕(黃材旺, 1933년 졸업) 등 음악학교가 아닌 의학교에서 놀라운 재능을 가진 인물들을 배출하였다.[18] 1937년 졸업생 이덕호(李德鎬), 최상선(崔常善), 4학년 유한철(劉漢徹)의 노력으로 교우회에 음악부가 조직되었고 오한영 교수가 부장을 맡았다. 그리고 임동혁과 임상희 부부[19]의 지도로 세브란스 코러스를 창설한 바 있었다. 하지만 전쟁 일색의 살기(殺氣) 속에 위축될 수밖에 없었다.

해방이 되자 음악부가 새로 출발하여 1945년 12월 성탄절을 계기로 공연을 가졌고, 1946년 3월 6일 성악부와 기악부를 가진 세브란스 음악 구락부가 조직되었다. 음악 구락부의 초대 회장은 정준식(鄭俊植, 1948년 졸업)이었고, 1949년 3월 김기령(金基鈴, 1955년 졸업)에 이어, 윤흔영(尹昕永)이 회장을

---

18) 이삼열, 세부란스 音樂部의 過去와 現在. 세브란쓰. 창립 63주년 기념호(1947), 54~55쪽.
19) 임동혁(任東爀, 1912~?)은 연희전문학교를 졸업하고 도쿄 동양음악학교로 유학을 간 그는 1938년부터 1940년까지 3년 연속 일본 음악 콩쿠르 작곡 부문에서 입상하였다. 그는 1941년에 설립된 조선음악협회의 이사로 참여하였고, 각종 군국 가요를 편곡하는 등 친일 활동에 나서 민족문제연구소의 친일인명사전 수록자 명단의 문화/예술 부문에 포함되었다. 광복 후 1946년 이화여대 음대 교수에 임명되었다. 임상희(任祥姬)는 임동혁의 부인이다.

그림 1-27. 수도극장에서 개최된 세브란스 음악회 공연(1947년 5월 25일).

맡았다. 또한 의예과 학생들이 입학하면서 의예과 음악부도 조직되었으며,
부장은 김기령이 맡았다.

　1947년 5월 개교 63주년 기념으로 개최된 음악회는 혼성 합창, 바리톤 독
창, 피아노 독주, 혼성 4중주, 바이올린 독주(홍재유 동창), 남성 4중창(유한
철, 김윤선, 최상선, 이덕호 동창), 그리고 테너 독창(민병화, 노경환, 이인선
동창)으로 구성되었다. 이날 선곡된 것은 천안삼거리, 새벽 때 동산 넘어로,
아름답고 푸른 도나우, 치하하세, 할렐루야 등이었다.

　음악회에 대한 작곡가 하대응의 평은 다음과 같았다.[20]

---

[20] 하대응(河大應, 1914~1983)은 일본 동양학교에서 바이올린을 전공하던 중 성악 전공으로 전과
　하였다. 그는 1936년 마이니치 신문사 주최 제5회 일본 음악 콩쿠르 성악부분에서 1등 없는
　2등으로 입상하였다. 귀국 후 여러 학교에서 음악 교사로 활동하였고, 1939년부터 1951년까지
　서울 가톨릭 합창단을 지휘하였다. 한국전쟁으로 대구로 피난하였다가 1954년 효성대학교에
　음악과가 창설되자 교수로 활동하였다.

세전이라면 벌써 누구나 미션계 의학교이고 또한 연전과 같이 음악적 문화를 오랜 옛날부터 일반에게 평가 높게 알려져 있는 곳이라는 것을 연상할 것이다. 목전에 세전 63주년 기념 공연 음악을 들을 수 있었다.

그중 총원 약 70여 명의 합창은 우리 조선 악단에서 들어 보기 드문 것이고 학생 합창단으로서 더욱 혼성이라는 점에서 다른 학교의 것과 유(類)를 달리한다.

전문가 아닌 학생들이 전력을 다하여 지휘자의 움직임에 일치될 때 호감을 주었다. 거두나 '푸른 도나우'는 그 표정과 악상이 뉴완스를 잘 그려 내었다. 다만 반주가 폭 넓고 다채로운 관현악이었더라면 더욱 빛 날 것이련만 그렇지 못하여 유감스러웠다.

'새벽 때 동산 너머로', 그리고 조선 민요, 그중 특히 '천안 삼거리'는 흥미 있는 표정으로서 듣는 사람으로 하여금 웃음을 금치 못하게 하였다.

세브란스 합창단원은 합창의 분야에 있어서 전원이 각개성을 떠나 일개 지휘자에 집중했음에 다대한 평가를 거두게 된 것이다.

앞으로도 이 합창단의 끊임없는 전진이 있기를 빌며, 지휘자 이창식(李昌植) 씨의 수고에 감사한다.

4) 이인선 동창 문하생 발표회

세브란스에서 배출한 유명한 음악가 중에 이인선(李寅善, 1907~1960)이 있다. 이인선은 평양 광성고등보통학교를 졸업하고 연희전문학교에서 2년간 수학한 후, 1927년 4월 세브란스에 입학하였다. 세브란스에서 그는 치과의 부츠 교수 부인으로부터 지도를 받았는데, 그녀는 성악가요 피아니스트요, 또한 오케스트라 지휘자로서 한국 최초의 관현악단을 조직하고 조선 호텔 앞의 공회당에서 지휘 공연을 한 바 있었다.

이인선은 1931년 3월 졸업한 후 황주(黃州)에서 3년 동안 개업을 하였다. 그는 1934년 가을 이탈리아의 밀라노로 유학을 떠났다. 그의 스승은 이인선이 "동양 사람으로 이만한 소질을 가진데다가 그 연구성 있는 태도는 대가가 되기에 틀림없다."고 절찬하였다고 한다. 유학 중 현지 병원에서 의사로 일하면서 모자라는 학비를 보탰다.

그는 1937년 4월 귀국하여 5월 20일 서울 부민관에서 제1회 독창회를 열었고, 이외에도 도쿄, 칭다오 등지에서 독창회를 열어 동양 제일의 테너라는 호평을 받았지만 생활이 곤란하여 함경남도 성진에서 개업을 하였다.

해방이 되자 서울로 내려와 제자들과 함께 1946년 11월 20일 배재중학교 강당에서 벨칸토 회(會)가 주최하고 조선 오페라 협회가 후원하는 제1회 문하생 발표회를 가졌다. 출연자는 테너에 한소연(韓蘇淵), 신현익(申鉉益), 김유선(金有善), 사상필(史相弼), 박승유(朴勝裕), 한경진(韓景鎭) 및 김영순(瑺永純)이었고, 소프라노에 김혜경(瑺惠卿), 이금봉(李今鳳)

그림 1-28. 제1회 이인선 문하생 발표회 팸플릿. 동은의학박물관 소장.

이었으며, 이인선, 김자경(瑺慈경), 이유선(李宥善) 및 옥인찬(玉仁讚)이 찬조 출연하였다.

이인선은 동시에 제자들과 함께 '국제 오페라 사'를 조직하여 1948년 1월 16~20일 베르디의 '춘희(椿姬)'로 한국 최초의 오페라 공연을 하였다. 오페라의 대본과 연출은 이인선이 맡았고, 극은 서항석(徐恒錫)이 맡았다. 1949년 1월 말에는 비제의 '카르멘'을 공연함으로써 그는 한국 오페라의 개척자가 되었다.

1950년 4월 미국으로 의학 연수를 떠났다. 그는 뉴욕의 샌드 존스 리버사이드 병원에서 3년 정도 연수를 받기 위한 것이었는데, 실제 방미 목적은 미국의 오페라 계를 둘러보는 것이었다고 알려져 있다. 그는 1951년 메트로폴리탄 오페라 단의 오디션에 동양인으로는 처음으로 합격하였다. 이후 미국에서 우리의 민요를 번역하여 소개하는 일에도 힘을 썼다.

5) 체육 활동

일제 시기 세브란스는 축구, 정구, 아이스하키 등 다양한 체육 활동을 하고 있었고, 특히 축구부는 전일본고전에서 2년 동안 우승을 차지할 정도로 실력이 뛰어났다. 해방의 기쁨이 채 가시기도 전인 1945년 12월 아이스하키 부가 활동을 시작하였다.

아이스하키 부

1945년 12월 19일 전(全) 세전(世專) 아이스하키 부의 총회가 개최되었다. 이날 선정된 임원은 다음과 같았다.[21]

부 장	오한영
고 문	윤치왕, 정보라
총 무	이원명
주 장	유한철
부 원	민석규, 남명석, 유한철, 윤정현, 노형진, 최영보, 김종훈, 고갑권, 이원명, 장운섭, 이정식, 유영우, 홍필훈, 문병기, 허준, 이승훈, 강정호, 이광규, 김서향, 백근호, 계원철, 김영옥, 손원태, 강성균, 윤복영

아이스하키 부는 1946년 1월 19일, 20일 양일에 걸쳐 개최된 조선 체육회 주최 해방 경축 종합경기 대회 동계 대회에 참가하였는데, 아이스하키 일반부에는 연우구(延友俱), 경성의전 B, 전세전(全世專), 전개성(全開城), 연전, 경성의전이 참가하였다.

1월 27일 오후 2시에는 창경원 링크에서 전의전(全醫專) 아이스하키 부와 제1회 정기 아아스하키 전을 열었다. 전의전 팀의 주장은 김응진(金應振)이

---

21) 全世專 氷球部 陣容. 조선일보(1945년 12월 25일), 조간 2쪽.

었고, 전세전 팀의 주장은 유한철이었다. 경기 결과 전세전 팀이 6:0으로 낙승하였다. 이 경기의 심판은 송규현(宋奎顯)과 김재호(金在昊)이었다.

탁구부

1947년에는 탁구부도 활동하였다.[22] 조선 학생 탁구연맹은 5월 9일에서 13일까지 제2회 전국 학교 대항 선수권 대회를 사범대학 체육관에서 개최하였는데, 대회 규정은 다음과 같았다.

△ 종목:　　　남자 대학부, 여자 대학부, 남자 중등부, 여자 중등부
△ 신입 장소:　세부란스 의과대학 탁구부
△ 신입 기일:　5월 9일 한
△ 시합 양식:　3조 단식 2, 복식

간호원 양성소

한편 간호원 양성소에는 여학생 농구부가 있었는데, 1945년 11월 말부터 조선 중앙기독교 청년회가 주최하였던 제17회 농구 연맹전에 참가하였다. 또한 배구부는 1946년 5월 11일과 12일에 용산 철도배구코트에서 개최된 조선 배구협회 주최 제1회 춘계 여자 일반 배구연맹전에 참가하였다.

---

[22] 全國 學校 對抗 卓球大會 開催. 조선일보(1947년 5월 4일), 조간 2쪽.

세브란스 교직원 및 동창들의 활동

1. 동창회의 재조직

제36회 졸업생이 배출되면서 1945년 10월에 개최된 임시 동창회에서 다음과 같은 회칙이 제정되었다.[1]

〈동창회 회칙(1945년 10월 제정)〉

〈동창회 회칙〉

제1조	본 회는 世富蘭偲의과대학 동창회라 칭함
제2조	본 회는 본부를 世富蘭偲의과대학 내에 두고 지부를 적당한 곳에 둠
제3조	본 회는 회원 서로의 우의를 두텁게 하고, 일치 협력하여 모교 발전에 공헌할 것을 목적으로 함
제4조	본 회의 회원은 본교 졸업생으로 함
제5조	본 회는 다음과 같은 임원을 둠
	1. 회장 1명

[1] 1945년 10월 22일 개최된 졸업식이 끝난 후 열린 동창회에서 제정된 것으로 판단된다.

                     1. 부회장   1명
                     1. 총무   1명
                     1. 간사   3명
                     1. 서기   2명
                     1. 회계   2명
   제6조   본 회 임원의 직무는 다음과 같음
                     1. 회장   본 회를 통할(統轄) 대표하고 회의 시에는 본
                                   회를 주재함
                     1. 부회장   본회를 보좌하고 회장 사고 있을 때에는 이를
                                   대리함
                     1. 총무   회장을 협조하고 회의 일반 결의 사항을 관
                                   리함
                     1. 간사   총무의 임무를 협조함
                     1. 서기   본 회의 서류를 보관하고 통지 사무를 맡아봄
                     1. 회계   본 회 회계 사무를 처리함
   제7조   회장, 부회장 및 총무는 총회에서 선거하고 간사, 서기 및
            회계는 회장이 이를 지명함
   제8조   임원의 임기는 만 1개년으로 함
   제9조   총회는 매년 1회 모교 졸업식 당일에 열고, 임시 총회는 필
            요에 응하여 회장이 소집함
   제10조   동창회 대표 이사는 동창회 총회에서 선정함
   제11조   회원은 매년 회비, 취직한 자는 금 1백 원, 개업한 자는 5백
            원 이상을 납입키로 함
   제12조   회원 3인 이상 거주하는 지방에는 회장의 승인을 얻은 후에
            지부를 둘 수 있음
   제13조   지부 내의 비용을 당해 지부에서 지판(支辦)할 것으로 함

                              〈부칙〉
   본 회칙은 총회의 결의를 얻지 못하면 변경할 수 없음
   (단 본 회칙은 1945년 10월 임시 총회에서 제정)

   1945년 10월 임시 동창회에서 제정된 회칙은 1942년 2월 '아사히[旭]'로 개
칭되었을 때의 동창회 회칙과 비교하면 몇 가지 중요한 변경이 있었다.[2)]

가장 중요한 것은 '회장, 부회장 및 총무를 총회에서 선거한다.'고 규정한 제7조이었다. 일제 말기에는 교장이 동창회장직을 맡도록 하였기 때문에 오 긍선과 이영준이 교장으로서 동창회장을 겸임하였다. 또한 일제 말기에는 출 신학교와 관계없이 교수들이 특별회원이었지만, 해방 후에는 이 항목이 삭제 되었다.

동창회는 12월 29일 오후 5시 돈의동 명월관에서 동창 간담회를 개최하 였다.

2. 세브란스 동창들의 해외 연수 및 시찰

해방 당시 한국의 여러 분야는 일제의 억압과 전쟁으로 인하여 대단히 낙후된 상태에 있었다. 의료 분야의 경우, 약품이 제대로 공급되지 않았을 뿐 아니라 최신 의학 지식에 접할 기회도 없었다. 특히 하와이를 공습하여 미국과의 전쟁을 일으킨 일제가 선교사들을 쫓아낸 후 상황은 더욱 심해져 만 갔다.

미 군정은 의료를 포함한 여러 분야에서 한국인들이 최신 지식을 배우고 미국에 대한 우호적인 인상을 갖도록 미국으로 유학을 보내거나 각종 국제회 의에 대표단을 파견하였다. 이들 중에는 다수의 세브란스 졸업생 및 교수들 이 포함되었다.

1) 록펠러 재단 유학생

가장 대표적인 것이 록펠러 재단이다. 록펠러 재단은 1차로 의학 분야에서 10명의 유학생을 선발하여 1년 동안 존스 홉킨스, 미시건 및 하버드 대학교에

---

2) 旭醫學專門學校 同窓會 會則. 同窓會 名簿(京城, 旭醫學專門學校 同窓會, 1943), 126~128쪽.

서 공중 보건학 분야를 연수시키기로 하였다. 이들은 1945년 10월 30일 미군 비행기를 타고 서울을 출발하여 도쿄, 괌, 콰잘레인, 존스턴 아일랜드, 호놀룰루, 그리고 샌프란시스코를 거쳐 11월 7일 워싱턴, D. C.에 도착하였다.[3] 이들 10명 중에는 최창순, 최명룡, 윤유선, 백행인 등의 세브란스 졸업생이 포함되어 있었다.

그림 1-29. 최창순. 동은의학박물관 소장.

최창순(崔昌順, 1929년 졸업)은 1946년 12월까지 미시건 대학교 보건대학원에서 유학을 마치고 귀국하여 보건후생부 의무국 차장으로 활동하였으며, 1948년 대한민국 정부 수립 후에는 서울시 보건위생국장에 임명되었다.

최명룡(崔命龍, 1934년 졸업)은 11월 10일 하버드대학교에 도착하여 보건대학원에서 1946년까지 연수를 받고 귀국하여 전라남도 보건후생국장으로 활동하였다.

윤유선(尹裕善, 1935년 졸업)은 미국 존스 홉킨스 대학교 보건대학원에서 연수를 받고 1947년 4월 3일 귀국하였으며, 남조선 과도정부 보건후생부 예방국의 성병과장 등으로 활동하였다.

백행인(白行寅, 1939년 졸업)도 미국 존

그림 1-30. 윤유선. 동은의학박물관 소장.

---

3) L. W. Whang(Cambridge, Mass.), Letter to Archibald G. Fletcher(Acting Med. Sec., BFM, PCUSA)(Nov. 17th, 1945).

스 홉킨스 대학교 보건대학원에서 연수를 받았으며, 역시 보건후생부 예방국의 방역예방과장 등으로 활동하였다.

이들에 이어 1947년 7월에 2차로 선발된 최영태(崔永泰, 1930년 졸업)는 미네소타 대학교 보건대학원에서 1년 동안 연수를 받은 후 보건후생부 예방국장으로 활동하였다. 이병학(李炳學, 1941년 졸업)은 미시건 대학교 보건대학원에서 연수를 받은 후 귀국하여 서울 국립방역연구소장으로 활동하였다.

2) 기타 유학생

1949년 3월에는 점령지 행정 구호 원조(GARIOA) 장학생을 선발하였는데, 이 중에는 조동수(趙東秀, 1931년 졸업), 문병기(文炳基, 1942년 졸업), 손원태(孫元泰, 1945년 졸업), 최선학(崔善鶴, 1945년 졸업) 등이 포함되어 있었다.

이와 같은 기관의 지원과 상관없이 자비로 유학을 떠난 사람들로 많았는데, 송전무(宋全武, 1939년 졸업), 윤해병(尹海炳, 1942년 졸업), 고원영(高元永, 1943년 졸업), 이규택(李圭澤, 1943년 졸업), 현봉학(玄鳳學, 1944년 졸업) 등이었다.

3) 해외 시찰 및 국제회의 참석

1946년 4월 미국으로 교육사절단이 파견되었다. 사절단은 구영숙(具永淑) 외에 서울 사범대학 장리욱(張利郁), 농상국 행정관 김훈(金勳), 경기여고 교장 고황경(高凰京), 광공국 화학기사 라기호(羅基潮), 외무처장 문장욱(文章郁) 등으로 구성되었으며, 5개월 동안 미국의 교육계를 시찰하고 8월에 귀국하였다.

보건후생부장 이용설은 유엔이 6월 19일부터 뉴욕에서 주최하는 국제보건회의에 한국 대표로 참석하고 미국 보건계를 시찰한 후 8월 10일 귀국하였다. 한국은 독립국이 아니었기에 그는 옵서버 자격으로 참석하였다. 이후에도

1947년 10월 제1차 UN 보건협회 회의에 곽인성과 김은창이, 1948년 10월 제2차 UN 보건협회 회의에 이완영(李玩永, 1941년), 방숙이 참석하였다.

1947년 8월에는 국제 암 연구회의에 윤일선과 고병간이 참석하였다.

3. 남한의 의학계와 세브란스

해방과 함께 9월 한국에 설치된 미 군정이 파악한 남한의 의학교육 기관들의 실태는 한마디로 비참하였다. 자격을 갖춘 교수 요원이 턱없이 부족하였고, 최신 의학 지식을 접한 지도 오래되었으며, 쓸 만한 시설이나 약품도 거의 없었다.

해방되기 전 한국에서 지도적 위치에 있던 의사는 물론 관립 의학교의 교수들도 거의 대부분 일본인이었다. 외국에서 유학할 정도로 운이 좋았던 소수를 제외하면 일제 시기 한국인 의사들은 일본인들에 비해 그 수가 적었을 뿐 아니라 의학교육을 수행할 수 있는 적절한 경험이나 교육을 받지 못한 상태에 있었다. 더욱이 경성제국대학과 다른 의학전문학교로 이원화된 의학 교육 체계가 정착되면서 제국대학 졸업생들이 상위에 위치하였고, 세브란스와 그 밖의 전문학교가 그 다음에 위치해 있었다.

다만 세브란스는 온갖 간섭과 억압에도 불구하고 민족 의식을 고취시키며 다수를 차지하는 한국인 교수들을 중심으로 학구에 진력하면서 모교 출신을 중심으로 타교 출신이라도 유능한 한국인 교직원을 영입하여 운영하였다. 하지만 모든 권한을 갖고 통제하는 총독부의 방침에 따라갈 수밖에 없었다.

이러한 결과로 한국의 의학교육 분야는,

1. 잘 교육된 한국인 교수가 극심하게 부족하였다.

2. 관립뿐 아니라 사립 기관에서도 정규 의사가 절대적으로 부족하였다.

3. 인구가 약 2천만인 남한에는 면허를 가진 의사가 단지 3,115명에 불과하였으며, 그나마 그들 중 ⅕은 정규 의과대학을 다녀본 적이 없는 이른바 검정

시험 합격 의사들이었다. 따라서 정규 의과대학을 졸업한 의사로만 따져보면 남한에는 인구 약 9천 명당 1명의 의사만 있는 대단히 열악한 상황이었다.

4. 더욱이 나병, 결핵, 기생충, 정신병 치료, 그리고 내과 및 외과의 많은 분야를 전문으로 한 개업 의사는 극소수만 있는 상황이었고, 공중 보건은 아직 미숙한 단계이었다.

일제 시기 미국에서 유학을 하였던 사람들 중에서 세브란스의 교수진을 제외하고는 의료계에서 요직에 있었던 사람이 거의 없었기 때문에 해방이 되어 일본인 관리와 교수들이 귀국하여 생긴 공백을 이들이 메꾸었던 것은 당연한 것이었다.

당시 미국 북장로교회 해외선교본부의 의료 총무 대리인 아치볼드 G. 플레쳐(Archibald G. Fletcher, 1882~1970)는 세브란스는 물론, 경성의학전문학교, 경성대학교 의학부 및 대구의과대학의 책임자가 모두 세브란스와 관련된 기독교 신자인 것에 주목하였다.

1) 의학교육 분야

심호섭

내과학교실의 심호섭(沈浩燮, 1890~1973)은 1945년 10월부터 1946년 9월까지 경성의학전문학교 교장, 1946년 9월부터 1947년 9월까지 국립 서울대학교 의과대학 초대 학장으로 활동하였다. 그는 1913년 조선총독부의원 부속 의학강습소를 졸업하고 총독부의원의 조수로 근무를 시작하였다. 1916년 4월 경성의학전문학교의 조교수를 겸임하였다가 1917년 세브란스의학전문학교의 강사로, 1918년 4월 조교수로 임명되었다. 1922년 3월부터 1925년 9월까

그림 1-31. 심호섭. 동은의학박물관 소장.

지 도쿄제국대학 의학부에서 내과학을 연구하여 1926년 11월 의학박사의 학위를 받았다. 1927년 1월 세브란스 내과학교실의 교수로 임명되었고, 5월에는 신경과학의 교수를 겸임하였으며, 1935년 3월 교수직을 사직하고 관철동에 내과 의원을 개업하였다.

그는 1934년 한성의사회 회장, 1947년 5월 조선의학협회 초대 회장을 역임하였고, 12월 세브란스 의과대학의 교수로 임명되었다.

윤일선

병리학 교실의 윤일선(尹日善, 1896~1987)은 1945년 10월 8일 경성대학 의학부 병리학 교수 겸 의학부장에 임명되었다. 1923년 6월 교토제국대학 의학부를 졸업하고, 1924년 5월 대학원에 입학하여 병리학을 연구하였으나 건강 문제로 1926년 5월 중퇴하였다. 1926년 9월 세브란스연합의학전문학교의 병리학 강사로 임명되었으며, 1927년 3월 경성제국대학의 조수로, 1928년 3월 조교수로 임명되었는데 한국인으로서는 최초로 제국대학의 교수가 된 것이었다. 1929년 1월 '아나후락시스와

그림 1-32. 윤일선. 동은의학박물관 소장.

호르몬과의 관계에 대하여'를 주논문으로 교토제국대학으로부터 의학박사 학위를 수여 받았다. 1929년 4월 세브란스의 조교수로 임명되었고, 1930년 4월 교수로 승진하였다. 이후 암, 내분비 및 알레르기와 관계된 많은 논문을 지도하며, 세브란스 연구의 한 축을 담당하였다.

해방 후 1946년 8월 22일 국립 서울대학교가 설립되자 대학원장에 임명되었다. 1954년 3월 제5대 부총장에 이어, 1956년 6월 제6대 총장에 임명되었다. 1948년 대한의학협회장, 1954년 창립된 대한민국 학술원의 초대 회장 등을 역임하였다.

고병간

외과학교실의 고병간(高秉幹, 1899~1966, 1925
년 졸업)은 대구의학전문학교의 교장으로 취임
하였다. 졸업 후 모교 외과의 러들로 교수 밑에
서 2년 동안 수련을 마친 후 1927년 함흥 제혜병
원 외과 과장으로 부임하였다. 1932년 5월 교토
제국대학 흉부외과에서 3년 동안 연구를 진행하
였고, 1940년 2월 교토제국대학 의학부에서 주논
문 '고환 조직의 항체 산출에 대하여'로 박사학위
를 받았다. 1937년 4월 모교 외과 교수로 임명되
었다가 일제에 의해 선교사들이 추방당하자 1941
년부터는 함흥 제혜병원의 제3대 병원장으로 임

그림 1-33. 고병간. 동은의학
박물관 소장.

명되었다. 1945년 9월 일본인 교수들의 귀국으로 공백 상태에 있던 대구의학
전문학교의 교장 및 부속병원장에 임명되었으며, 1945년 10월 도립 대구의과
대학으로 승격된 후 학장에 임명되었다.

1950년 2월 경북대학교 추진위원회의 위원장으로 피선되어 대구의 종합대
학 추진 운동을 적극 전개해 나갔다. 마침 당시 문교부 장관인 백낙준의 제의
로 1951년 9월 대구의과대학 학장직을 사임하고 제4대 문교부 차관에 임명되
었다. 차관으로 재직 당시 1951년 10월 국립 종합대학으로 경북대학교가 인
가되었고, 1년여 동안의 차관직을 물러나고 1952년 9월 경북대학교의 초대
총장에 임명되었다. 1959년 4월 총장에 중임되었지만 4.19 혁명이 일어나자
5월 사임하였고, 9월부터 1961년 9월까지 연세대학교 제2대 총장에 이어,
1964년 11월부터 1966년 12월까지 숭실대학 제8대 학장을 역임하였다.

2) 보건 행정 분야

한편 보건 행정 분야에서도 많은 동창들이 주요 보직을 맡아 새 조국 건설

에 힘을 보탰다. 우선 이용설(李容髙, 1895~1993, 1919년 졸업)은 1946년 1월 3일 미 군정청 보건후생국의 한국인 국장으로 임명되었으며, 5월 출범한 남조선 과도정부의 보건후생부장에 임명되어 1948년 8월까지 활동하였다.

이후 대한민국 정부 수립 후에는 최창순(崔昌順)이 1952년 1월 12일부터 10월 8일까지 4대 사회부 장관으로 활동하였다. 보건부에는 구영숙(具永淑)이 1949년 6월 4일부터 1950년 11월 25일까지 제1대 장관으로, 오한영(吳漢泳)이 1950년 11월 28일부터 1952년 2월 4일까지 제2대 장

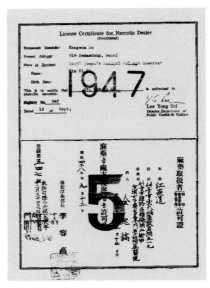

그림 1-34. 보건후생부장 이용설 명의로 발행된 마약취급자 허가증. 동은의학박물관 소장.

관으로, 최재유(崔在裕, 1906~1993)는 1952년 2월 5일부터 1955년 2월 16일까지 제3대 보건부 장관으로 활동하였다.

최재유는 1955년 2월 15일 보건부와 사회부를 통합한 보건사회부의 제1대 장관에 임명되어 1956년 5월 26일까지, 오원선(吳元善, 1922~1978)은 1964년 5월 11일부터 1966년 4월 14일까지 제11대 장관으로 활동하였다.

한편 김명선은 1945년 10월 2일부로 경기도 위생부장에 임명되었다.

1947년 당시 과도정부에서 활동하던 세브란스 동창들은 다음과 같았다.

김기반(1919년 졸업)   보건후생부 의무국장
최창순(1929년 졸업)   보건후생부 의무국
김수천(1930년 졸업)   보건후생부
최영태(1930년 졸업)   보건후생부 예방의학국장
윤형로(1933년 졸업)   운수부 의무국장

최명룡(1934년 졸업)   전라남도 보건후생국장
윤유선(1935년 졸업)   보건후생부 예방의학국 성병과장, 보건사회부
                     의정국장
고종성(1936년 졸업)   보건후생부
김선태(1938년 졸업)   보건후생부 의무국
오형석(1938년 졸업)   운수부 의무국
장련필(1938년 졸업)   과도정부 의무실, 국립경찰병원
백행인(1939년 졸업)   보건후생부 예방의학과장, 보건사회부 방역국장
윤옥룡(1940년 졸업)   과도정부 의무실, 중앙청 부속의원장
문일순(1947년 졸업)   보건후생부 예방의학국

4. 북한의 의학계와 세브란스

해방 당시 북한 지역에는 이미 14회의 졸업생을 배출한 평양의학전문학교
(平壤醫學專門學校)와 아직 졸업생을 배출하지 못한 함흥의학전문학교(咸興
醫學專門學校) 등 2개의 의학전문학교가 있었다.

1) 평양의학전문학교

평양의학전문학교(이하 평의전)는 1923년 1월 평양 자혜의원 내에 설치된
사립의학강습회에 뿌리를 두고 있는, 북한에서 가장 오래된 의학 교육 기관
이다. 이 강습회는 1923년 4월 지방비로 운영되는 2년제 도립평양의학강습소
로 승격되었다가 1933년 3월 8일 평양의학전문학교로 개교하였다.

해방이 되고 1945년 10월 정두현(鄭斗鉉)이 평양의학전문학교(1945. 8. 15~
1946. 8. 31)의 교장으로 임명되었다. 한국인 교수가 거의 없었던 상황에서
일본인 교수들이 귀국하자 교수 요원이 대거 부족해졌다. 이에 따라 학교 출
신을 불문하고 능력 있는 사람들을 교수로 영입하였고, 1946년 5~6월부터는
남한에서 월북한 사람들도 합류하였다.

1946년 7월 8일 북조선 임시인민위원회가 북한의 최고 학부로서 김일성종합대학의 창설을 결정하자 9월 1일 평양의학전문학교는 김일성 종합대학 의학부(1946. 9. 1~1948. 8. 31)로 편입되었다. 하지만 북조선 인민위원회는 1948년 7월 7일 「북조선 고등교육사업 개선에 관한 결정」을 통과시켜, 9월 1일부터 의학부를 의학과, 약학과 및 위생학과를 갖는 평양의학대학(이하 평의대)으로 독립시켜 현재에 이르고 있다.

평양의학전문학교, 김일성 종합대학 의학부, 평의대(한국 전쟁 이전)에서 근무하였던 세브란스 출신은 다음과 같았다.

생화학교실의 김상민(金相玟, 1931년 졸업)은 1939년 6월부터 오카야마[岡山] 의과대학 생화학교실에서 담즙산에 관한 연구를 하였으며, 1943년 5월 경성제국대학 의학부 부수로 임명되었다. 1943년 11월부터 평양 연합기독병원 소아과장으로 근무하다가 해방을 맞았으며, 1945년 10월 평의전의 생화학 교수로 임명되었다. 1946년 5월 교수직을 사임하고 평양기독병원 원장으로 임명되었다가 11월 사임하였다. 1947년 가족과 함께 월남하여 1947년 6월 4일부터 세브란스 의과대학 생화학교실의 교수로 활동하였다.

그림 1-35. 김상민. 동은의학박물관 소장.

내과학교실의 전영을(全榮乙, 1933년 졸업)은 함경남도 함주군 출신이며, 졸업 후 1년 동안 대구동산병원에서 내과의사로 근무한 후 4년 동안 원산 구세병원 내과의사로 활동하였다. 1938년 9월 일본 지바[千葉] 의과대학 내과학교실 전공생, 1940년 4월 나고

그림 1-36. 전영을. 미국 국립 문서기록 관리청 소장. 국립중앙도서관 홈페이지에서 인용.

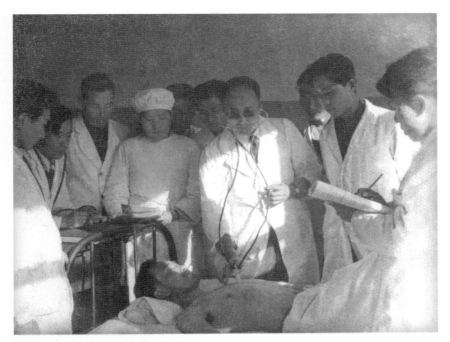

그림 1-37. 전영을의 내과 회진. 평양의학대학 제1회 졸업 앨범(1949). 동은의학박물관 소장.

야(名古屋] 제국대학 의학부 생리학교실 부수를 역임한 후 귀국하였다. 1942년 9월 나고야 제국대학으로부터 박사학위를 받았고, 1942년 10월부터 3년 동안 원산 구세병원장으로 활동하였다. 해방이 되고 1945년 11월 원산시 인민병원장을 역임하면서 원산 의료 노동조합 위원장과 원산 보건연맹 부위원장으로 활동하였고, 1946년 8월 25일 김일성 종합대학 의학부 내과 교수로서 제1내과 강좌장에 임명되었다. 내과 각론 및 내과 임상, 진단학을 강의하였으며, 소화성 궤양을 수면요법으로 고치는 데 성공하였다. 1950년 12월 초 월남하였으며, 1950년대 중반 미국으로 이주하였다. 그의 딸 전정숙은 평의대 제3학년을 수료하고 월남하여 세브란스 의과대학에 편입한 후 1953년 졸업하였다.

김상민의 월남으로 공석이 된 생화학 교수 자리에는 이상용(李相龍, 1929년 졸업)이 임명되었다. 그는 경기도 수원 출신이며, 졸업 후 모교에서 2년 동안 당직의사로 근무하였다. 1931년 4월 해주 구세병원 원장으로 임명되었으며, 1932년 11월부터 장연군에서 개업을 하였다. 1938년 6월 연구를 위해 일본 오카야마[岡山] 의과대학의 연구생으로 들어갔으며, 귀국하여 1942년 11월부터 약 1년 동안 대구 동산병원 소아과장을 역임하였다. 1943년 7월 의학박사 학위를 받았고, 8월부터 청진에서 암성병원을 개업하다가 해방이 되자 청진시 인민위원회 보건과장(1945. 8~1947. 6), 청진의학전문학교 교원(1946. 4~1948. 3), 청진 전염병원 원장(1947. 7~1948. 3), 청진방적공장병원 원장(1947. 12~1948. 3) 등을 역임하였다. 1948년 3월 김일성 종합대학 의학부 생화학 교수로 임명되었으며, 1948년 9월 1일 독립된 평의대에서 의학부장에 임명되었다.

그림 1-38. 이상용. 미국 국립 문서기록 관리청 소장. 국립중앙도서관 홈페이지에서 인용.

김린수(金麟洙, 1939년 졸업)는 평안북도 영변군 출신이며, 졸업 후 1년간 정신과 부수로 근무하였고 1940년 4월 규슈[九州] 제국대학 의학부 정신과에서 '노인의 뇌 연구'라는 주제로 연구하였다. 귀국하여 1943년 7월부터 1년 동안 고향인 영변에서 김린수 의원을 개업하다가 1944년 8월 모교의 강사로 임명되었다. 1945년 7월 고향에서 다시 병원을 개업을 하다가 해방을 맞았고 1947년 9월 영변 제일병원 원장, 영변군 보건동맹 위원장으로 활동하다가 1948년 10월 평양의학대학 교수로 임명되었다.

그림 1-39. 김린수. 미국 국립 문서기록 관리청 소장. 국립중앙도서관 홈페이지에서 인용.

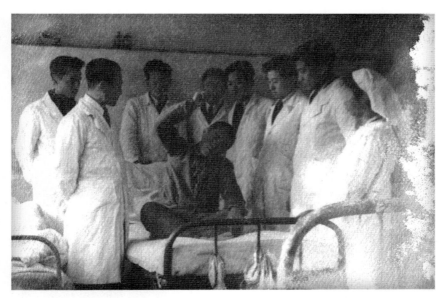

그림 1-40. 김린수의 정신과 회진. 평양의학대학 제1회 졸업 앨범(1949). 동은의학박물관 소장.

2) 함흥의학전문학교

1944년 5월 1일 함흥에 4년제의 도립 함흥의학전문학교(咸興醫學專門學校)가 개교하였다. 당시 입학한 약 100명의 학생들은 갓 1학년을 마친 상태에서 해방을 맞았다.

1945년 11월 19일 북한 최초의 행정기구인 5도(道) 행정국(行政局)이 설치되고 11월 30일 함흥의학전문학교 교장에 최명학(崔明鶴)이 임명되는 등 교수들이 임명되기 시작하였다. 아직 졸업생을 배출하지 못한 상태이었기에 평의전에 비해 다양한 학교 출신들이 임명되었다. 1946년 2월 8일 중앙 행정기관이자 주권기관인 북조선 임시인민위원회(北朝鮮 臨時人民委員會)가 발족한 후 9월 1일 함흥의학전문학교의 건물과 시설을 이어받은 함흥의과대학(咸興醫科大學)이 의학과만을 가진 채 개교하였다.

함흥의학전문학교, 함흥의과대학(한국 전쟁 이전)에서 근무하였던 세브란스 출신은 다음과 같았다.

최명학(崔明鶴, 1926년 졸업)은 함경남도 함흥 출신으로 제혜의원에서 서기로 근무하던 1919년 3월 함흥 만세사건에 연루되어 구속되었다. 1922년 4월 세브란스연합의학전문학교 별과에 입학한 후 1926년 졸업하였다. 졸업 후 한국인으로서는 최초로 해부학을 전공하였으며, 경도제국대학 의학부에서 발생학 분야의 연구로 1932년 한국인 최초의 해부학 박사학위를 취득하였다. 그는 세브란스연합의학전문학교의 교수로서 초대 생도감, 모교의 재단 이사로 피임되는 등 다방면으로 활약하였으나, 한 교수의 부당 행위를 지적하였다가 1936년 학교를 사임하였다. 사임 후 낙향한 그는 제혜병원에서 몇 년간 근무하다가 최명학 외과의원을 개업하였다. 해방이 되자 1945년 11월 30일 함흥의학전문학교의 해부학 교수 및 교장으로, 1946년 9월 1일 함흥 의과대학장으로 임명되었다. 1948년에 북한 최초로 의학박사 학위를 수여받았으며, 1952년에는 의학분야 최초의 과학원 원사로 추대되는 등 북한 의학계를 선도하였다.

그림 1-41. 최명학. 동은의학박물관 소장.

김을성(金乙聲, 1932년 졸업)은 함경남도 함흥 출신으로 졸업 후 모교와 경성제국대학에서 조수로 근무하였고, 1942년 모교의

그림 1-42. 김을성. 동은의학박물관 소장.

강사로 임명되었으며, 1944년 5월 도쿄제국대학에서 의학박사 학위를 받았다. 1944년 모교의 조교수로 임명되었지만 1945년 10월 사임하고 함경북도 천진 시에서 개업하고 있다가 1945년 11월 30일 피부과 교수로 임명되었다. 후에 월남하였다.

조계성(趙啓星, 1933년 졸업)은 함경남도 영흥군 출신이며, 졸업 후 평양 연합기독병원 내과에서 6개월 동안 근무한 후 10월부터 약 8년 동안 함경남도 삼수군, 갑산군과 황해도 장연 등지에서 개업을 하였다. 1941년 4월 함흥부립병원 원장으로 임명되었다. 1940년부터 모교 병리학교실에서 연구를 진행하여 1945년 경성제국대학에서 의학박사의 학위를 받았다. 4월 고향으로 돌아온 그는 해방을 맞았고, 1946년 3월 1일 자신이 설립한 영흥인민병원장으로 임명되었으며, 1948년 12월 함흥의과대학 교수 겸 강좌장에 임명되었다. 후에 그는 월남하였다.

그림 1-43. 조계성. 동은의학박물관 소장.

주부생(朱復生, 1937년 졸업)은 졸업 후 모교 약리학교실 조수로 임명되었으며, 1941년 5월 게이오[慶應] 대학 의학부 소아과학교실 조수로 입국하여 디프테리아를 연구하다가 1944년 귀국하여 의원을 개설하였다. 1944년 6월 경성제국대학 의학부에서 의학박사 학위를 받았으며, 1945년 11월 30일 약리학 강사로 위촉되었다. 후에 월남하였다.

그림 1-44. 주부생. 동은의학박물관 소장.

주창준(朱昌濬, 1937년 졸업)은 함경남도 함주군 출신이며, 졸업 후 6개월 동안 원산 구세병원의 당직의사로 근무한 후 해방이 될 때까지 간도 연길(延吉)에서 구세병원을 운영하였다. 해방이 되자 1년 동안 연길 중소우호협회의 선전부장으로 활동하고 귀국하였다. 1946년 10월 1일 함흥의학전문학교 내과 교원, 그리고 부속 종합진료소 내과장으로 임명되었으며, 1948년 3월 16일 함경남도 위생검열원 원장으로 전임되었다가 11월 부교수 겸 강좌장에 임명되었다.

그림 1-45. 주창준. 미국 국립 문서기록 관리청 소장. 국립중앙도서관 홈페이지에서 인용.

이택선(李宅善, 1938년 졸업)은 함경남도 함흥 출신이며, 졸업 후 함흥 제혜병원의 당직의사로 근무하였고, 1939년 4월부터 7월까지 북경 협화의과대학 이비인후과에서 연수를 받았다. 1939년 8월 제혜병원 이비인후과의 담당의사로 임명되었으나 일제에 의해 병원이 폐쇄되자 1943년 4월부터 함흥에 이비인후과 병원을 개원하였다. 1947년 10월 함흥의과대학 교원으로 이비인후과의 책임자가 되었으며, 1948년 11월 부교수 겸 이비인후과학 강좌장에 임명되었다.

그림 1-46. 이택선. 미국 국립 문서기록 관리청 소장. 국립중앙도서관 홈페이지에서 인용.

김상수(金尙洙, 1940년 졸업)는 경상남도 거창군 출신이며, 졸업 후 외과에서 조수로 3년 동안 근무한 후 1943년부터 북청에 사설 진료소를 개원하다가 1947년 5월 13일 함흥의과대학의 해부학 교원으로 임명되었다.

양황섭(楊黃燮, 1940년 졸업)은 함경남도 이원군 출신이며, 졸업 후 이원 철산주식회사 병원 외과의

그림 1-47. 김상수. 미국 국립 문서기록 관리청 소장. 국립중앙도서관 홈페이지에서 인용.

책임의사로 근무하였다. 1941년 9월 도쿄의 일본 구
세단 병원 외과에서 근무하다가 귀국하여 1942년 5
월 북청군에서 후생의원을 개업하였다. 1946년 9월
1일 함흥의학전문학교의 해부학 조수로 임명되었으
며, 1946년 12월부터 1년 동안 함흥 조쏘 문화협회
의 노어 강습소에서 러시아어를 학습하였다. 1948년
11월 조교수로 임명되었다.

그림 1-48. 양황섭. 미국
국립 문서기록 관리청 소
장. 국립중앙도서관 홈페
이지에서 인용.

이계영(李桂永, 1941년 12월 졸업)은 함경남도 정
평 출신이며, 졸업 후 1년여 동안 함흥 제혜병원에
서 근무하고 1944년 3월 고향에서 개업하였다. 1947
년 5월 정평군 인민병원의 외과 의사로 근무하다가
1948년 11월 6일 함흥의과대학 병원 외과에서 근무
를 시작하였으며, 조교수로 임명되었다. 후에 월남
하였다.

박재갑(朴在甲, 1944년 졸업)은 함경남도 홍원군
출신이며, 졸업 후 함흥의 교통병원 내과 의사로 임
명되었다. 1947년 11월 1일 함흥의학대학 병원 내과
의사로 임명되었는데, 병원 세포위원장이었다. 1948
년 11월 조교수로 임명되었다.

그림 1-49. 이계영. 미국
국립 문서기록 관리청 소
장. 국립중앙도서관 홈페
이지에서 인용.

3) 청진의과대학

한편 1948년 2월 6일 김일성은 한 연설에서 청진
에 의과대학을 설립할 것을 제안하여 그해 9월 1일
에 의학과만을 갖는 청진의과대학(淸津醫科大學)이
개교하였다. 학장은 경성의학전문학교 출신의 양진
홍(梁珍弘)이 맡았다.

그림 1-50. 박재갑. 미국
국립 문서기록 관리청 소
장. 국립중앙도서관 홈페
이지에서 인용.

청진의과대학(한국 전쟁 이전)에서 근무하였
던 세브란스 출신은 박석련(朴錫璉, 1936년 졸
업)이었다. 함경북도 명천군 출신이며, 졸업 후
모교 내과에서 당직의사로 근무한 후 1936년
12월부터 함경북도 경성군에서 제중의원을 개
원하였다. 1943년 7월 나고야 제국대학 의학부
생리학교실의 부수로서 체온 조절에 대한 연구
를 하였으며, 1945년 4월 귀국하여 모교 생리학
교실의 강사로 임명되어 7월까지 근무하였다.
다시 함경북도 경성군으로 내려가 8월 제중의
원을 개원하였으며, 1947년 12월 경성군 어대

그림 1-51. 박석련. 미국 국립
문서기록 관리청 소장. 국립중앙
도서관 홈페이지에서 인용.

전 인민병원 외과 책임자로 임명되었다. 그리고 1948년 9월 청진의과대학 교
수 겸 교무부장으로 임명되었으며, 생리학 강의를 담당하였다. 후에 월남하
였다.

제2부

대학 승격과 재정·시설 확충

세브란스의 대학 승격

1. 대학 승격 과정

1) 군정청에 의한 대학 승격의 인가 절차[1]

기존의 사립 전문대학이 대학으로 승격되거나 새롭게 설립 인가를 받으려면 우선 '사립대학은 재단법인이어야 한다'는 규정에 따라 재단법인을 설립해야만 하였다.

재단법인의 설립 절차는 다음과 같았다. 먼저 설립 허가 신청서, 설립 취지서, 기부행위 정관, 재산 목록, 재산의 가격 조서, 재산의 수입 조서, 재산의 기부 증서와 권리 증명서, 사업 계획서와 수지 예산서, 설립자의 이력서와 신원 증명서, 이사 및 감사의 이력서와 신원 증명서, 그리고 취임 승낙서 등을 갖추어 문교부 고등교육국에 접수시킨다. 그리고 문교부장의 허가를 받은 다음에 그 설립 내용을 법원에 등기하면 완료되었다.

---

1) 이 항목은 다음의 글을 참고하였다. 강명숙, 미군정기 고등교육 연구. 서울대학교 대학원 교육학 박사 학위 논문(2002년 8월), 66~67쪽.

대학의 설립 인가는 학교 명칭, 설치 단과 대학과 학과의 종류, 학칙, 교지 (校地) 및 교사(校舍) 현황, 각 단과 대학 학생 정원수, 전임교원 명단, 수업 개시일, 소요 경비 및 유지 방법에 관한 계획서 등의 서류를 재단 설립 허가 신청서와 함께 제출하면 되었다.

그런데 재단법인 허가 신청서와 대학 설립 인가서가 동시에 배부되었으므로 재단 법인 설립 허가는 실제로 대학 설립인가와 동일한 의미로 해석되었다. 그러므로 대학 승격 및 인가 신청을 위해서는 재단법인 구성이 가장 먼저 해결해야 할 사항이었고, 재단법인 구성에서 가장 핵심적인 사항은 재단의 기본 자금과 운용 자금을 확보하는 것이었다.

문교부는 각 학교가 접수한 인가 신청 서류를 심사하여 대학교, 대학, 대학관 혹은 학관으로 인가를 해주거나, 서류 보완을 지시하여 다시 신청하도록 하거나 인가를 유보하였으며, 아예 신청을 접수하지 않는 경우도 있었다.

2) 대학 승격 신청의 결정

최동 교장은 학교의 확대 발전을 위하여 다각도로 모색하는 가운데 종합대학교로 발전시킬 계획을 마련하기 위하여 1945년 9월 28일 교장으로 임명되자마자 위원회를 조직하였다.[2] 당시 조직된 위원회의 구성은 다음과 같았다.

> 학　장: 최　동
> 위원장: 김명선 교수
> 위　원: 오한영 교수, 윤일선 박사, 최재유 교수, 이세규 교수, 이학송 교수

이 위원회는 새로운 사업의 성취를 위하여 모두 동창생, 후원자 및 학생들에게 후원을 요청하였다.

하지만 이보다 시급한 것은 세브란스를 예과 2년, 본과 4년의 6년제 의과

---

[2] Education, 3 Oct. 45, Transportation Communication Education.

대학으로 승격시키는 일이었다. 그리하여 1945년 10월 22일 졸업식이 끝난 후 개최된 세브란스 동창회는 대학 승격 문제를 토의하고, 만장일치로 승격 추진을 결의하였다.[3] 이날 회의에서 승격에 필요한 자금은 3천만 원으로 추정되었는데, 그중 1천만 원은 동창회가 부담하기로 하였고 즉석에서 수십만 원의 기부가 이루어졌다. 이날 교장이자 동창회장인 최동의 인사말은 다음과 같았다.

그림 2-1. 의과대학으로 승격하면서 새로 만든 배지.

> 우리 학교는 조선 의학의 발상지(發祥地)되는 명예를 가지고 과거와 현재, 장래를 통하여 학생을 종교심과 과학 정신의 도야에 그 교육의 근본 방침이 있는 바, 현 세브란스가 자타의 신임을 받는 소치입니다. 장래 대학 예과도 우리 학교의 독특한 정신하에 설치할 생각임으로 앞으로 약 3천만 원의 자금을 요하는데, 금일 동창회에서 근 천 명의 졸업생이 1천만 원을 담당하였으니 실로 감격하여마지 않는 바입니다. 나머지 2천만 원에 대해서는 이사회와 교수회 및 일반 사회 유지의 기부에 의할 생각이며, 1천만 원은 내년 봄 미국과 교통이 회복되면 내가 출장하여 설립자 되는 어비슨 박사와 상의하여 미국의 각 재단과 유지로부터 의연을 받을 작정입니다.

이러한 대학 승격 움직임은 세브란스뿐만이 아니라 많은 사립 고등 교육 기관에서도 전개되어, 각 학교는 재개교 직후부터 대학 승격과 종합대학으로의 전환을 추진하고 있었다.

---

3) 세브란스 의전 대학 승격 확정. 매일신보(1945년 10월 25일).

군정청은 1946년 3월 7일 6·3·3·4제의 학제를 성안하여 한국에서 대학 설립을 위한 법적 조치를 마련하였다. 이에 세브란스의 교수회와 이사회는 2년의 예과 과정을 두기로 결정하였고, 군정청과 협의한 끝에 3월 14일 이러한 결정이 적절한 것으로 받아들여졌다. 이에 따라 9월부터 시작하는 제1회 예과생을 모집하였다(44쪽을 참고할 것).[4] 초대 예과부장에는 김종흠이 임명되었다. 세브란스는 이후에는 예과생만을 선발하였으므로, 4년제 전문부의 모집은 이 해가 마지막이었다.

1946년 9월 첫 예과 학생들이 입학한 후 10월 10일 오후 4시 재학생 학부형들이 참가한 대학 후원회(大學 後援會) 총회가 강당에서 개최되었다. 대학으로의 승격에 대하여 학부형들에게 설명하고 도움을 요청하였을 것이다.

그림 2-2. 세브란스 의과대학 정문. 동은의학박물관 소장.

4) 연세대학교 의과대학, 의학백년(서울: 연세대학교 출판부, 1986), 140쪽.

3) 대학 승격 신청

세브란스는 1946년 12월 28일부로 대학 설립의 건을 신청하였는데, 그 내용은 다음과 같았다.

〈취지서〉

세칭 본 세부란시는 조선 최초의 기독교 선교사 딱터 알렌 씨가 조선 구(舊) 왕의 협찬을 얻어 설립한 병원이다. 그 후 딱터 오 알 에비손 씨가 미국 북장로교 선교사로 에이취 세브란쓰 씨 기부금으로 현재의 세부란시 의전을 설치하고 기독 정신을 토대로 하야 국가 관념과 민족주의를 고취하여 세계 평화와 인류 총 친선의 국제주의를 목표로 하야 조선 민족의 세계 무대까지 활약케 하랴고 하얏스나, 시대의 변천과 일본 제국주의 압정하에 36년간 부자연한 교육을 해방 전까지 계속하다가 해방과 동시에 근본적으로 교육 이념을 개혁하여 지도 원리를 혁신하야 명실상부한 신 의과대학으로 발전케 하며, 조선 신교육령에 의한 학제로 의학교육의 최고 학부로서 건국의 원동력이 되어 학계에 대공헌할 수 있는 기관으로 설치하라고 함.

명칭   世富蘭偲醫科大學
졸업연한   예과 2년 학부 4년
대학원 설부 설치함. 단 단기 4285년, 서기 1952년부터 개설할 예정[5]

4) 대학 승격 인가

1946년 12월 28일 신청한 세브란스의 대학 승격 신청은 1947년 7월 5일 문고발(文高發) 제39호에 의하여 정식 인가되었다. 이로서 세브란스 의학전문학교는 세브란스 의과대학으로 명칭이 바뀌었다.

---

[5] 1946년 모집한 첫 예과생들이 의과대학을 졸업하는 1952년을 염두에 둔 것으로 판단된다.

5) 의과대학 승격 당시 교수진

의과대학으로 승격될 당시 세브란스의 교수진은 다음과 같았다.[6]

학장	최 동					
부학장	김명선					
교무부장	이병희[7]이용설, 박용원		학생과장	박용원		
해부학	부교수	정일천[8]	조교수	최금덕	강사	김상은
생리학	교수	김명선, 이병희			강사	임의선[9]
생화학	교수	김상민	조교수	차영선		
미생물학	조교수	유 준	강사	이병학		
기생충학	교수	한경순[10]				
약리학	교수	이세규	조교수	이우주		
병리학	교수	홍황룡[11]	부교수	윤일선[12]		
위생학	교수	심상황[13]				
법의학	강사	유영우	강사	그레이드		
의사학	강사	김두종				
영어	강사	신사훈, 후레사				
내과학	교수	심호섭[14], 오한영, 한용표				
	조교수	조광현, 이보영				
외과학	교수	이용설, 박용원	부교수	노형진		
	강사	조명제, 이원명				
산부인과학	교수	설경성	강사	황정현, 민석규		
소아과학	교수	조동수	조교수	서정주		
정신병과학	강사	명주완				
안과학	교수	최재유	강사	최창수		
이비인후과학	교수	이병현	부교수	정기섭	강사	서상원
피부비뇨기과학	교수	이상요[15]				
방사선과학	강사	이부현				
치과학	교수	박용덕	강사	이동섭		

---

6) 세부란시 의과대학 교직원 명부. 세브란쓰. 창립 63주년 기념호(1947), 2쪽.

7) 그는 1947년 8월 도서과장을 겸임하였다가 10월에 교무부장에 임명되었다.

8) 정일천은 1928년 경성의학전문학교를 졸업하고 해부학을 전공하여 1934년 경성제국대학에서 의학박사의 학위를 받았다. 세브란스의 해부학 교실 조교수로 임명되었다가 사임하고 개업하였다.

9) 임의선은 1941년 졸업 후 소아과학교실 조수로 임명되었다가 1943년 10월 생리학교수로 임명되었다. 1947년 4월 강사로 임명되었다.

10) 한경순은 1930년 게이오[慶應]대학 의학부를 졸업하고 봉천에서 개업하다가 해방 후 귀국하였다.

6) 세브란스 의과대학 학칙

세브란스 의과대학의 학칙은 다음과 같았다.

〈세브란스 의과대학 학칙〉

제1章 總則

第1條　　本 大學은 基督 精神 및 大韓民國의 教育 理念에 基하여 國家 發展에 必한 學術, 特히 醫學의 深奧한 理論과 그 廣範 精敏한 法을 教授하는 同時에 誠實 高邁한 人格을 陶治함을 目的으로 함

第2條　　本 大學에는 附屬病院 및 其他 必要한 機關을 置함

第2章 修業 年限

第3條　　修業 年限은 4年으로 함

第4條　　在學期限은 滿七年 以內로 함

---

11) 1934년 졸업하고 병리학교실에 남아 연구하였다. 1935년 12월부터 1938년 5월까지 간도 용정의 제창병원에서 근무하다가 용정에서 개업을 하였으며 1943년 2월 폐업하고 모교 병리학교실에 전공생으로 입국하였다. 1945년 10월 이화여자대학 의학과의 병리학교수에 임명되었다가 1947년 9월 사임하고 모교의 교수로 임명되었다.

12) 윤일선(尹日善, 1896~1987)은 1923년 교토제국대학 의학부를 졸업하고 경성제국대학 병리학교실 부수로 임명되었다. 1928년 경성제국대학 조교수로 임명되었고, 1929년 의학박사 학위를 받았으며 1929년 세브란스의 조교수로 임명되었다.

13) 심상황(沈相璜)은 1935년 경성의학전문학교를 졸업하고 2년 동안 산부인과 조수로 임명되었다. 1937년 6월 경기도 위생과 촉탁에 임명되어 2년 반 동안 근무하였으며, 1940년 3월 교토제국대학 위생학교실의 조수로 임명되었으며, 1945년 4월 의학박사의 학위를 받았다. 1946년 10월 경성의학전문학교 위생학교실의 교수로 임명되었다가 1947년 11월 사임하고 세브란스 위생학교실의 책임을 맡았다.

14) 심호섭(沈浩燮, 1890~1973)은 1913년 조선총독부의원 부속 의학강습소를 졸업하고 1917년 세브란스의 강사로 임명된 후 교수로 승진하여 1935년까지 근무하였다. 자택에서 개원하였다가 1945년 10월 경성의학전문학교 교장, 1946년 9월 국립 서울대학교 의과대학장에 임명되었다. 1947년 9월 사임하고 10월 세브란스의 교수로 임명되었다.

15) 이상요는 1932년 평양의학전문학교를 졸업하고 경성제국대학 약리학교실 부수로 근무하였고, 1936년 피부비뇨기과학교실에서 연구를 진행하여 1939년 의학박사 학위를 받았다. 1945년 10월 평양의학대학 교수로 임명되었다가 1946년 4월 사임하고 대구의과대학 교수로 임명되었다. 1947년 1월 대구의과대학 교수직을 사임하고 세브란스의 교수로 임명되었다.

第3章 學年學期 및 休業

第5條　　學年은 教育法의 制定한 바에 依함

第6條　　學年은 分하여 下의 二學期로 함

　　　　第一學期 前條에 衣함

　　　　第二學期 前條에 衣함

第7條　　學年 中 休業日은 아래와 같음

　　　　1. 國定 公休日

　　　　2. 本 大學 創立 記念日(5月 15日)

　　　　3. 크리스마스(12月 25日)

　　　　4. 夏期 休學

　　　　5. 冬期 休學

第8條　　學課日 및 課程은 아래와 같음 (別添함)

〈학과목 및 과정표〉

학과		1학년		2학년		3학년		4학년		계
		1期	2期	1期	2期	1期	2期	1期	2期	
解剖學　系統　講義		4	4							8
	實習	2.5	2.5							5
胎生學 講義		3	3							6
組織學 實習		2	2							4
局所　議義				3						3
生化學　講義		4.5	3							7.5
	實習		3							3
生理學　講義			3	3	3					9
	實習		1	1	2					4
微生物學　講義				3	3					6
	實習			1	1					2
寄生蟲學　講義				1	1					2
	實習				1					1
藥理學 藥理 講義				3	3					6
	實習			1	1					2
處方議　　講義					1					1
病理學 總論 各論 講義				6	4.5					10.5
病理 組織 實習				2	3					5
病理 解剖 實習										
臨床　病理學						1.5	1.5			3
衛生學　衛生										
公衆衛生						4.5	3	1.5		9
民族衛生										
法醫學								1.5	1.5	3

학과	1학년		2학년		3학년		4학년		계
	1期	2期	1期	2期	1期	2期	1期	2期	
內科學　診斷 講義			1.5	2					3.5
各論 講義					4.5	4.5	1.5	1.5	12
臨床 講義							3	3	6
傳染病 講義						1.5			1.5
外來 및 病室 實習									
外科學　總論 講義			2	2					4
各論 臨床痲醉學 包含					4.5	4.5	4.5	4.5	18
外來 및 病室 實習									
整形外科 各論, 臨床 講義, 外來 實習					1	1	1	1	4
産科　　上同					1.5	1.5	1.5		4.5
婦人科　"					1	1	1	1	4
皮膚科　"					1.5	1.5	1.5		4.5
泌尿器　"					1	1	1	1	4
耳鼻咽喉　"					1	1	1	1	4
眼科　"					1	1	1	1	4
小兒科　"					2	2	1.5	1.5	7
精神病學　"					1	1	1	1	4
神經學　"					1	1	1		3
齒科						1	1	1	3
放射線科						1.5	1	1	3.5
治療學							1	1	2
醫學史	1	1							2
體育	1	1							2
學期別　計	18	23.5	27.5	26.5	28	29.5	26.5	21	200.5
各學年 合計	41.5		54		57.5		47.5		200.5

第4章 入學 및 轉學

第9條　　入學은 學年初 一回로 함

第10條　　本 大學 第一學年 入學은 文理科 大學에서 醫學校 入學에 要求하는 學科目을 履修하여 90學點 以上 得點者로 함

第11條　　前條 選拔에는 學術 試驗, 口述 試驗, 身體 檢査를 行하고 또한 從來의 學業成績 其他 書類를 提出함을 要함

　　　　　　1. 入學 願書

　　　　　　2. 屬歷書

　　　　　　3. 高等學校 및 大學 成績 證明書

　　　　　　4. 戶籍謄本

　　　　　　5. 寫眞

　　　　　　6. 受驗料

但, 受理한 書類및 受驗料는 退還치 아니함

第13條　入學 許可를 받은 者는 所定의 節次에 依하여 誓約함.

第14條　學生은 學長의 許可없이 他校에 入學하든지 또는 校外 各
種 試驗에 應할 수 없음

第5章 休學, 退學, 復校 및 除籍

第15條　疾病, 其他의 事情으로 因하여 一個月 以上의 休學을 願하
는 者는 그 理由를 詳記하여 保證人 連署로써 休學願을 提
出함을 要함. 疾病인 때에는 醫師의 診斷書를 要함

第16條　休學은 同一學級 在學 中에 一回에 限하며 一個年 以上을
許諾하지 아니함

第17條　退學을 願하는 者는 그 事由를 詳記하여 保證人 連署로 願
書를 提出함을 要함. 但, 疾病일 때에는 醫師의 診斷書를
要함

第18條　本 大學 學生으로서 除籍된 者가 除籍後 二個年 以內에 復
校를 願할 때에는 審査한 後 當 該當學年 또는 同學年 以下
의 學年에 復校를 許諾할 수 있음

第19條　復校는 學期 初 登錄期에 限하여 許諾함

第20條　學生으로서 下의 各號의 一에 該當한者는除籍함
1. 性行이 不良하여 改善의 可望이 無하다고 認定된 者
2. 學力 不實 又는 身體 虛弱으로 成業의 可望이 無하다고
認定된 者
3. 繼續 一年 以上 缺席한 者
5. 第四條에 違反한 者

第6章 登錄

第21條　學生은 每 學期 初에 所定한 期日 內에 登錄함

第22條　前條에 違反할 時에는 除籍함. 但, 不得이 한 事情으로 登錄
하지 못할 時에는 審査한 後에 登錄을 許諾할 수 있음

第7章 試驗, 進級, 卒業

第23條　試驗은 授業한 各 科目에 對하여 定期 及 臨時로 施行함

第24條　定期試驗은 每學期 末에 施行하며 臨時試驗은 各科目 擔任
敎授가 必要에 應하여 施行함

第25條	不得已한 事情에 依하여 前條 各種 試驗에 不參한 者는 本人의 請願에 따라서 審査한 後 追後 試驗을 許諾함. 追後 試驗에 있어서는 取得 成績의 90%를 正式 成績으로 認定함
第26條	各 科目에 있어서 授業 時間 總의 5分之 1 以上을 缺席하였을 時는 그 科目에 對한 受驗 資格을 喪失함
第27條	學年末에 學生의 學年 成績을 考査하여 그 進級 및 卒業을 判定함
第28條	每學年에 있어서 取得할 學點은 第八條의 規定에 依함 學點은 講義에 있어서 一週 一時間 實習 及 體育에있어서는 一週 二時間 一學期間 授業한 後 所定 試驗에 合格한 者에게 一學點을 認定함
第29條	學年 進級은 第一學期 及 第二學期 成績을 平均하여 各 科目 百點을 滿點으로하고 各 科目은 50點 以上 總平均 60點 以上으로 함 但, 該當 成績 中 一科目이 50點 未滿이고 總平均 60點 以上일 時에는 그 50點 未滿인 科目에 實하여 一回의 再試驗 機會를 許諾함. 前項 再試驗 時에는 60點을 滿點으로함
第30條	追後 試險 及 再試驗에는 所定의 料金을 納付함
第31條	試驗 中에 不正行爲를 한 者는 停學 或은 退學을 命함
第32條	學年 成績 考査로 原學年에 머무르게 된 者는 다음 學年 初부터 前學年의 全學科 再修함 但, 當該 學年에 優秀한 成績을 얻은 學科目은 再修를 免除할 수 있음
第33條	本 大學을 卒業함에는 二百 學點 以上을 取得함을 要함
第34條	本 大學 課程을 修了한 者에게는 卒業證書를 授與함

第8章 學位

第35條	本 大學 卒業者에 對하여는 醫學士의 學位흘 授與함

第9章 納入金

第36條	入學이 許可된 者는 入學金을 納入함을 要함 但, 入學金을 納入하지 아니 한 時는 入學을 取消함
第37條	年謝金 實驗費 및 體力 管理費는 每學期 初 登錄期間 中에 半額式 分納함

第38條　　納入期 最終日 以前 休學할 時라도 該學期分에 學納金은 納
　　　　　　入함을 要함
第39條　　停學 處分 中에 있는 者라도 該期中 納入金은 納入함
第40條　　納入金은 過誤納의 境遇 以外는 이를 退還하지 아니함

第10章 褒賞과 懲戒
第41條　　性行이 端正하고 學業이 優秀한 學生은 褒賞함
第42條　　學生의 本分을 逸脫한 者로 認定될 時는 懲戒함
　　　　　　懲戒는 譴責, 停學, 退學으로 함

第11章 聽講生 및 外國 入學生
第43條　　一定한 科目에 對하여 一定한 期間에 授業을 받으려는 者
　　　　　　는 修學 能力을 考査하여 聽講生으로 入學을 許可할 수
　　　　　　있음
第44條　　外國人에게도 入學을 許可할 수 있음

2. 1947학년도의 학사 일정

1) 승격 인가 후 주요 학사 일정

1947년 7월 5일 대학 승격이 인가된 후 개학할 때까지의 주요 일지는 다음
과 같았다.

　　7월　5일　　대학 인가 하부(下附)
　　7월　6일　　입학시험 종료
　　7월 10일　　입학자 1차 합격자 발표
　　7월 11일　　입시 구두시험 신체검사 실시
　　7월 13일부터 30일까지 학생회 주최 무의촌 시료
　　7월 16일　　입학자 제2차 합격자 발표
　　8월 15일　　8.15 해방 기념식 및 재단법인 인가 축하식
　　8월 21일　　재단에 대한 김충식의 1억 기부에 관한 발표

9월 1일   신입생 입학식 거행
9월 3일   개학식 거행

2) 1947학년도의 신입생

1947학년도 신입생 모집을 위한 입학 지원서는 5월 31일 교부되어 6월 25일 마감되었고 7월 5일과 6일 양일에 입학시험을 실시하였다. 7월 10일 1차 합격자들은 7월 11일 구두시험과 신체검사를 받은 후 7월 16일 최종 합격자가 발표되었다. 이때 의예과에 합격된 57명은 9월 1일 입학하였고, 전문부 학생은 더 이상 뽑지 않았다.

이들은 2년의 예과 과정을 마치고 본과로 진입하여 1953년 4월 졸업 예정이었다. 하지만 본과 1학년을 마치고 한국전쟁이 터지면서 전시연합대학에서 교육을 받은 경우도 있었지만, 1~2년 동안 교육을 받지 못하여 졸업이 늦어진 학생들이 많았다. 결국 56명의 입학생 중 26명은 졸업을 하지 못하고 제적되었으며, 1953년에 9명, 1954년에 14명, 1956년에 7명이 졸업하였다.

3) 1947학년도의 강의

1947학년도에는 예과 1학년, 예과 2학년, 전문부 2학년, 3학년, 4학년의 강의가 진행되었는데, 다음과 같았다.

예과 1학년	미적분학, 해석기하학, 물리학, 화학, 화학 실험, 생물학, 생물학 실험, 영어 제1, 영어 제2, 심리학, 독일어, 국어, 윤리학, 체육
예과 2학년	미적분학, 해석기하학, 물리학, 화학, 화학 실험, 생물학, 생물학 실험, 영어 제1, 영어 제2, 독일어, 국어, 윤리학, 체육
전문부 2학년	외국어 해부학 생리학 생화학 병리학 기생충학 미생물학 약리학 외과학 진단학

전문부 3학년	국소해부학, 병리학, 기생충학, 미생물학, 약리학, 위생학, 내과학, 외과학, 산부인과학, 소아과학, 피부비뇨기과학, 안과학, 이비인후과학, 정신병과학, 방사선과학, 치과
전문부 4학년	미생물학, 위생학, 법의학, 내과학, 외과학, 산부인과학, 소아과학, 피부비뇨기과학, 안과학, 이비인후과학, 정신병과학, 방사선과학

4) 제38회 졸업식

1948년 6월 5일 제38회로 105명이 졸업하였다. 졸업생 중 대부분인 100명은 1944년 4월 입학생이었지만, 3명은 43년 4월 입학생, 1명은 42년 4월 입학생이었다. 그리고 1명은 1945년 2학년으로 편입하여 졸업하였다.

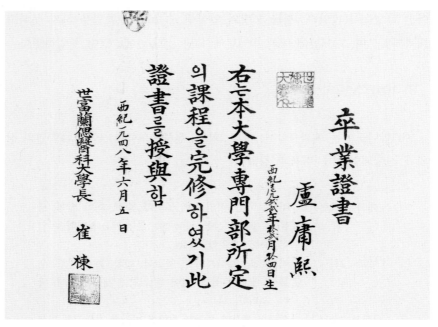

그림 2-3. 세브란스 의과대학 명의로 처음 수여된 졸업증서(노용희). 동은의학박물관.

그림 2-4. 제38회 졸업생 일동.

5) 제1회 의예과 수료

1946년 9월 20일 처음으로 입학한 예과생은 85명이었다. 이 중에서 69명만
이 1948년 7월 14일 예과를 수료하고 본과로 진입하였고,[16] 나머지 16명은 중
도에 제적되었다. 이들에게 수여된 수료증서의 내용은 다음과 같았다.

> 이는 本 大學의 예과과정을 완수하였으므로 이 증서를 수여함.
> 서기 일구사팔년 칠월 십사일
> 세브란시의과대학장 최동

---

16) 제1회로 의예과를 거쳐 본과로 진입한 학생들은 세일회(世逸會)라는 모임을 만들었다.

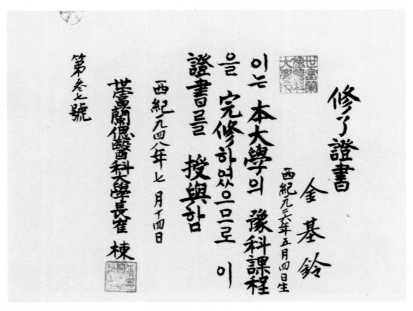

그림 2-5. 제1회 의예과 수료증서(김기령). 김영호 소장.

그림 2-6. 제1회로 의예과를 수료한 학생들(1948년 7월 14일). 동은의학박물관 소장.

3. 시설과 도서의 확충

1) 에비슨관 준공

창립 이래 항상 공간의 부족에 시달렸던 세브란스는 세브란스 후원회의 기부금으로 1934년 6월 총 건평 233평에, 2층과 옥탑을 가진 기초학교실을 준공하였다. 이 교실은 해부학, 병리학 및 미생물학교실이 사용해 왔지만, 생화학, 생리학 및 약리학교실과 연구소는 공간이 협소하고 곳곳에 산재해 있었기 때문에 이들 교실을 위한 공간이 절실한 상황이었다.

이를 위해 세브란스 후원회는 새로운 건물을 짓기 위해 기금을 후원하기로 하고, 1944년에 총 건평이 480평인 2층 건물을 착공하였다. 하지만 제2차 세계대전 말기의 혼란한 상황에서 공사를 마치지 못한 상태로 해방을 맞게

그림 2-7. 준공된 에비슨관(1948년 상반기). 동은의학박물관 소장.

되었다. 결국 1948년 상반기에 준공된 이 건물은 에비슨 명예교장의 업적을 기념하기 위하여 에비슨관이라 명명하였다. 이 건물은 생화학, 생리학, 약리학, 강의실 및 연구실뿐 아니라 의예과의 교실로도 사용하게 됨으로써 보다 안정적인 강의와 기초 연구를 위한 토대가 마련되었다.

2) 도서 확충

학생들의 최신 의학 지식 습득을 돕기 위하여 1947년 7월 초순 미국 선교 본부는 각 분야의 최신 서적 1,834권을 기증하였는데,[17] 분야에 따라서는 같은 책이 100권 이상이었는데, 이것은 한 학급 학생들 모두가 도서관에서 책을 빌려 사용할 수 있는 충분한 양이었다. 기증된 책의 내역을 다음과 같았다.

과목	종류(권수)							
	1947년	1946년	1945년	1944년	1943년	1942년	1941년	1940년
해부학	2(11)	4(111)			1(1)			
조직학		1(1)						
생리학	1(80)	2(91)	1(10)					
생화학		1(1)	1(1)	4(103)				
세균학	1(50)		1(20)	1(5)				
기생충		1(1)			1(1)			
약물학	2(100)	2(6)	1(1)	1(1)				
병리학	3(260)	9(27)	2(11)	4(54)	3(4)	2(11)	1(1)	
외과학	1(10)	7(78)	3(16)	1(2)				
산부인과학	3(54)	2(2)			2(2)			1(1)
안과학			1(1)					
이비인후과학	1(51)			3(3)	2(109)			1(50)
신경·정신과학		2(20)	3(3)	1(10)				
피부비뇨기과학	2(50)		1(1)	2(42)		1(45)		
간호학	1(1)	4(4)	2(2)	2(2)				
기타		1(1)	2(2)	3(3)	3(3)	2(2)	2(2)	2(2)
합계	17(607)	36(353)	18(70)	22(225)	12(117)	5(58)	3(3)	4(53)

[17] 도서와 함께 연구용 약품 등 시가 약 2,000만 원 상당의 물품이 도착하였다.

그림 2-8. 세브란스 의과대학의 도서관. 동은의학박물관 소장.

3) 비상용 발전기 설치

해방 당시 한국에서 생산되는 전기의 상당 부분은 북한 지역에서 생산되었
으며, 남한에서 사용하는 전기의 70% 정도를 공급하고 있었다. 당시의 전기
는 수색 변전소를 통하여 당인리, 아현동을 지나 순화동으로 들어오는 선, 금
강산에서 왕십리, 동대문으로 들어오는 선이 있었는데, 특히 수색에서 직접
종로로 들어오는 선이 너무 오래되어 몇 번의 단전 사고가 있었다.
　따라서 사람의 생명을 다루는 병원에서 단전으로 인한 사고를 막기 위하여
과도 정부는 민간 물자 배급 계획안에 따라 세브란스 병원 등 주요 의료 기관
에 비상용 발전기를 배정하였다.[18]

18) 各病院에 發電機 配置 停電 中에도 作業 可能 患者의 應急 治療에 萬全. 동아일보(1948년
　　1월 21일), 석간 2쪽.

그런데 1948년 5월 10일 남한이 제헌 국회를 구성하기 위한 총선거를 실시하자 북한은 5월 14일 남쪽으로 보내는 전기를 단전하였다. 이 여파는 남한의 여러 산업 분야뿐 아니라 의료계에도 큰 영향을 미쳤다. 세브란스 병원의 경우 전용선이 있었지만, 경성전기주신회사의 간부들이 뇌물을 받고 전기를 다른 공장으로 돌려 준 사건이 발생하였다.[19] 이들은 세브란스 병원 전용선을 이용하여 봉내동의 삼성 공작소로 돌린 혐의가 적발되었다.

정전이 되면 타격을 받는 것 중의 하나가 방사선 기계를 작동 시킬 수 없는 것이었다. 당시 방사선 기계는 세브란스 병원을 비롯하여 6곳에 불과하였으며, 정전이 되면 방사선 사진 촬영뿐 아니라, 특히 영양 부족으로 림프선 결핵과 암종 등의 환자가 증가하고 있는 상황에서 전기 치료도 할 수 없게 되어 진료에 큰 지장을 받을 수밖에 없었다.

4. 각종 문화 활동

1) 교지 창간

일제시기에는 세브란스 교우회보(The Severance Bulletin)라는 잡지가 발행되었다. 교우회(校友會)란 학생들뿐 아니라, 교직원과 동창생을 어우르는 모임이었다. 20년대 초반에 창간되어 1년에 2~3번 간행되었던 교우회보는 일제에 의해 학교의 명칭이 강제로 아사히 의학전문학교로 개칭되자 '아사히 의학전문학교 연명 회보'란 이름으로 발간되다가 중단된 상황이었다.

그림 2-9. 교지 세브란쓰.

19) 京電 幹部 等 配線 問題로 問招. 동아일보(1948년 7월 3일), 석간 2쪽.

광복이 되고 의과대학으로 승격되자 다시 '세브란쓰'라는 명칭으로 교우회보를 발간하였다. 1947년 12월 15일 '창립 63주년 기념호'로 발행되었던 첫 호는 78쪽이며, 비매품이었다. 발행인은 김명선, 편집인은 최재유, 인쇄인은 이우주이었으며, 1,000부가 발행되었다.

2) 의료 봉사 활동

세브란스 학생회는 여름 방학을 이용하여 무의촌 순회 진료반을 조직하였는데, 소아과의 서정주(徐正柱) 조교수 외에 5명은 1948년 8월 5일부터 20일까지 전라북도 옥구군 군내에서 순회 진료를 하였다.[20] 특히 이 지역은 이영춘(李永春, 1903~1980, 1929년 졸업) 동창이 운영하던 개정병원(開井病院)이 있는 지역이기에 학생들로서는 선배를 도우며 선후배가 우의를 다지는 좋은 기회를 가질 수 있었다.

이외에도 학생 기독청년회에서는 거제도 일대의 무의촌을 순회하여 각종 질병에 신음하는 동포들을 진료하였는데, 8월 5일 3학년 안경진(安暻賑) 외 9명이 서울을 떠나 약 2주일 동안 봉사 활동을 벌였다.

3) 세브란스 의과대학 체육회의 조직

1947년 12월 세브란스 의과대학 체육회가 조직되었는데, 그 임원은 다음과 같았다.

회장	최동
부회장	김명선, 박용균
이사장	박용준
이사	유한철 외 6인

---

20) 世醫大의 診療班 全北 無醫村 巡訪. 동아일보(1948년 8월 3일), 석간 2쪽.

그림 2-10. 1948년 개교 기념 운동회에서의 가장 행렬. 동은의학박물관 소장.

4) 개교 64주년 기념행사

1948년 5월 15일 개교 64주년 기념식과 행사가 개최되었다. 기념식에 이어 운동회와 가장행렬이 있었다. 가장행렬에서는 김기령이 삽을 든 시골 농부로, 오흥근이 저울을 든 넝마장수로, 김현주가 곱사등이로, 안화용이 마도로스로, 이석하는 흑인 병사로, 윤흔영이 양갈보로, 한상호와 정민이 시골 아낙으로, 이동환이 가방을 든 여대생으로, 이인규가 만삭이 된 배불뚝이 임신부로, 김국보가 신문배달원으로, 이협영이 털보 사진사로, 이세영이 늙은 영감으로, 윤형중이 거지로 분장하였는데, 특히 윤흔영은 어린 똘마니를 데리고 다니면서 서울역에서 돈까지 구걸해 와서 정말 거지 노릇을 잘함으로써 주변의 사람들을 웃기기까지 하였다.[21]

21) 김기령, 나의 회고록(서울, 아카데미아, 2005), 130~132쪽.

제6장

동은 김충식의 기부

1. 세브란스와 기부

세브란스의 발전에는 구미의 선교본부가 큰 역할을 하였지만, 점차 한국인들도 재정 지원에 관심을 갖기 시작하였다.

대표적으로 1941년 서울의 부호 독지가 조병학이 토지 60만 평을 기부한 것과 1917년 졸업생인 차형은 동창이 1943년 함경도 영흥군 내 토지 30만 평을 기부하였던 것을 들 수 있다. 이것들은 일제가 선교사들을 강제로 쫓아낸 후의 기부이었지만 해방이 된 후 남북이 갈리고 토지개혁 등 어수선한 정세 속에 제대로 된 도움을 주지 못하였다.

해방이 되었을 때 의료진과 의약품의 부족, 최신 의학 지식에 대한 정보 등 모든 면이 열악하였지만, 기존 건물의 유지 보수에도 벅찬 상황이었다. 또한 의학전문학교에서 의과대학으로 승격하는 데에도 상당한 기금이 필요하였다. 당시 미 군정청은 선교사의 공식적인 입국을 금하고 있어 선교본부의 지원도 당장 기대하기는 어려운 실정이었다.

2. 동은 김충식의 기부1)

이렇게 지원이 절실한 세브란스의 숨통을 터주는 일이 발생하였다. 바로 전남 강진의 부호인 동은(東隱) 김충식(金忠植, 1889~1953)이 당시 시가 1억 원 상당의 토지 1만 두락(斗落)을 세브란스를 위해 기부하기로 한 것이었다.

1) 김충식

전라남도 강진에서 태어난 김충식은 밑으로 4명의 남동생과 6명의 여동생이 있었다. 그는 어려서 학문이 깊었던 작은아버지에게서 한학을 배운 것 이외에 특별히 서양 학문을 배운 적은 없었다.

그는 30세를 전후하여 동생들이 장성한 후 재분배할 것을 전제로 아버지로부터 3,000석 소출의 토지를 물려받았다고 한다. 그는 이 토지를 운영하면서 재산을 늘리는 데 남다른 재능을 발휘하였다.

그림 2-11. 동은 김충식.

그는 우선 1920년경 세운 합명회사 동은농장(東隱農場)은 소작 방식에서 벗어나 근대적인 경영 방식을 도모하였으며, 그 잉여금을 토대로 목포에 금릉회조부(金陵回漕部)라는 해운회사를 세웠다. 이 회사는 목포를 근거지로 하여 완도, 장흥, 강진, 영암 등지를 왕복하는 몇 척의 배를 소유하고 있었고, 여객과 화물을 운송하였다. 그는 해운회사를 통해 얻은 잉여금을 전남 지역에서 몰락하는 조선인 지주들의 토지를 인수하는 데 사용하여 대규모의 토지

---

1) 다음의 글을 참조하였다. 박형우, 동은 김충식과 연세대 세브란스병원. 다산과 현대 10(2017), 131~156쪽; 이경록, 김충식과 동은의학박물관. 연세의사학 4(1)(2000), 1~17쪽.

를 소유하게 되었다. 그리하여 아버지로부터 토지를 물려받은 지 10여 년 만에 3,000석 소출의 토지가 40,000석 소출의 토지로 불어났다. 그리하여 1930년대 말 김충식은 강진, 광주, 보성, 화순, 장흥, 해남, 무안, 영광, 완도, 영암 등지에 답(畓) 845정보, 전(田) 57정보, 기타 313정보 등 총 1,215정보를 소유한 대지주로 성장하였다.

김충식은 농업만이 아니라 산업과 금융에도 눈을 돌렸는데 1925년부터 호남은행(湖南銀行) 주식회사에 투자하였고, 1920년대 후반 설립된 전남도 시제사(全南道 是製絲) 주식회사와 소화전기(昭和電氣) 주식회사에 대주주로 참가하였으며, 1929년에는 강진창고금융(康津倉庫金融) 합자회사에, 1940년에는 조선거래소(朝鮮去來所) 주식회사에 참여하였다. 그리고 1933년에 설립된 금익증권(金益證券) 주식회사의 사장이자 대주주로서 사업을 벌여 많은 부를 쌓았다.

2) 김충식의 육영 사업

김충식은 오로지 자산을 축적하는 것에만 관심을 두지 않고 사회 활동 및 교육 사업에도 눈을 돌렸는데, 그를 가르쳤던 작은아버지로부터 받은 영향이 컸다고 한다. 그는 1923년 강진 청년회 회장으로 활동하였고, 민립대학 기성회 강진군 지부 위원으로도 활동하였다. 당시 지부 위원장이 부친이었으므로 김충식도 실제적인 역할을 수행한 것으로 판단된다. 그는 1930년대에 들어 교육 사업에도 나섰는데, 1933년 강진 유치원을 인수하여 직접 운영하였으며, 1937년 5월 5일에는 강진공립농업학교를 설립하였다. 세브란스를 지원하기 위하여 설립한 재단법인 동은학원은 그가 추진했던 교육 사업의 절정이었다고 할 수 있다.

3) 김충식과 최동의 인연

최동의 아버지 최정익(崔正益)은 구한말 순천 군수를 지냈으며, 김충식 집

안과 친분을 맺고 있었다. 그렇기에 김충식은 1940년대 초 대엽성 폐렴(大葉性 肺炎)으로 호흡곤란이 심해지고 사경을 헤매고 있었을 때 당시 세브란스의 교수로 활동하던 최동에게 왕진을 요청할 수 있었다. 최동의 트리아눙 치료로 소생한 김충식은 이를 계기로 그와 더욱 가까워지게 되었다.[2]

1942~43년경 김충식은 서울에서 강진으로 내려가던 중 중풍으로 쓰러졌는데, 이때 최동은 세브란스 병원의 구급차를 이용하여 필요한 약과 간호사를 대동하고 강진까지 내려가 치료를 하였다고 한다. 이로 인하여 몸이 불편하게 된 김충식은 자신의 해운회사와 증권회사 등을 매각하고 다시 토지를 매입하였다.

4) 기부 과정

기부 방침의 결정

1946년 10월 18일 오후 4시 명륜동의 김충식 자택에서 동생 정식, 변호사 김성호, 그리고 최동이 합석하였는데, 이 자리에서 김충식은 강진을 제외한 영암, 해남, 화순 등에 있는 1만 두락의 전답을 평당 50원씩 추산하여 1억 원으로 법인을 설립하여 세브란스 의과대학의 경영을 돕는다는 기본 방침을 천명하였다. 이 전답은 김충식이 가진 전 재산의 약 $\frac{1}{3}$에 해당하는 것이었다.

10월 19일 최동 학장은 세브란스의 교직원들을 소집하여 이 사실을 발표하였다. 그리고 11월 15일 열린 이사회에 보고하고 추진위원으로 이용설과 정기섭을 위촉하였다. 이들은 최동 교장의 안내로 김충식을 방문하여 감사의 뜻을 전하였다. 이와 함께 동은 재단의 규약 초안을 만들고, 문교부의 내락도 받았다. 하지만 김충식의 부득이한 개인 사정으로 논의는 일시 중단되었다.

---

[2] 소진탁, 東隱醫學博物舘과 醫史學資料室, 월간 연세대학교 의과대학 동창회 회보 제85호 (1980년 8월 15일).

기부 사실의 공표

개인 사정이 해결되자 1947년 8월 20일 오후 4시 김충식은 최동 교장과 정기섭을 만나 기부 사실을 공표하기로 합의하였다. 8월 21일 12시 종로 영보 그릴에서 유억겸 문교부장, 김동성, 신익희, 최동 학장 외 몇 명의 직원이 참석하고, 각 신문사의 기자들을 초청한 가운데 김충식은 '화순, 장성, 무안, 함평 등 4개 군에 있는 전답, 대지, 가옥, 산림 전부와 기타 토지로서 1만 두락(시가 1억 원)을 제공하여 재단법인을 설립하고, 매년 그 소출액으로 세브란스 의과대학에 기부하고자 한다.'고 발표하였다.[3]

이 발표에 이어 최동 학장의 감사의 말씀과 유억겸, 김동성, 서광설, 신익희 등의 축사가 있었고, 김충식은 다음과 같은 답사를 하였다.

> 금번 세브란스 의과대학을 위하여 약소한 기부를 하며, 또 세브란스 의과대학의 발전을 위하여 금후라도 충성을 다하고자 합니다.

이 발표에 대하여 정기섭은 그 의미를 다음과 같이 부여하였다.

> 우리 세브란스는 과거 육십 여 년 동안 우리 조선인을 위한 병원이자 학교이었으나, 외국인의 자금으로 운영되어 오다가 고(故) 조병학 선생의 거액 토지 기부가 있었고, 이제 김충식 선생의 막대한 재단을 거듭 받게 되었다. 이는 수십 년 동안 외국인들의 혜택을 입은 것에 보답하는 것이 되는 동시에 이후로는 자립의 실증이 되는 것이니 두 분의 공적은 건국 중에 있는 우리에게 위대한 일이다. 이에 본 대학 직원과 관계자 일동은 김충식 선생의 쾌거에 진심으로 감사하며, 고(故) 조병학 선생의 유지를 다시 추억한다. 끝으로 최동 선생의 끊임없는 노력으로 금일의 성과를 거두게 됨에 감사를 드린다.

---

[3] 世醫大에 金忠植 氏 特志. 조선일보(1947년 8월 22일), 조간 2쪽; 세부란스醫科大學에 一億圓 土地 寄附. 동아일보(1947년 8월 23일), 석간 2쪽.

3. 재단법인 동은학원

마침내 92만평의 토지를 토대로 1949년 6월 11일 재단법인 동은학원이 설립되었는데, 당시 자산 총액은 29,431원(圓) 41전(錢) 8리(厘)이었다. 동은학원의 설립 목적은 '세브란스 의과대학의 사업 발전을 후원함에 있어 필요한 재산을 소유 관리하고 그 사업 달성상 필요한 경비를 공급하고 동시에 빈곤한 수재 학도에게 학비를 공여하여 향학 연구의 방도를 개척하여 유위한 인재 배출을 도모함으로서 국가 문화 창달에 공헌하기 위한 것'이었다. 설립 당시의 이사는 김충식, 김정식, 최동, 정기섭, 서광설(徐光卨), 그리고 감사는 김양식(金良植)과 김병석(金炳錫)이었다.

1) 운영의 어려움

동은학원은 설립된 이후 대한민국 건국 전후의 정치적, 경제적 혼란으로 인하여 그 운영이 순조롭지 못하였다. 주요 기반이 토지이었던 동은학원은 1949년 6월 21일 농지개혁법에 이어, 1950년 3월 10일 농지개혁법의 개정법률안이 공포되고 그 시행령이 공포되는 등 농지개혁이 법제화의 절차를 밟자 큰 시련을 겪게 되었다. 이와 함께 광복과 한국전쟁을 거치면서 급격한 인플레이션으로 인하여 화폐 가치가 크게 하락하게 된 것도 큰 영향을 끼쳤는데, 1953년 2월 옛 화폐인 원(圓)이 새 화폐인 환(圜)을 100 : 1의 비율로 교환하는 통화개혁이 단행되었다. 동은학원의 원활한 운영이 본궤도에 오르지 못한 1953년 1월, 김충식이 안타깝게도 사망하자 후임으로 최동이 이사장에 취임하였다.

2) 귀속재산의 불하

토지개혁으로 동은학원이 소유하고 있던 모든 토지는 몰수되고 그 보상으로 지가증권(地價證券)을 교부받았다. 이 증권은 토지 소유자에 대한 땅값의 보상을 기록한 5년 시한부 증권인데, 정부가 지급보증을 하였다. 하지만 인플레이션을 걱정하는 재무부가 지주 보상금의 전액 방출을 거부하였고, 더욱 한국전쟁이 터지면서 높은 인플레이션으로 인하여 증권의 가치는 갈수록 하락하였다. 특히 낙동강 방어선으로 방어하고 있던 영남지방에 비하여 호남지방의 증권은 더욱 가치가 하락하여 액면가의 10%밖에 받지 못하는 경우도 많았다. 이를 종합해 보면 1억 원 액면가의 지가증권에 대하여 정부는 보상금 지불을 제한하였고, 매각을 해도 1,000만 원밖에 받지 못하게 되었으며, 그나마 전쟁으로 인플레이션이 심해져 그 가치는 점점 하락하고 있었던 것이다.

따라서 동은학원은 새로운 활로를 모색할 수밖에 없었는데, 액면가를 그대로 활용할 수 있는 가장 좋은 방법은 적산 불하와 귀속 재산의 구매에 사용하는 것이었다. 그리하여 재무장관의 기업체 공개입찰 공고가 발표되자 귀속재산을 지목하여 1955년 6월 15일 다음의 귀속재산을 낙찰 받았다.

1. 서울시 중구 필동 1가 51번지 - 대지 112평, 2층 건물 170평
2. 서울시 영등포구 대방동 44번지 - 대지 926평, 건물 4평
3. 서울시 영등포구 양평동 3가 80번지 - 대지 6,000평, 81번지 - 대지 1,000평, 83번지 - 대지 1,000평, 84번지 - 대지 400평, 78번지 - 대지 2,000평

동은학원은 재무부 장관과 매매계약을 체결한 후, 1960년 4월 11일 현금 6,200만 환을 완납하고 소유권 이전등기를 끝냈다.[4] 그런데 조선삼공주식회사 소유로 되어 있던 양평동 소재의 대지가 문제를 일으켰다. 회사를 해산하지 않은 상태에서 재산을 매매한 것이 행정 과오이었던 것이다. 1957년 4월

---

[4] 연세대학교 의과대학 재정사(서울: 연세대학교 의과대학, 1982). 이 가운데 중구 필동 소재의 재산에 대한 소유권 이전 등기는 1971년 6월 12일에 완료되었다.

개최된 임시 주주총회에서 선출된 명의상의 대표이사는 정부를 상대로 부동산 매매행위 무효소송을 제기하였고, 1961년 12월 30일자로 승소함으로써 이 재산에 대한 동은학원의 소유권 등기는 말소되었다. 매매 절차상의 하자로 인한 이러한 혼란을 막기 위하여 1964년 5월 귀속 재산 처리에 관한 특별조치법이 공포되어 소급 적용하도록 되어 있었지만, 동은학원은 이 법에 따른 절차를 취하지 않고 진정서만 제출하여 재산의 소유권 복구는 이루어지지 않았다. 또한 대방동 소재의 토지는 관리가 소홀하여 1970년대 초에 소유권이 애매해졌다. 다만 필동 소재의 대지 112평과 건물은 동은학원의 사무실로 사용되어 유지되었다.

3) 의학박물관 설립

이렇게 '세브란스 의과대학의 지원과 인재 양성'이라는 원래의 사업 목적을 추진하지도 못한 채 잇단 소송과 그에 따른 재산의 축소로 어려운 상황에 처한 동은학원은 1971년 10월 14일에 개최된 임시 이사회에서 모든 재산을 연세대학교에 기증하기로 결의하였다. 하지만 학교법인은 장학법인의 재산을 기증받을 수 없다는 연세대학교 정관 제17조의 규정 때문에 이 기증은 받아들여지지 않았다.

최동은 1973년 3월 이사장직을 사임하였으며, 오원선이 후임 이사장으로 선임되었다. 최동이 같은 해 7월에 사망하여 재단 설립의 두 주체인 김충식과 최동이 모두 사망하였다. 이후 동은학원은 1974년 6월 유일하게 남아 있던 자산인 필동 소재 대지와 건물을 매각하기로 결정하고, 동시에 6월 24일에 열린 이사회에서 연세대학교 의과대학생을 위한 동은학사(東隱學舍)를 설립하기로 합의하였다. 결국 필동 재산은 8월 5일 3,740만 원에 매각하였다.

그런데 같은 해에 의과대학 동창회가 학생 기숙사인 제중학사(濟衆學舍)를 준공하여 의과대학에 기증하였음으로 동은학사의 설립은 의미가 없어졌다. 이에 동은학원은 의과대학 구내에 의학박물관을 설치하기로 결의하였고,

1974년 11월 15일에 열린 제7차 이사회에서 박물관 규정이 최종 통과되었다. 이 규정에 의하면 의학박물관은 재단법인 동은학원 정관 제1장 제2조의 목적에 따라 설립되며, 국내 또는 국외로부터 의학과 관계되는 자료를 수집 보존하여 의학 교육 및 학술 연구 자료로 제공함을 설립 목적으로 하였다. 필동 소재 재산의 매각대금 3,740만 원 가운데 의학박물관의 설립 비용으로 1,608만여 원을 지출하며, 제경비를 제외한 나머지 984만여 원을 재단 기금으로 예치하여 그 과실로 경상비 및 박물관 운영 경비를 충당할 계획을 세웠다. 그리하여 1975년 2월 25일 소진탁(蘇鎭琸) 교수가 초대 관장으로 임명되었고, 박물관 직제가 의사학 자료실로 변경된 1980년까지 활동하였다.

동은의학박물관은 1976년 8월 23일 개관하였다. 박물관은 활동 영역을 넓히려 노력하였으나 재단의 재원 부족으로 많은 어려움을 겪었다. 결국 1980년 2월 21일 동은학원은 소장 유물 654점을 연세대학교 의과대학에 기증하고, 이후 박물관은 연세대학교 의과대학에서 인수 운영하였다. 그런데 연세의료원은 동은의학박물관을 박물관이 아닌 '의사학 자료실'로 직제를 개정하였다.

이후 1999년 11월 1일 동은의학박물관이 직제가 다시 만들어졌고 박형우(朴瀅雨)가 관장에 임명되었으며, 2000년 1월 15일 신축 도서관 4층에 재개관하여 현재에 이르고 있다.

제7장

선교부의 재건과 각종 지원

1. 일제의 선교사 추방

1919년 3·1 운동이 일어난 이후 일본은 한동안 민심 수습에 부심하면서 비교적 온건한 문화 정책을 취하였다. 하지만 1931년 만주사변을 일으킨 후에는 한반도에서 각종 탄압 정책을 행하였다. 1937년 7월 중일전쟁을 일으킨 일제에 대하여 미국이 경제적 압박을 가하자 일제는 노골적인 반미 태도를 취하였다. 이때부터 일제는 일본어 사용을 강요하고, 궁성요배를 하도록 하였으며 황국신민의 서사를 반드시 낭독하도록 하였다. 또한 신사참배와 창씨개명을 강요하였다.

이렇게 일제의 탄압이 노골화되는 가운데 1937년 6월에 개최된 미국 북장로교회의 연례총회에서는 '교육 사업에서의 점진적인 철수'라는 중대한 결정이 내려졌다. 그런데 세브란스와 연희는 여러 교파의 연합으로 운영되었기 때문에 격론이 벌어졌다. 이에 1938년 1월 17일 미국 북장로교회 해외선교본부 총회는 이사의 계속 파송을 의결하였다. 하지만 6월 27일 개최된 북장로교회 연례회의에서는 1939년 3월부터 완전 철수하기로 결정하였다. 철수 결정에 따라 선교부의 재산 처리가 큰 문제로 대두되었다. 세브란스의 경우, 병원 진료는 종전과 같이 진행하되, 의과대학이나 병원의 경영에는 전혀 관여하지 않기로 하였다.

그러는 사이 1939년 1월, 연희, 세브란스, 이화 및 협신을 한 곳에 집중시켜 신촌을 '대학 도시'로 건설하여 종교교육의 본거지, 즉 기독교 교육 중심(Christian Educational Center)으로 삼겠다는 내용이 보도되었다.[1] 이렇게 4개 학교가 '대학 도시'를 건설하기로 한 것은 선교부가 교육에서 완전히 손을 떼게 될 것에 대비하여 서로 자립하자는 데 있었다. 다만 4개 학교가 당장 하나의 대학으로 합동하는 것을 전제로 한 것인지는 확실하지 않다.

1940년 2월에는 연희와 세브란스의 종합대학이 건설된다는 보도가 있었는데,[2] 오긍선 교장에 의해 부지는 이미 매수 완료되었고, 교사 설계도 완료되어 관계 당국의 인가가 나오는 대로 곧 건축에 착공한다는 내용이었다. 하지만 이 계획은 재원 문제와 선교사 추방으로 실현되지 않았다.

일제의 억압이 가중되는 가운데 1940년 6월에 개최된 미국 북장로교회 연례회의에서는 다음과 같은 당부가 있었다. 모두 비상시를 대비한 것이다.

먼저 선교본부는 한국의 모든 선교사들이 비상시를 대비하여 유효한 여권을 지참하고 있을 것을 강력하게 권하였다. 이를 위해 모든 가구마다 1개의 여권을 발급받거나 필요한 경우 갱신을 위한 경비를 산정하도록 하였다. 그리고 실례를 제시하며 유언장을 작성하도록 하였다.

이어 주한 미국 총영사 G. 마치(G. March)는 한반도에서 자국민을 철수시키기로 하고, 1940년 11월 16일 마리포사 호(S. S. Mariposa)로 선교사와 자녀 219명을 한국에서 철수시켰다. 이때 다른 선교부의 선교사들은 대부분 한국을 떠났지만, 북장로교회의 선교사는 비교적 많은 수가 그대로 체류하고 있었다. 1941년에 들어 여러 가지 이유로 선교사들이 계속 추방되었다.

1년 후인 1941년 12월 7일 일본은 하와이 진주만을 공습하고 대미 선전포

---

[1] 종교교육의 본거로 신촌에 '대학도' 건설. 매일신보(1939년 1월 25일), 3쪽.
[2] 연세전 종합대학 건설 보(譜), 동아일보(1940년 2월 15일), 2쪽.

고를 하였으며, 선교사들을 억류하였다. 이때 억류된 선교사들은 37명이었는데, 미국 북장로교회가 24명(2명은 어린이), 남장로교회가 4명, 캐나다 연합교회가 4명, 호주 장로교회가 5명이었다. 이들은 대부분 신사참배에 찬성하고 교육 철수에 강력히 반발하였던 인사들로 일제 당국과 우호적인 관계를 가졌던 사람들이었다.[3] 또한 의료관련 업무에 종사한 인물들이 많았는데, 이들 8명은 해방 후 선교사들이 재입국할 때 중요한 자원이 되었다.

억류되었던 선교사들은 5월 25일 모두 두발을 삭발 당하였고, 6월 1일 부산항을 떠났다. 그들은 고베에서 2주일 동안 감금되었다가 배를 갈아타고 요코하마에 도착한 후 미국의 일본인 죄수들과 교환되었다. 그들은 서울을 떠난 지 12주일 후인 1942년 8월 28일 뉴욕에 도착하였다.

2. 선교사의 귀환

1945년 해방 당시 존 R. 하지 장군이 지휘하는 한국의 미 군정은 도쿄 맥아더 사령부의 휘하에 있었다. 맥아더는 한국에서 일본인 관료들을 그대로 활용하려하였기에 점령 초부터 한국인들의 엄청난 저항에 부딪혔다.

한국의 미 군정은 처음에 허가를 받지 않고 민간인들이 한국에 출입하는 것을 통제하고 있었고, 선교사들도 마찬가지이었다. 하지만 하지 장군이 한국에서 활동하였던 경험이 있는 사람들의 가치를 주목하게 되면서 일부 선교사들이 군정 요원으로 입국하여 활동하였다.

1946년 2월 초 당시 군정청에서 일을 하고 있던 선교사들은 다음과 같았다.[4]

3) 안종철, 미국 선교사와 한미관계, 1931~1948(서울, 한국기독교역사연구소, 2010), 188~190쪽.
4) Horace H. Underwood(Office of Mili. Governor, USAMGIK), Letter to J. Leon Hooper(Sec., BFM, PCUSA)(Feb. 16th, 1946).

미국 북장로교회: 존 D. 비거, 호러스 H. 언더우드[5], 윌리엄 C. 커
미국 남장로교회: 로버트 M. 윌슨
미국 감리교회: 프랭크 W. C. 윌리엄스, 제임스 E. 피셔, 헨리 D. 아
                펜젤러

1) 북미 해외 선교사 협의회

미국과 캐나다의 선교본부들은 1945년 초 북미 해외 선교사 협의회를 구성하여 선교사들이 철수한 각 선교지를 위한 전후 기획 위원회를 지명하였다. 한국 기획 위원회는 다음과 같은 건의를 하였다.

1. 선교본부는 한국에서 '연합하여 접근'한다.
2. 선교본부는 '자주적인 한국 교회'와 '협력'한다.
3. 교회의 책임은 '한국 교회에 깊은 영적 경험과 혜안을 가진 몇 명의 남녀를 제공하여 한국 교회가 전후 만연될 새 국가, 국제 문제, 사회, 그리고 산업의 상황과 관련하여 기독교적 증거와 기독교적 교훈의 해석을 돕도록 하는 것'으로 정의한다.
4. 한국에서 일본인을 몰아낸 후, 10명의 선교사로 구성된 선발대를 조속히 파송할 것을 건의한다. 이들로부터 보고서를 받은 후 더 큰 규모의 선교사를 파송한다.

하지 장군은 1945년 11월에 선교사 10명의 귀환을 요청하였는데, 북미 해외 선교사 협의회가 10명의 선발대 파견을 건의한 것에 호응하였던 것으로 판단된다. 이 10명은 미국 장로교회 4명(남 2명, 북 2명), 미국 감리교회 3명, 캐나다 연합교회 1명, 제7안식일 교회 1명, 동양선교회(성결교) 1명이었다.

1947년 여름에 각 교파 선교사들의 한국 귀환이 대체로 마무리되었고, 7월

---

[5] 1945년 10월 26일 입국하여 소령급 대우를 받는 군무원으로 군정장관 아치볼드 V. 아놀드 (Archibald V. Arnold)의 참모이자 하지의 조언자가 되었으며, 1947년 10월 18일까지 미소공동위원회 자문, 문교부장의 자문관을 역임한 후 북장로교회 선교사의 신분으로 연희대학교 이사 겸 교수로 복귀하였다.

14일 이화여중 강당에서 연합선교협의회가 개최되었다. 회의 결과 한국 선교는 각 교파 선교협의회에 맡기는 것으로 합의되어, 철수 이전의 '교파별 선교'로 돌아가게 되었다.

2) 미국 북장로교회

선교사들이 철수하기 전, 미국 북장로교회 해외선교본부가 선교본부의 결정을 마지막으로 선교지로 보낸 것은 1942년 8월 19일이었다. 2년 정도가 흘러 전세(戰勢)가 미국에 유리해지자 1944년 9월 20일 개최된 미국 북장로교회 해외선교본부의 실행위원회는 전후 한국 관련 선교 사업의 재개를 본격적으로 구상하기 시작하였다. 그리고 1945년 5월 14일에 열린 회의에서 한국 선교부를 따로 조직하지 않고 한국 교회와 긴밀히 연결될 새로운 조직체를 만들기로 결정하였다. 일본의 패망이 확실시된 6월 29일 해외선교본부는 기존의 한국 선교부 회원들에게 전후 선교사 파견에 대한 지침을 발송하였는데, 주요 내용은 다음과 같았다.[6]

A 그룹 선교사 내정

선교 사업이 재개되면서 전쟁 전과 후의 상황이 변화되어 보다 철저한 조사와 최종 결정을 하기 전에 현지 교회의 지도자들과 충분한 논의가 필요해졌다. 따라서 처음 복귀하는 선교사는 '구호, 영적 사역, 현지 조사 및 자문 역할' 등 긴급하고도 한시적인 업무를 수행하도록 선발된, 제한된 숫자를 파송하기로 결정하고, 이들을 'A 그룹 선교사'로 불렀다. 5월 14일 회의에서 A 그룹 선교사로 내정된 명단은 다음과 같았다.

---

6) J. Leon Hooper(Sec., BFM, PCUSA), Board Action to the Korea Mission, No. 849(June 29th, 1945).

에드워드 애덤스	해롤드 H. 헨더슨
로스코 C. 코언	클래런스 S. 호프먼
존 D. 비거	올가 C. 존슨
앨런 D. 클라크	프레더릭 S. 밀러 부인
아치볼드 G. 플레쳐	호러스 H. 언더우드

해외선교본부는 10월 22일 A 그룹 선교사로 윌리엄 N. 블레어, 헨리 W. 램프, 이디스 G. 마이어 양, 해롤드 뵐켈, 해리 A. 로즈를 추가하였다.

해외선교본부는 B 그룹이라 부르는 추가적인 선교사들에 대하여 선교본부에 조언을 하고 선교본부의 대표단의 방한 계획을 수립할 비상 실행위원회를 임명하기로 하였다. 선교본부의 계획은 실행위원회의 감독하에 A 그룹이 선교지를 조사한 후, 선교본부의 대표단이 한국을 방문하여 선교사 및 한국인 지도자들과 논의를 하는 것이었다. 한국에서는 A 그룹 선교사와 비상 실행위원회는 동일인들로 구성되었다.

한편 미국 북장로교회는 북미 해외 선교사 협의회가 파송하는 10명의 선발대에 코언과 플레쳐를 포함시켰다.

한국 선교부의 재조직

아치볼드 G. 플레쳐, 로스코 C. 코언, 헨리 W. 램프, 에드워드 애덤스, 해롤드 뵐켈, 해리 A. 로즈 및 윌리엄 N. 블레어로 구성된 비상 실행위원회는 1946년 10월 2일 서울에서 첫 회의를 개최하였으며, 이후 매달 정기적으로 만났다. 램프는 청주, 뵐켈은 안동, 애덤스와 블레어는 대구, 그리고 나머지 선교사들은 서울로 배정되었다. 여자 선교사는 1947년 봄까지 한국에 들어오지 못하였지만, 미군이 철수하면서 주택 문제가 해결되자 들어오기 시작하였다.

1947년 7월 선교본부의 대표단이 방한하였고, 1947년 10월 22일 해외선교본부가 한국 선교부의 재건을 결정함에 따라 1948년 1월 21일과 22일 서울에서 미국 북장로교회 한국 선교부의 재조직 회의가 개최되었는데, 30명의 회원이 참석하였다.

3) 미국 남장로교회[7]

미국 남장로교회 선교사 중에서 가장 먼저 내한한 선교사는 로버트 M. 윌슨이었다. 미 군정의 '초대'로 1946년 1월 15일 서울에 도착한 그는 전국의 나병 환자 업무를 맡았고, 순천에 본부를 설치하였다.

미국 남장로교회는 북미 해외 선교사 협의회가 파송하는 10명의 선발대에 D. J. 커밍과 윌리엄 A. 린튼을 포함시켰는데, 이들은 7월 1일 입국하여 각각 전남과 전북 지역의 학교와 교회를 둘러보고 윌슨과 함께 선교부 조사위원회를 구성하여 선교본부에 선교 정책을 건의하였다.

4) 미국 감리교회[8]

미국 감리교회의 선교사들도 미 군정과의 긴밀한 관계 속에 입국하였다. 프랭크 W. C. 윌리엄스는 군정청 농무부에서 근무하였고, 곤명에서 OSS 장교로 근무하던 웜스도 1946년 초 하지의 부관으로 합류하였다. 또한 헨리 G. 아펜젤러의 아들인 헨리 D. 아펜젤러는 1946년 2월 미국 국무부 경제사절단의 일원으로 입국하였다. 또한 남감리교회 선교사이었던 제임스 E. 피셔는 1946년 1월부터 미 군정의 관리로 근무를 시작하였다.

미국 감리교회는 북미 해외 선교사 협의회가 파송하는 10명의 선발대에 아서 L. 베커, 블리스 W. 빌링스와 앤더스 K. 젠슨을 포함시켰다. 10명의 선발대 중 빌링스가 1946년 4월에 입국하였고, 나머지 두 명과 로이드 H. 스나이더가 여름에 입국하였다. 이후 1948년까지 45명의 감리교회 선교사들이 내한하였다. 이들은 선교본부의 지시로 한국 선교부를 조직하지 않았다.

---

7) 안종철, 미국 선교사와 한미관계, 1931~1948(서울, 한국기독교역사연구소, 2010), 268쪽.
8) 안종철, 미국 선교사와 한미관계, 1931~1948(서울, 한국기독교역사연구소, 2010), 268쪽.

5) 캐나다 연합교회[9]

캐나다 연합교회는 북미 해외 선교사 협의회가 파송하는 10명의 선발대에 에드워드. J. O. 프레이저를 포함시켰다. 플로렌스 J. 머리도 추천되었지만 미 군정이 여자의 입국을 허락하지 않아 취소되었다. 선발대 10명은 1946년 5월 샌프란시스코를 출항하여 6월 말에 한국에 도착하였다. 윌리엄 스콧은 두 번째 선발대의 일원으로 1946년 10월 31일 한국에 도착하였다. 1947년 봄 미 군정은 여자 선교사의 숙소를 할당해 주었다.

캐나다 연합교회는 한국인 타자수, 비서 및 사회 복지사들을 확보하였고, 1947년 7월 29일 머리, 아다 샌들 및 엘다 대니얼스, 12월 초 도로시 맥베인, 성탄절 즈음에 프레이저와 스콧의 부인이 도착하였고, 1948년 불러 번즈, 1949년 애니타 로즈가 도착하여 여자선교회의 6명과 해외 선교본부의 4명(부인 포함) 도합 10명의 진용을 갖추었다.

3. 조선 기독교 교육 협동재단

1) 역사적 배경

(한국) 교육연맹 및 교육 평의회

한국을 식민지로 만든 일제는 교육과 관련된 법령들을 공표하였다. 이에 여러 교파의 선교부는 공동 대처를 위하여 1911년 4월 8일~10일 평양에서 미국 북장로교회, 남장로교회, 미국 남감리교회, 북감리교회, 캐나다 장로교회, 호주 장로교회의 한국 선교부 대표로 구성된 (한국) 교육연맹(Educational

---

9) 캐나다 연합교회의 복귀에 관해서는 다음을 참고할 것. J. Greigh McMullin, A History of the Canadian Mission to Korea(Belleville, Guardian Books, 2009), pp. 711~728.

Federation)을 조직하였다.10) 이 연맹은 효율적인 교육 선교 활동과 총독부 교육 부서와의 원활한 관계를 유지하는 데 설립 목적을 두었으며, 선교부의 교육과 관련된 모든 업무를 관장하였다. 설립 당시 큰 논란이었던 서울의 연합기독교대학의 설립 문제도 연맹이 조정할 수 있는 일 중의 하나이었다.

연맹의 사업을 실행하기 위해 교육 평의회(Educational Senate)도 구성되었다. 교육평의회는 각 교파에서 파견한 5년 임기의 위원들로 구성되었고, 매년 5분의 1씩 교체하였다.

한국 교육 연석 위원회와 조선 기독교 교육 협동재단

대학 설립을 두고 선교지 한국에서 여러 교파의 대표로 구성된 교육연맹과 교육평의회가 구성되자 미국, 캐나다 등에 소재한 선교본부 사이에서도 그들 사이의 의견 교환과 협조를 위한 협의체 구성의 필요성이 대두되었다. 이 협의체의 목표는 선교지 한국의 전반적인 교육 정책을 심의하고 필요한 재정을 확보하는 방안을 마련하는 것이었으며, 현지의 구체적인 사업은 교육연맹과 교육평의회가 담당하게 하였다.

1912년 초 비공식적인 협의 모임이 개최되었다. 이를 위해 당시 한국에서 가장 활발하게 선교 활동을 벌이며 대학 문제의 가장 중요한 당사자이었던 미국 북장로교회의 브라운 총무가 적극 나섰다. 그는 미국 북감리교회의 애드너 B. 레너드(Adna B. Leonard) 총무, 남감리교회의 에드윈 D. 쿡(Edwin D. Cook) 총무, 캐나다 장로교회의 로버트 P. 매케이(Robert P. Mackay) 총무, 미국 남장로교회의 새뮤얼 H. 체스터(Samuel H. Chester) 총무, 호주 장로교회의 프랭크 H. L. 페이튼(Frank H. L. Paton) 총무, 기독 청년회 국제위원회의 찰스 W. 모스(Charles W. Morse) 등과 긴밀하게 연락을 취하였다. 특히 호주 장로회는 물리적인 이유로 회의에 참석할 수 없었지만 적극적으로 참여하겠

---

10) Horace G. Underwood, Bliss W. Billings, The Educational Foundation. The Korea Mission Field 7(6)(June, 1911), pp. 167~170.

다는 의사를 표명하였다. 결국 예비회의가 1912년 6월 27일 개최되었다.

1912년 12월 27일 브라운은 한국에서 활동하는 미국의 선교본부 총무들에게 편지를 보내 대학의 위치와 관련하여 한국의 선교사들이 서울과 평양으로 양분되어 있는 상황을 해결하기 위해 조속히 한국 교육 연석 위원회(Joint Committee on Education in Korea)를 구성할 것을 요청하였다.

1915년 조선 기독교 대학이 개교한 후, 연석위원회는 1918년 조선 기독교 교육 협동재단(Cooperating Board for Christian Education in Chosen)으로 재탄생하였는데, 협동재단의 주목적은 세브란스 의학전문학교와 연희전문학교 (조선 기독교 대학)의 후원이었다.

2) 조선 기독교 교육 협동재단의 활동

위에 설명한 바와 같이 1947~48년에 속속 한국에 도착한 각 교파의 선교사들은 자신이 소속된 선교부의 재건과 관계없이 한국 교회 및 관련 기관들의 재건을 위하여 온 힘을 기울였다. 이들의 일제에 의해 추방되기 이전에 활동한 지역에서 선교 활동의 복구에 나섰다. 이들 중 일부는 교파와 관계없이 연합 교육기관인 세브란스와 연희의 재건을 위해 활동하였다. 모든 활동은 조선 기독교 교육 협동재단을 통해 이루어졌다.

조선 기독교 교육 협동재단은 제2차 세계대전이 끝난 후 처음으로 1946년 4월 25일 개최된 연례회의에서 장비와 부품 구입을 위한 세브란스의 지원 요청에 대하여 장로교회 선교부가 협동재단에 15,000달러를 마련해 주도록 요청하기로 투표로 결정하였다. 또한 협동재단은 기회가 주어지면 보내기 위하여 선교지와 논의하여 15,000달러 내에서 장비와 부품을 구입하도록 투표로 결정하였다.

1948년 4월 26일 개최된 연례회의에서는 세브란스의 재건을 위하여 장로교회와 감리교회 선교본부가 각각 25,000달러를 마련하며, 다른 선교본부들도 기여해 줄 것을 요청하기로 결정하였다.

3) 미국 북장로교회의 지원

미국 북장로교회는 제2차 세계대전의 종전이 가시화되던 1945년 3월 19일 선교본부 회의를 개최하여 '존 L. 세브란스 기금'과 '세브란스 병원 및 의학전문학교 기금'에서 발생하여 적립되어 있던 이자 수익 48,873달러 97센트는 한국에서 선교 활동이 재개되고 선교부가 분명한 결정을 내려 사용하도록 투표로 결정하였다.

당시 한국에서 선교본부로 보낸 편지에 의하면 세브란스의 상황은 다음과 같았다.[11]

> "세브란스 측이 기존 건물의 전반적인 수리나 새 건물의 건축을 위한 큰 액수를 요청하지 않는 것이 놀랍지만, 청소, 페인트 칠, 바닥 손질, 거의 사용할 수 없는 상태에 있는 침상, 유리의 교체 등에 상당히 많은 금액이 필요하다고 확신하고 있습니다. 이 중 상당한 금액이 현재의 급수 사정을 개선하는 데 사용되어야 합니다. (……) 이러한 것들은 15,000 내지 20,000엔으로 해결할 수 있습니다."
>
> "현재 병원에는 침상이 200개이며, 최근 평균 입원 환자 수는 180명, 의학교 등록생은 140명입니다."
>
> "린넨, 담요, 가운, 재봉틀과 현미경 등의 병원 보급품이 완전히 고갈되어 그들은 아무 것도 갖고 있지 않습니다. 다른 많은 품목들도 대단히 부족합니다."
>
> "세브란스 측은 공터에 새로운 외래 건물의 건축을 원하고 있습니다. 어제 밤에 비거 박사는 구내를 한 번만 살펴보면 긴급히 필요한 것들을 납득시킬 수 있을 것이라고 언급하였습니다. 현재 건축 비용을 견적하는 것은 가능하지 않습니다. (나는 1달러당 100엔의 환율로 계산하였을 때 5백만 내지 1천만 엔이 필요하다고 판단하고 있습니다.)"
>
> "세브란스의 교장인 최동 박사는 자신이 미국으로 '초청'되어 선교본부와 미국인들 앞에서 세브란스의 상태와 미래에 대하여 제기할 수 있게 되

---

11) J. Leon Hooper(Sec., BFM, PCUSA), Board Circular Letter to the Korea Mission, No. 852(Apr. 9th, 1946).

기를 간절히 희망하고 있습니다. 나는 그러한 초청이 군정에 대한 육군성 경로를 통해 이루어져야 한다고 믿고 있습니다."

미국 북장로교회는 1946년 4월 2일 적립되어 있던 액수 중에서 우선 1만 달러를 의료용품과 장비 구입을 위해 사용하도록 결정을 내렸다. 이후 다음과 같이 여러 번에 걸쳐 세브란스에 대한 지원을 승인하였다.

6월 10일에는 협동재단의 요청으로 세브란스에서 사용할 23,000달러, 즉 서적에 10,000달러(추정), 의료용품에 10,000달러(추정), 그리고 군용 담요 1,000개 비용 3,000달러를 세브란스 병원 및 의학교 기금의 적립금 중에서 사용하도록 승인하였다. 이어 1948년 8월 11일에는 세브란스 의학전문학교와 한국 선교부 재무의 요청으로 23,750달러를 승인하였다. 1949년 5월 15일에는 한국 선교부의 실행 위원회가 세브란스의 재건을 위하여 요청한 2,932.95 달러를 승인하였다.

이와 같은 세브란스에 대한 재건 노력은 1950년 6월 한국전쟁의 발발로 다시 시련을 겪게 되었다.

제8장

대한민국 정부 수립과 세브란스

1. 이용설 제5대 학장의 취임

1) 이용설 학장

1948년 8월 15일 미 군정이 끝나고 대한
민국 정부가 수립되었다. 이와 함께 세브
란스에서도 변화가 나타났는데, 해방 후
의 혼란기에 학교를 정비하고 대학으로 승
격시켰으며, 김충식의 기부를 이끌어낸 최
동 교장이 사임한 것이다.

후임 교장으로는 과도정부에서 보건후
생부장의 책임을 맡았던 이용설, 당시 부
학장인 김명선, 그리고 당시 국회의원이
던 이영준 등이 물망에 올랐지만, 9월 18
일 오후 4시에 개최된 이사회에서 이용설
로 내정되었다.

그림 2-12. 이용설 제4대 학장. 동은
의학박물관 소장.

제5대 학장의 취임식은 11월 13일 토요일 오후 2시 거행되었으며, 취임식이 끝난 후 임시 동창회가 열렸다.

참고로 이용설이 학장으로 취임할 즈음인 1948년 7월 15일 현재 남한의 다른 의과대학의 현황은 다음과 같았다.

	본과	예과	졸업생	
세브란스	260명	198명	98명	
국립 서울대학교	485	65	113	
여자의과대학	225	183	48	
대구의과대학	283	0	37	(49년부터 예과 시행)
광주의과대학	239	99	33	
이화여대 행림원	49	84	0	

2) 1949년 9월 당시의 교직원

이용설이 학장으로 취임하고 1년이 경과한 1949년 9월 현재 세브란스 의과대학의 교직원은 다음과 같았다.

학장	이용설			
부학장	김명선			
목사	김경종			
해부학	부교수	정일천	부교수	최금덕
생리학	교수	김명선, 이병희	강사	임의선
생화학	교수	김상민	부교수	차영선[1]
미생물학	부교수	유 준[2]		
기생충학	교수	한경순		
약리학	교수	이세규	부교수	이우주
병리학	교수	홍황룡	부교수	윤일선
	강사	김동식[3]		
위생학	교수	심상황		
법의학	교수	최 동		
내과학	교수	심호섭	부교수	조광현, 이보영
외과학	교수	이용설, 박용원	부교수	노형진
	조교수	조명제	강사	이원명
산부인과학	교수	설경성	강사	황태식[4]

소아과학	교수	조동수	부교수	서정주
안과학	교수	최재유	강사	최창수
이비인후과학	교수	이병현	부교수	정기섭
피부비뇨기과학	교수	이상요		
방사선과학	강사	김종해5)		
치과학	교수	박용덕	강사	이동섭

예과

교수 　　김종흡(심리학, 윤리학), 김면오(영어), 김인완(생물), 윤일
　　　　　병(물리), 이영우(화학)

조교수 　윤익병(생물), 한성일(체육)

강사 　　최윤식(기하), 신영묵(미적분), 김내수(화학), 곽복록(독일
　　　　　어), 이창식, 이만갑

3) 연구 증진 계획

이용설 학장은 각 교수 밑에 5명의 과원과 5명의 무급 연구생(대학원생)을
두어 연구를 진흥시키려는 계획을 세웠다. 그리고 이들의 연구 결과에 따라
학위 수여나 외국 유학을 여부를 결정하기로 하였다. 하지만 이것은 계획이
었을 뿐 실제로 실행되기에는 풀어야 할 문제가 산적해 있는 상황이었다.

---

1) 차영선은 1939년 졸업한 후 당직의사로 근무하다가 생리학교실의 조수로 근무하였으며, 1944
년 3월 강사에 임명되었다. 1944년 10월부터 나고야 대학 의학부, 교토제국대학 의학부에서
생리학을 연구하였으며, 1945년 7월 모교 생화학교실에서 근무를 시작하였고, 1946년 12월 조
교수로 임명되었다.

2) 유준은 1941년 경성의학전문학교를 졸업하고, 큐슈(九州)제국대학 의학부 미생물학교실의 연
구원으로 임명되어 1944년 6월까지 근무하였다. 1944년 10월 경성 삼청동의 세균검사소의 결
합부 책임자로 임명되었으며, 1945년 10월부터 경성대학 의학부 미생물학교실에서 강사와 조
교수로 근무하다가 1947년 5월 세브란스 미생물학교실 조교수에 임명되었다.

3) 김동식은 1942년 졸업하고 병리학교실에 입국하여 1948년 5월 강사로 임명되었다.

4) 황태식은 1942년 졸업하고 모교 산부인과를 전공하고 충주의원 산부인과에서 근무하였다. 해
방이 된 후인 1946년 4월 모교 조수로 임명되었으며, 1948년 3월 강사로 임명되었다.

5) 김종해는 1943년 오사카고등의학전문학교를 졸업하고 해방과 함께 귀국하여 전재동포구제회
의료반에서 근무하다가 1947년 사직하고 세브란스 방사선과의 강사로 임명되었다.

4) 1948년 7월의 미 군정 보고서

미 군정은 대한민국 정부가 수립되기 전인 1948년 7월 당시의 남한의 의과 대학에 대한 보고서를 작성하였는데, 세브란스에 대한 항목의 내용은 다음과 같았다.

세브란스 의과대학은 한국에서 가장 오래된 의과대학이다. 이 학교는 서양 의학 교육의 높은 수준을 유지하기 위하여 항상 노력해 왔다. 이 학교 는 많은 기독교 신자 졸업생을 배출하였다. 이 학교는 최고의 시험 체계와 사무실의 기록 체제를 갖추고 있다. 그들은 또한 다른 학교에 비하여 학생 들이 강의에 더 규칙적으로 출석하고 학업에 더 집중하도록 하는 데 성공 해 왔다.

교과 과정의 첫 2년은 다소 구술 강의들로 이루어져있다. 기초 의학 과 정의 실습은 실습 물품의 부족 때문에 현재 부실한 상태에 있다. 병원에서 의 임상 교과 과정인 마지막 2년은 매우 훌륭하다. 병원 공간이 부족하기 때문에 3, 4학년 학생들의 임상 강의와 실습을 위하여 철도 병원을 협력 병원으로 사용하고 있다.

의과대학과 병원의 건물들은 필요한 수리를 할 자금의 부족으로 노후해 있다. 전쟁 기간과 과도기 동안 한국인 후원자들이 학교에 재정 지원을 하 여 현재 에비슨관이라고 부르는 기초 의학을 위한 2층 건물을 건축하였다. 1948년에 미 군정청 보건후생부를 통하여 6백만 원의 특별 보조금이 지출 되었다.

건의

현재 전쟁이 종료되고 선교사들도 한국으로 되돌아 왔기 때문에(그들의 일부는 세브란스 의과대학의 교수직으로 복귀 희망을 표시한 바 있다), 나는 세브란스 의과대학이 훌륭한 기독 의사를 계속 양성할 계획을 세워야 하며, 그러한 모험적 사업의 성공은 의학 분야의 교육을 받은 선교사와, 그 리고 선교본부 및 그 학교의 한국인 당국자들과의 조화로운 협동에 달려 있다고 생각한다.

2. 1948학년도의 학사 일정

1) 1948학년도의 신입생

1948학년도에 입학한 학생들은 2년의 예과 과정을 끝내고 1950년 본과 진입을 앞두고 있었다. 하지만 한국전쟁이 발발하면서 큰 시련을 겪었다. 흩어진 학생들은 다음과 같이 본과 1학년을 마쳤다.

1950학년도	광주전시연합대학	2명	대구전시연합대학	1명
	부산전시연합대학	3명		
1951학년도	대구전시연합대학	1명		
세브란스	1951학년도 7명	1952학년도 3명	1953학년도 2명	

이상과 같이 기록이 확인된 19명 중에서 1학년 과정을 1950학년도에 마친 학생은 6명에 불과하며, 이들은 모두 전시연합대학에서 과정을 마쳤다. 8명은 1년을 쉬고 1951학년도에 마쳤으며, 그 이후에 마친 학생도 5명이 있었다. 본과 2학년 과정은 다음과 같이 마쳤다.

1951학년도	광주전시연합대학	2명
	대구전시연합대학	2명
	부산전시연합대학	3명
세브란스	1952학년도	10명
	1953학년도	3명
	1954학년도	1명

본과 3학년 과정은 모두 세브란스에서 마쳤는데, 다음과 같았다.

1952학년도	7명
1953학년도	10명
1954학년도	3명
1955학년도	1명

본과 4학년 과정을 마치고 졸업한 학생은 다음과 같았다.

1954년	6명
1955년	11명
1956년	3명
1957년	1명

2) 1948학년도의 강의

1948학년도에는 예과 1학년, 예과 2학년, 전문부 3학년, 4학년, 본과 1학년
(의예과 1회 수료 학생들), 2학년(1945년 4월 전문부에 입학하였다가 1년의
과정을 마친 후 의예과 2년을 수료한 학생들), 3학년(1944년 4월 전문부에 입
학하였다가 2년의 과정을 마친 후 의예과 2년을 수료한 학생들)의 강의가 진
행되었는데, 1948년 9월 1일 개정된 시간표는 다음과 같았다.

〈예과 제1, 2학년 수업표〉

		1교시	2교시	3교시	4교시	5교시	6교시	7교시	8교시
월	1	화학	화학	영어(김)	영어(김)	화학	화학	독어	독어
	2	독어	독어	생물 실습					
화	1	국어	국어	미적분	미적분	생물	생물	영어(김)	음악
	2	미적분	미적분	국어	국어	영어(김)	영어(김)	체육	체육
수	1	물리	물리	기하	기하	영어(최)	영어(최)	생물	생물
	2	생물	생물	물리	물리	기하	화학 실험		
목	1	윤리	윤리	체육	체육	물리	물리		
	2	생리	생리	화학	화학	영어(김)	영어(김)		
금	1	독어	독어	화학 및 생물 실습					
	2	물리	물리	독어	독어	철학	철학	영어회화	
토	1	영어(김)	영어(김)	심리	심리				
	2	화학	화학	영어(최)	영어(최)	사회학	사회학		

* 1교시, 8:30~9:20; 2교시, 9:20~10:10; 3교시, 10:20~11:10; 4교시, 11:10~12:00; 5교시, 12:40
~1:30; 6교시, 1:30~2:20; 7교시, 2:30~3:20; 8교시, 3:20~4:10

〈전문부 제3, 4학년 수업표〉

		8:30~10:00	10:10~11:40	1:00~2:30	2:40~4:10
월	3	소아과(서)	내과(이)	내과(한)	외과(노)
	4	임상 실습		내과(이)	소아과(조)
화	3	안과(최)	이과(이)	처방학(이)	정신병과(최신)
	4	임상 실습		내과(조)	피부과
수	3	외과(노)	영어(신)	소아과(조)	피부과
	4	내과 임상(한)	임상 실습	법의학(최)	외과 임상(노)
목	3	부인과(설)	위생학(심)	내과(조)	비뇨과
	4	임상 실습		이과	
금	3	산과(정)	위생학	외과(노)	병리(윤)
	4	안과	임상 실습	비뇨과	외과 임상(박)
토	3	위생학	신경과(조)	병리 실습(홍)	
	4	산과(정)	임상실습	소아과(서)	

〈학부 제1, 2, 3학년 수업표〉

		8:30~10:00	10:10~11:40	1:00~2:30	2:40~4:10
월	1	해부	해부조직	해부 실습	해부 실습
	2	생리(김)	약리	외과 총론	피부과
	3	소아과	영어(F.)	영어(신)	외과
화	1	해부	생화학	생화학	생화학
	2	기생충	병리	생리 실습	병리 실습
	3	안과	이과	내과	정신병과
수	1	해부	생화학	생화학	생화학
	2	국소 해부	-	-	미생물 실습
	3	외과	처방학	소아과	피부과
목	1	해부	생화학	생화학	
	2	생리	약리	병리 실습	병리 실습
	3	위생학	산과	내과	신경학
금	1	해부	해부조직 실습	해부 실습	해부 실습
	2	국소 해부	약리	병리	미생물학
	3	위생학	부인과	외과	병리
토	1	해부조직	체육		
	2	병리	외과 총론		
	3	위생학	비뇨기과	내과	병리 실습

3) 개교 65주년 기념식

창립 65주년 기념식이 1949년 5월 14일 토요일 오전 9시부터 열렸으며, 근속자 표창식에 이어 웅변대회와 운동회가 개최되었다.

4) 제39회 졸업식

1949년 6월 11일 토요일 오후 2시, 77명이 제39회로 졸업하였다. 졸업에 앞서 3월 27일 정동제일교회에서 졸업생들은 물론 동창들도 참석한 가운데 졸업예배를 드렸다. 졸업식에 이어 오후 4시에는 동창회가 개최되었다.

졸업생들의 대부분인 68명은 1945년 4월 입학하였던 학생들이었지만, 1944년 4월 입학생이 7명, 1943년 4월 입학생이 2명이었다. 이들이 졸업하던 당시 한국 사회는 전문학교를 졸업하였더라도 취직이 되지 않는 심한 실업난을 겪고 있었다.[6]

> 건국 초창기의 혼돈된 사회는 2백여 만을 헤아리는 실업자의 갈 바 방향을 가르쳐 주지 못 했고 민생 문제 해결에의 길은 이로 인하여 또한 갖은 애로에 부닥쳐있거니와 명실을 구비한 전문대학의 졸업생 청년이 국가의 중견으로서 일할 기회를 얻지 못하고 있어 중대한 시사를 주고 있다. 즉 금년도의 전국 대학 학부, 전문부의 졸업생 총수는 3,700여 명에 달하고 있는데, 그중에서 졸업 직후 취직한 사람은 의과대학의 130명을 비롯한 여자 의대, 세브란스 의과대학 졸업생 등 도합 350명의 의과(醫科) 출신과 서울과 대구의 양 사범대학 학부를 졸업한 83명의 중등 교원, 서울의 조양(朝陽) 보육 사범학교, 서울 고등 가정(家政) 학교, 서울 가정 보육 사범학교 등의 졸업생 중 70여 명의 여자 교원으로 도합 503명에 불과한 현상이라 한다. 그리하여 나머지 3천여 명 중 대부분이 극심한 취직난에 봉착하고 있는 터인데, (……)

---

[6] 最高學府를 나와서도 就職難은 매 一般. 조선일보(1949년 7월 25일), 조간 2쪽.

3. 1949학년도의 학사 일정

1) 1949학년도의 신입생 모집

1949학년도에는 연희대학교에서 의예과 학생을 선발하기로 합의되었지만 문교부의 승인이 늦게 나면서 종전대로 모집할 수밖에 없었다. 6월 12일 개최된 전국 대학장 회의에서는 각 대학의 입시를 1부와 2부로 나누어 실시하되, 1부는 6월 21일부터 24일 사이에, 2부는 7월 1일부터 4일 사이에 실시하기로 결정하였다. 각 학교의 입시 일정은 다음과 같았다.

> 1부: 국립 서울대학교, 연희대학교, 고려대학교, 이화여자대학교, 세브
> 란스의대, 중앙대학, 단국대학, 대구농대, 서울여의대, 숙명여대,
> 부산인문과대학, 부산수산대학, 대구의대, 조선대학, 춘천농대
> 2부: 동국대학, 성균관대학, 서울예대, 한양공대, 청주상대, 국학대학, 신
> 흥대학, 성신대학, 공주사범대학, 이리농대, 진주농대, 대구대학, 동
> 아대학, 광주의대, 대구사대

이와 같이 연희대학교는 1949학년도 의예과 신입생을 모집하지 못하였지만, 예과 2학년은 연희대학교에서 강의를 받은 것 같다. 연희대학교 1949년도 재학생 통계표에 의예과 학생이 54명인 것으로 기록되어 있기 때문이다. 54명 중 48명이 1950년 5월 의예과를 수료하였다.

2) 1949학년도의 강의

1949학년도에는 전문부 4학년(1946년 4월 전문부에 입학한 학생들), 그리고 본과 1학년, 2학년, 3학년(1945년 4월 전문부에 입학하였다가 1년의 과정을 마친 후 의예과 2년을 수료하고 1948년 9월 2학년으로 편입하였던 학생들), 4학년(1944년 4월 전문부에 입학하였다가 2년의 과정을 마친 후 의예과

2년을 수료하고 1948년 9월 3학년으로 편입하였던 학생들)의 강의가 진행되었는데, 다음과 같았다.[7]

전문부	4학년	법의학학, 내과학, 외과학, 산부인과학, 소아과학, 피부비뇨기과학, 안과학, 이비인후과학, 정신과학, 방사선과학, 신경과학
본과	1학년	해부학, 조직학, 생화학, 의학사, 체조
	2학년	국소해부학, 생리학, 미생물학, 병리학, 기생충학, 약리학, 진단학, 외과총론
	3학년	위생학, 병리학, 내과학, 외과학, 소아과학, 피부비뇨기과학, 이비인후과학, 안과학, 산부인과학, 신경과학, 처방학
	4학년	법의학, 내과학, 외과학, 산부인과학, 소아과학, 피부비뇨기과학, 안과학, 이비인후과학, 정신과학, 방사선과학

1950년 2월 28일 당시 학생 수는 1학년이 58명, 2학년이 59명, 3학년이 39명, 4학년이 71명으로 모두 227명이었다.

3) 제40회 졸업식

1950년 6월 17일 66명이 제40회로 졸업하였다. 이들의 대부분인 57명은 1946년 입시에서 마지막 전문부로 입학한 학생들이었다. 그런데 66명 중에는 1944년 4월에 입학하여 2년의 전문부 과정을 마치고 의예과로 편입하였던 김재전, 김창성 및 유기묵이 2년의 과정을 마친 후 본과 3학년에 편입하였다가 1950년 처음으로 학부를 졸업하였다.

불과 1주일 후에 한국전쟁이 일어날 줄 예상도 못하였던 이들의 졸업 후

---

7) 예과 1학년과 2학년의 강의에 대해서는 확인하지 못하였다.

꿈은 어떠하였을까?[8]

맞아줄 사회를 그리며 ④ 상아탑을 나서는 학사들
태반이 임상 실습을 희망
무의촌에 간다는 갸륵한 "인의(仁醫)"도 (……)
세부란시 의대

　지방에서는 의사가 부족하여 야단법석을 하는 판국이니 졸업과 일시에
의사 면허를 타 가지고 나오게 되는 의학사들을 받아드릴 곳은 너무 많아
걱정이라고 해도 좋을 것이다. 그러면 금춘에 약 칠십 명의 의학사를 배출
할 세브란스 의과대학의 학생 동태는 어떠한 것일까? 약 칠십 명의 졸업
예정자중 학부 졸업생은 단 3명이고 나머지는 전부 전문부 졸업생이라 하
니 그 이유는 학자난인지 면허장을 탈 수 있는 한도에서 최단 코스를 가자
는 것일까? 그러나 그렇지도 않은 모양이다. 물론 전문부만 졸업해도 면허
장은 수여되지만은 그것만으로는 학력도 학력이려니와 경험과 기술에 있
어 부족을 통감하기 때문에 큰 병원의 당직의사로 이삼 년간 실무 견습을
하겠다는 것이 공통된 의견인 상 싶다. 그리하여 대부분은 관계 관청 혹은
연구소 혹은 큰 병원에 가서 조수 노릇을 하겠다는 것인데 동 대학 부속병
원에 남아 있게 될 인원은 전수의 약 3분지1 가량이라 한다. 그리하여 모교
에서 수용되지 못하는 학생들을 적십자병원, 교통병원, 여의대 병원 등 종
합 병원에 들어가고자 개인적인 운동을 전개하고 있다는 것이다. 그리고
물론 의학사라는 특수부면을 전공한 사람 중에도 왕왕 얼투당투 않은 방향
으로 직업 전환을 하는 데도 없지 않건만 이번에는 그런 학생은 없는 모양
이다. 그리고 보면 결국 금년에 학창을 나설 이학사들은 취직난이 우심한
이때에도 인문 계통의 학사들에 비하면 누가 좀 좋은 자리를 택하느냐의
정도 문제를 제외하고는 받아드릴 사회에 대하여 원망도 울려도 없는 모
양이다. 그것은 만약에 불경의 할경순 일지라도 의사 없는 시골에 내려가
서 개업만 한다면 선생님으로 충분히 통할 수 있을 것이다. 그러나 역시청
년의 정열과 학도의 기개를 가진 그들을 아직까지는 굳은 결의로 교문을
나서려는 모양이다. 그들은 대다수가 연구실을 통하여 공부를 더하리라고
하는데, 혹자는 당장 무의촌에 가서 의학도의 맡은 바 중임을 다 하려는

---

8) 맞아줄 社會를 그리며 ④ 象牙塔을 나서는 学士들. 조선일보(1950년 3월 25일), 조간 2쪽.

그림 2-13. 제40회 졸업생들과 교수진. 뒤에 남대문 교회가 있다. 동은의학박물관 소장.

의사를 표명하고 있으니 도시에만 집중하고 자칫하면 인술(仁術)보다도 황
금에 치중하는 선배의 학자 혹은 의학박사보다 시대가 달라져서 올바른 길
을 가려하는 것일까? 매정한 이 사회 찬바람의 시달림을 덜 받은 탓일까?

4. 학생 활동

1) 제주 위문대 파견

세브란스의 기독학생회는 여름 방학 무의촌 진료사업을 위하여 이병희 본과 과장을 대장으로 직원 2명, 학생 10명으로 구성된 진료팀을 구성하여 1949년 8월 4일 제주도로 떠났다. 당시 제주도는 4·3 사건으로 처참한 상황에 있었고, 제주도 도민들의 절실한 요망과 동포애로서 당국과 일반 사회의 적극적인 지원하에 시행되는 것이었기에 그 의의가 더욱 컸다.

2) 기독학생회의 기금 모금

기독학생회는 1948년 12월 12일 다음과 같은 담화를 발표하였다.[9]

> 완전한 자주 독립의 해인 무자년(戊子年)도 '메리 크리스마스'를 맞이하면서 저물어 가고 있다. 감격과 소망에 넘치는 이 해의 크리스마스는 여느 해의 그것보다도 더 기쁘게 맞이할 것이나 우리들은 어디까지나 기독 정신을 발로시키는 동시에 이 시국의 적실한 현상과 요구를 적시 당청하여 종래의 모든 관습적인 것에서 이탈하여 이 해의 크리스마스 행사는 예년과 같이 거액을 드려 번화 다채롭게 하는 것을 폐지하고 성의와 노력으로서 금번 불의의 참변을 당한 남쪽의 동포들에게 모든 사랑과 의생과 봉사를 드리고자 한다. 만천하 동포 여러분은 이에 단연 참가하여 큰 힘이 되어주기 바란다.

기독학생회의 행사를 간소하게 치르고 불의의 참변을 당한 남쪽(제주도) 동포들을 돕겠다고 알리며, 국민들의 참여를 호소한 것이었다. 기독학생회는 12월 13일부터 18일까지 1주일 동안을 크리스마스 주간으로 정하고, 선배, 사회유지들로부터 큰 추위를 앞둔 수많은 전재민들을 위한 구제금 모금에 나섰

---

9) 世醫大 「基靑」서 送年 談話를 發表. 國際新聞(1948년 12월 14일), 2쪽.

다. 기독학생회는 12월 22일 집계한 모금액 14,330원과 의류품 174점을 23일 국제신문사에 전달하였다.

3) 1948년 성탄 축하 음악회

자유신문사 후원으로 세브란스 음악구락부가 주최하는 성탄축하 음악회가 1948년 12월 17일 오후 6시 반에 정동제일교회에서 개최되었다. 이 음악회는 김기령이 사회를 보았으며, 연주된 곡목은 다음과 같았다.

시편	현정훈, 윤정선
바이올린 독주	반주 윤연경
조곡	성스럽고 고요한 밤(정희석 편)
남성 사중창(이영세, 이인규, 김국보, 김기령)	
피아노 독주	김광수

그림 2-14. 1948년 12월 17일 정동제일교회에서 개최된 성탄 축하 음악회에서 공연하는 세브란스 남성 4중창단. 김영호 소장.

이외에도 구주 나심, 오 베들레헴 작은 성(城)아, 첫 번 크리스마스, 아베마리아, 영광, 치하하세, 할렐루야 등의 합창을 비롯하여, 여성 2중창, 혼성 4중창, 이인선 동창의 테너 독창 등의 호화로운 프로그램으로 큰 성황을 이루었다고 한다.

4) 1949년 성탄제

예년과 같이 1949년 12월 21일 저녁 배재학당에서 음악, 연극 등으로 구성된 호화로운 성탄제를 개최하였는데, 그 구체적인 내용은 알려져 있지 않다.

5) 고려예술좌의 발족

1949년 1월 세브란스 의과대학 예술단은 극단 국립대학극장(國立大學劇場)과 함께 새로운 학생 연극의 방향을 지향하고, 진정 극예술의 초석이 되겠다는 목표로 고려예술좌(高麗藝術座)를 발족하였다.[10] 대표는 정택수, 각부 책임자는 강준상이었다.

예술좌의 창립 기념 첫 공연은 3월 22일부터 5일 동안 중앙극장에서 개최되었는데, 상연 작품은 헨리크 J. 입센(Henrik Johan Ibsen, 1828~1906) 작, 김기영(金綺泳, 1919~1998) 연출의 '유령(幽靈)', 그리고 샤를 빌드라크(Charles Vildrac, 1882~1971) 작, 김희태(金熙泰) 연출의 '상선(商船) 테니시티'이었으며, 이 작품들은 모두 한국에서 초연된 것들이었다.

---

[10] 高麗藝術座서 創立 記念 公演. 聯合新聞(1949년 3월 22일), 4쪽.

5. 연구 및 연수

1) 대한의학협회 학술대회

광복이 된 지 불과 2일 만에 서울에서 활동하던 의사 약 400명이 모여 전국 규모의 건국의사회(建國醫師會)를 결성하였는데, 이용설이 위원장으로 선임되었다. 건국의사회가 가장 먼저 착수한 것은 일본인이 운영하던 각 종합병원과 의사회를 접수하는 일이었으며, 군정청의 요청에 의하여 남조선 위생고문으로 이용설을 추천하였다.

건국의사회와 별도로 9월 19일 각 의학교에 재직하는 교수들을 중심으로 조선의학연구회(朝鮮醫學硏究會)가 결성되었는데, 윤일선이 위원장으로 선임되었다. 연구회는 나름대로의 학술 발전을 위한 계획을 세웠으나, 심도 있는 논의 끝에 건국의사회와 합동하여 하나의 의사 단체를 구성하기로 하였다. 그리하여 12월 9일 건국의사회와 조선의학연구회가 합동하여 조선의사회가 창설되었지만 회원들의 지지를 얻지 못하고 특별한 활동도 하지 못하였다.

결국 의사들의 대표 단체인 조선의학협회(朝鮮醫學協會)가 1947년 5월 10일 창립총회를 열었고, 동시에 제1차 학술대회를 개최하였다. 조선의학협회는 1948년 1월 의료령에 의한 중앙 의사회로 공인되었고, 그해 8월 15일 대한민국 정부 수립과 함께 대한의학협회(大韓醫學協會)로 명칭을 바꾸었다.

대한의학협회는 1947년부터 매년 학술대회를 개최하였는데, 세브란스 의과대학에서 한국전쟁 시기 이전의 학술대회에서 발표하였던 연제는 다음과 같았다.

〈제1차 학술대회(1947년 5월 10~11일)〉
송태석: 선천성 담도 낭종의 1례. (외과학 이용설)
노형진, 김연복: 아메-바성 간장농양의 통계적 관찰. (외과학)
조명제, 윤복영, 김봉현: 아(我) 외과학교실의 외상 환자의 통계적 관찰,
특히 戰爭 종료 후와의 비교. (외과학 박용원)

이원명: 개방성 전두뇌 손상의 2예. (외과학 이용설)

이우주: 마(蘿) 장애 간장의 출당(出糖) 기능. (약리학 이세규)

구국회: 비타민 B6이 혈청 과민증에 미치는 영향에 관한 실험적 연구. (병리학 윤일선)

김동식: Anthrachinon 및 대황(大黃)이 갑상선, 간장, 위장에 미치는 영향. (병리학 윤일선)

한응수: 조선인이 상용하는 조미료에 대한 각종 병원성 세균의 저항성에 관한 실험적 연구. (미생물학)

유한철: 산업재해에 대한 통계적 관찰 (제1보). (서울)

홍필훈: 정계(精系)에서 발생한 지방종의 1예. (서울운수병원 외과 민광식)

국재남: 마라리아성 비종(脾腫) 1예의 치험예. (서울운수병원 외과 민광식)

이영춘, 김경식, 이봉호: 독사증 환자에 대한 Cepharanthin 요법의 효과. (전북 옥구 조선농촌위생연구소)

윤덕진, 서상무, 강주심, 송정옥: 환경 위생 조사 보고 (제1회). (서울중앙보건소 소장 박병래)

이영춘, 김성환: 농촌 초등학교 아동의 결핵 반응과 교실 내 좌석과의 관계. (전북)

윤덕진, 김상무, 강주심, 송정옥: 유유아(乳幼兒) 사망률 조사 보고 (제1회). 서울중앙보건소 (소장 박병래)

이달호: 상악동염 수술 후 발생된 파상풍 치료 예. (광주의과대학)

장원용: 「메칠 알콜」 중독성 시신경염의 임상적 관찰. (대구의과대학)

〈제2차 학술대회(1948년 5월 28~29일)〉

이병희, 조민행: 삼투압으로 인한 혈액 응고 억제 기전. (생리학)

임의선: Vitamin D 과잉 투여로 인한 내분비선 변화에 미치는 Vitamin C의 영향. (생리학)

임의선: 조선인 뇌척수액의 당(糖)과 Ca, Cl 양. (생리학)

조민행: 2, 3 염류가 동종 적혈구 응집 반응에 미치는 영향. (생리학)

임평기: 색맹 환자가 본 Spectrum상. (생리학)

임평기: 색맹 환자의 1가계 예 및 서울시 국민학교 아동의 색맹율 (초록 보고). (생리학)

이병희: 대흑산도의 상피증. (생리학)

이우주: 마(蘿) 장애 간장의 출당(出糖) 기능 (제2보고). (약리학)

이우주: 전격(電擊) 경련이 가토 혈액상에 미치는 영향. (약리학)

장운섭: 전격(電擊) 경련이 가토 혈당량에 미치는 영향. (약리학)

이우주, 김영우: 전격(電擊) 경련이 가토 뇌척수액 당(糖) 혈액상에 미치는 영향 (제1보고). (약리학)

이우주, 홍사석: 전격(電擊) 경련의 가토 혈청 Ca에 미치는 영향 (제1보고). (약리학)

유준: 조선 나(癩)의 통계적 연구 (제1보). (미생물학)

유준: 조선 나(癩)의 통계적 연구 (제2보). (미생물학)

조선구, 유준: Promin의 조선 나환자에 대한 영향에 관하여. (미생물학)

유준: 나균의 1 신(新) 집균법에 관하여. (미생물학)

양재모, 홍석기: Mask의 방한적 효과에 관한 실험적 관찰. (위생학)

황태식: 반(半) 무심아의 1례. (산부인학)

정태천: 자궁부속기 종양과 흡사한 복막종양의 1예. (산부인학)

유승헌: 충수염을 병발한 거대 난소낭종례. (산부인학)

김정열: 무뇌아의 1예. (산부인학)

박용건: 단(短)제대 예. (산부인학)

김연복, 이장희: 침술 후 전복막염의 2예. (노 외과)

황규철: 소장 중첩증. (노 외과)

이장희: 급성 췌장저(疽)의 1예. (노 외과)

조명제, 유승화, 윤복영: 골관절 결핵의 통계적 관찰. (박 외과)

이승훈: 회충 미입으로 인한 담낭염 1예. (박 외과)

허준, 윤복영: 장관 낭종으로 인한 횡행결장 중첩증의 1예. (박 외과)

이남주: 요로결핵에 관한 실험적 연구(제2보고). 요로점막 내 반응. (피부비뇨기과)

이남주: 수뇨관구의 자동적 운동기능에 관한 실험적 연구 (제1보고). 수뇨관구 주위 조직학적 소견. (피부비뇨기과)

김기수: 피부의 수분 신진대사 기능에 관한 연구. (제1보고) 정상 피부의 수분 신진대사작용. (피부비뇨기과)

김기수: 첨규(尖圭)성 콘지롬에 대한 비관혈적 요법. (피부비뇨기과)

양재홍: 백선에 관한 실험적 연구. (제2보고) 백선태에 미치는 이학적 영향. (피부비뇨기과)

양재홍: 본 교실 과거 10년간의 피부 백선 질환의 통계학적 소견. (피부비뇨기과)

양재홍: 액취(腋臭)와 Formalin Contophorese. (피부비뇨기과)

신시우: 흥미 있는 한국성 공피증 1예. (피부비뇨기과)

서상원, 강준원: 식도 이물의 1 이예(異例). (이비인후과)

차명훈: 비「아렐끼」에 관한 실험적 연구. 특히 산염기평형이 미치는 영향. (이비인후과)

정세기: Panmyelophthise의 1예. (이비인후과)

〈제3차 학술대회(1949년 10월 22~23일)〉

· 기초 종합

차영선, 이근배: 뇌염 환자의 Cl 대사. (생화학)

차영선: 뇌염 환자의 예비 Alkali. (생화학)

이병희: 해녀에 관한 생리학적 고찰. (생리학)

임의선: 혈소판 수의 1 신(新) 산정법. (생리학)

임평기: 번초(蕃椒, 고초) 투여로 인한 실험적 Eosinophilie. (생리학)

장운섭: 구아니딘의 심장 작용. (약리학)

김성전, 김종수(국립방역연구소): 전격(電擊) 경련이 면역체 산생에 미치는 영향. (약리학)

홍사석, 우린근(개성생약연구소): 포리가리-드의 약리 작용. (약리학)

한응수, 오장옥: 마늘의 경구적 투여가 면역체 산생에 미치는 영향에 관한 실험적 연구 (미생물)

유준, 조선구: 조선 나(癩)의 통계적 연구(제3보). (미생물)

유준: 현하(現下) 조선 나(癩)의 방역에 대한 사안(私案). (미생물)

심상황, 양재모, 홍석기: 남녀 동기 복장의 방한 효과에 대하여. (위생학)

홍석기, 양재모: 남녀 하기 복장 및 수 종(種)의 제복의 방서 효과에 대하여. (위생학)

양재모, 홍석기: 한인 상용화(靴)의 방서 및 방한 효과에 대하여. (위생학)

· 임상 종합

차명훈: 비(鼻) 아렐끼에 관한 실험적 연구. 특히 산염기평형이 미치는 영향에 대하여. 제3 알카로-지스 몰몰에 있어서의 비(鼻) 아렐끼성 변화에 대하여. (이비인후과)

윤상하: 금번 유행된 소위 뇌염과 이비인후과적 지견. (이비인후과)

· 내과 분과

이상용: Sulfadiazol과 Sulfadiazine의 위액 산도 배출 시간 및 최고 산도에 이르는 시간적 영향. (내과)

홍순국: 유행성 하기 뇌염 환자의 뇌척수액 소견. (내과)
이상용, 홍순국, 박중성, 이근배: 하기 뇌염 환자의 뇌척수액 소견. (내과)

· 외과 분과
이종륜: 충양돌기염 조기 수술에 관한 경험적 관찰. (노 외과)
주정빈: 충양돌기절제술후 조기 식이 및 운동에 관한 통계적 관찰. (노 외과)
이헌주: 약년자(若年者) 결장암의 1 치험 예. (노 외과)
강중원: 특발성 요삼각 "허-니어. (노 외과)
유승화: 폐결핵증에 시행한 흉곽성형술에 대하여. (외과)

· 산부인과 분과
박용건: 사지 기형의 1예. (산부인과)
황태식, 노경병: 간질부 서관 임신 2예. (산부인과)
김정열: 만기 산욕 자간의 치험 예. (산부인과)
황태식, 손희준: 희유한 거대 난소낭종의 치험 예. (산부인과)

· 소아과 분과
이종완: 농흉의 통계학적 관찰. (소아과)
박종무: 간 "디스토마". (소아과)
서정주: 농촌 위생 조사. 특히 결핵에 대하여. (소아과)
서정주: 1 중학교의 결핵 조사. (소아과)
인명열: 유행성 뇌염의 중간보고. (소아과)
김기현: 유행성 뇌염의 중간보고. (소아과)

2) 발표 논문

해방 이후 한국전쟁이 일어나기 전까지 간행된 잡지는 몇 종에 불과했다. 우선 1947년에 창간된 '조선의학협회회보'는 '대한의학협회잡지'로 이름을 바꾸었으며, 주로 회무나 학술대회 연제가 실려 있다. 하지만 2호만을 간행하였고, 한국전쟁으로 간행이 중단되었다가 1958년이 되어서야 복간되었다.

의학협회와 별도로 창립된 각종 학회 중에서 학술지를 발행한 것은 1949년

10월의 '대한 내과학회잡지'뿐이었다. 이외에 '조선의보', '임상의학' 등 몇 종의 종합 의학 학술지가 간행되었는데, 가장 대표적인 것이 1946년 12월 창간된 '조선의보'이었다.

1945년부터 1957년 연세합동 이전까지 세브란스의과대학에서 발표한 논문은 다음과 같았다.

> 최재유, 최창수: Trachoma와 Weil-felix씨 반응. 조선의보 1(1): 19~25, 1946. (안과)
>
> 송상근: 흥미 있는 합병증을 병발한 소아 간장 농양의 1 치험 예. 조선의보 1(1): 43~53, 1946. (소아과)
>
> 조동수, 서정주: 근위축성 측삭경화증. 조선의보 1(1): 54~62, 1946. (소아과)
>
> 김두종: 조선 의약의 비조. 조선의보 1(1): 66~8, 1946.
>
> 이열, 구국회, 유창현: 조선인의 뇌 중량에 관한 통계적 연구. 조선의보 1(2): 1~17, 1947. (병리학)
>
> 김두종: 일본으로 건너갔던 우리 삼국시대 의학 (이른바 한의방). 조선의보 1(3): 52~64, 1947.
>
> 허 준: 장 관 결절 형성으로 인한 Ileus의 1예. 조선의보 1(4): 57~61, 1947. (박 외과)
>
> 민광식: 「아레르끼」 성 변화에 의한 간장 및 비장의 상관성에 대한 실험적 연구. 특히 산염기평형이 미치는 영향에 대하여. 제1편 건상 가토에 있어서의 「아레르끼」 성 변화에 의한 간장 및 비장의 상관성에 대하여. 조선의보 1(5): 5~21, 1947. (병리학)
>
> 민광식: 「아레르끼」 성 변화에 의한 간장 및 비장의 상관성에 대한 실험적 연구. 특히 산염기평형이 미치는 영향에 대하여. 제2편 「아치도지스」 가토에 있어서의 「아레르끼」 성 변화에 의한 간장 및 비장의 상관성에 대하여. 조선의보 1(5): 21~35, 1947. (병리학)
>
> 민광식: 「아레르끼」 성 변화에 의한 간장 및 비장의 상관성에 대한 실험적 연구. 특히 산염기평형이 미치는 영향에 대하여. 제3편 「알카로치스」 가토에 있어서의 「아레르끼」 성 변화에 의한 간장 및 비장의 상관성에 대하여. 조선의보 1(6): 5~17, 1947. (병리학)

민광식: 「아레르끼」성 변화에 의한 간장 및 비장의 상관성에 대한 실험
　　　　적 연구. 특히 산염기평형이 미치는 영향에 대하여. 제4편 전편
　　　　의 총괄 고안 및 결론. 조선의보 1(6): 17~21, 1947. (병리학)
유승화: 특발성 대망막염의 1예. 조선의보 1(6): 65~8, 1947. (박 외과)
김명선: Pentothal Sodium 마취법. 조선의보 1(7, 8): 38~59, 1947. (생
　　　　리학)
최재유, 최창수: Trachoma의 치료법. 조선의보 1(7, 8): 93~98, 1947.
　　　　(안과)
이응렬: 초창기의 「세브란스 의과대학」. 조선의보 1(7, 8): 99~108, 1947.
　　　　(병리학)
김종완: Sulfonamide 유도체의 용법과 중독 증상. 조선의보 1(9, 10):
　　　　122~30, 1947. (소아과)
윤복영: 급성 원발성 맹장염의 1예. 조선의보 2(1): 26~8, 1948. (박 외과)
조명제, 유승화, 윤복영: 척추 「카리에쓰」의 통계적 관찰. 조선의보 2(2):
　　　　16~21, 1948. (박 외과)
한응수: '김치'의 세균학적 연구. 조선의보 3(1): 1~6, 1949. (미생물)
노형진: 「아렐기」성 변화에 있어서의 간장과 신장과의 상호관계 및 산
　　　　염기평형이 이에 미치는 영향에 관한 실험적 연구. 의학. 병리
　　　　와 임상 1(1): 11~21, 1954. (외과, 병리학)
김영식: 교감신경소의 체온 상승 작용에 관한 실험적 연구. 의학. 병리
　　　　와 임상 1(1): 55~68, 1954. (약리학)
조동수: 소아 경련의 원인과 치료. 의학. 병리와 임상 1(1): 84~9, 1954.
　　　　(외과, 병리학)
이천득: 자궁암 X선 치료. 의학. 병리와 임상 1(1): 107, 1954. (외과, 병
　　　　리학)

3) 최동의 법의 감정

　해방 이후 한국 사회는 테러가 빈발하였고 기타 여러 사건들이 일어났기에
법의 감정이 필요한 경우가 많았다. 최동은 한국 최초로 법의학자로서 사회
적으로 관심이 큰 사건이 일어난 경우 부검 등을 통하여 감정을 시행하는 경
우가 종종 있었다.

대표적인 것으로 1949년 10월 인천에서 일어난 장형두 교수 변사 사건을 들 수 있다.[11] 이 사건은 이종 조카로부터 좌익 계열 지령문을 받은 장형두가 10월 21일 경기도 경찰국 형사대에게 체포되어 구속 취조 중 기절한 채 소생하지 않게 됨으로써 문제가 되었다. 최동은 장형두의 사체를 부검하여 사체 검안서를 작성하였는데, 우측 늑골 2개, 좌측 늑골 6개가 골절되었고, 두개강 내 출혈이 있으며, 얼굴과 둔부에 상처가 있음을 기술하였다. 특히 머리와 가슴의 외상은 치명적으로 인정되었으며, 결론적으로 장형두의 사인이 구속 취조 중 외상에 의한 것임을 밝혔다.

4) 나병 연구

미생물학 교실의 유준 조교수는 한응수 등을 망라하여 나병 시찰단을 조직하고 1959년 여름 방학 2개월 동안 남한 각지의 나병 요양소를 시찰하였다.

6. 세브란스와 연희의 합동 논의 재개

1) 세브란스와 연희의 합동 배경

의료와 교육

130여 년 전 한국에서 본격적인 전도 활동을 벌이기 시작하였던 개신교의 여러 교파(미국 장로교회, 미국 감리교회, 캐나다 장로교회, 호주 장로교회 등)들은 당장 선교에 나설 수 없는 상황에서 '의료'와 '교육'을 앞세웠다.

원래 미국 북장로교회가 단독으로 운영하였던 제중원-세브란스는 1908년 한국 최초의 면허 의사를 배출한 이후, 여러 교파가 의학 교육과 병원 경영에

---

11) 傷害死로 判明 張 氏 變死 事件 後報. 조선일보(1949년 11월 14일), 조간 2쪽.

참여하여 '연합'으로 운영됨으로써 개신교가 앞세웠던 '의료'의 상징적인 기관이 되었다.

연합기독교대학 개교

1912년 당시 배재와 경신이 1년 동안 함께 운영하던 연합대학부와는 별개의 사안임을 전제로 설립이 추진된 서울의 연합 기독교 대학(Union Christian College)은 1915년 개교하였으며, 연희전문학교(영어로는 Chosen Christian College)라는 교명이 붙여졌다. 이렇게 '연합'으로 시작한 연희는 개신교가 앞세웠던 '교육'의 상징적인 기관이었다고 볼 수 있다.

여기서 중요한 것은 당초 연합기독교대학의 설립이 추진되었을 때, 미국의 선교본부는 이 대학이 여건이 허락되는 적절한 시기에 세브란스 의학교(간호 포함)와 '합동'하여 대학교로 발전하는 것을 목표로 하였다는 점이다. 따라서 서울의 연합기독교대학을 설립하기 위하여 구입하였던 학교 부지에는 장차 합동하게 될 의과(醫科)를 위한 공간도 포함되어 있었다. 그러므로 1915년 연희가 탄생한 직후부터 거론되었던 양교의 합동은 선교본부의 입장에서는 한국에서 온전한 기독교 대학교의 설립을 마무리하는 단계이었다.

선교본부는 두 학교의 합동을, 연희로서는 아무런 경비를 들이지 않고 의학부를 갖는 셈이고, 세브란스로서는 공간의 제한이 있을 수밖에 없는 도심에서 벗어나 설비를 제대로 갖춘 의료원을 설립할 수 있는 공간을 갖는 셈이었으니 그야말로 일석이조의 일이라고 판단하였다.

2) 일제 시기의 합동 논의

세브란스, 연희 합동의 첫 논의

에비슨이 세브란스와 연희 양교의 교장직을 맡은 지 5년밖에 지나지 않은 1922년 세브란스의 전체 혹은 일부를 연희 부지로 이전하는 것과 관련하여 여러 번의 논의가 이루어졌다. 에비슨은 12월 양교 창립 이래 처음으로 합동 재단이사회를 소집하였다. 이날 회의에서 '교장은 오로지 기금 모금에만 전념하는 것이 좋겠다.'는 에비슨의 제안이 승인되었고, 양교의 실제 행정은 부교장 혹은 다른 보직자가 수행하도록 결정하였다. 비록 35년 후에야 두 학교가 연세로 합동되었지만, 이때부터 에비슨이 총장 임무를 수행하였다고 생각할 수 있다. 더 나아가 이날 합동회의에서는 두 대학의 협력(affiliation)에 대한 논의가 있었는데, 이것이 세브란스-연희 합동에 대한 구체적인 논의의 시작이었다.

1925년 에비슨과 원한경은 기금 모금에 나서는 등 대학교 설립 추진을 위하여 노력하였으나 모금된 액수가 목표에 도달하지 못하였고, 조선총독부의 주요 인사들이 대학교 설립에 회의적이었으므로 1920년대 전반에 추진되었던 에비슨의 종합대학 설립 계획은 더 이상 진행될 수 없었다.

에비슨의 은퇴

그런데 대학 설립 추진에 또 다른 큰 변수는 에비슨 교장의 선교사 은퇴이었다. 그는 미국 북장로교회 해외선교본부의 규칙에 따라 70세를 맞이하는 1930년 6월 말에 은퇴해야만 하였다. 이런 상황에서 1929년 6월 12일 오후 8시, 세브란스와 연희의 합동을 위한 첫 회의가 개최되었다 이날 회의에서 양교의 합동을 통해 얻을 수 있는 장점과 단점(혹은 걸림돌)이 무엇인지를 심도 있는 논의가 진행되었다.

1930년 에비슨이 선교사로 은퇴하였지만, 세브란스와 연희 재단이사회는 에비슨 교장을 연임시켰다. 1931년 4월 25일 개최된 연희전문학교의 개교 16주년 기념식 축사에서 에비슨 교장은 "연희전문학교와 이화여자전문학교 두 대학의 총장 이하 각 과 교수는 대부분 조선인이 될 것이고, 서양 사람은 학과 교수 이외에 학교 관리에서는 손을 뗄 것이다"라고 발표하였다. 양교 모두 한국인들에게 교장직을 넘기겠다고 선언한 것이다. 1933년 들어 에비슨은 다시 양교의 합동을 추진하였다. 그리하여 1933년 10월 5일 오전 9시 30분 개최된 양교 재단이사회 합동 회의에서는 새로운 대학교 설립과 관련한 논의가 진행되어 조선 기독교 대학교 설립안이 도출되었다. 설립안은 에비슨이 제안한 안에 바탕을 둔 것이었는데, 양교는 새 대학교에서 각자의 기금을 사용하며, 연희 대지의 충분한 지역을 세브란스가 사용할 수 있도록 논의한다는 내용이었다. 에비슨은 설립안에 대하여 양교 이사회가 만장일치로 승인하였지만 합동에 관한 특별한 결정은 내리지 않았다고 협동 재단에 알렸다.

양교 교장을 사임한 에비슨은 1934년 2월 27일 세브란스의 오긍선 교장, 연희의 원한경 교장의 취임식 인사말에서 "내가 죽기 전에 종합대학을 건설해 달라"는 의미심장한 부탁을 하였다. 에비슨 부부는 1935년 12월 2일 오후 3시 경성발 부산행 열차로 떠났고, 이후 존 L. 세브란스가 1936년 1월 16일, 존 T. 언더우드가 1937년 7월 2일 사망하고 말았다. 양교의 신임 교장들로서는 믿음직한 큰 후원자가 없어진 셈이었다.

이후 미국 북장로교회의 교육 사업 철수, 신사참배 강요, 창씨개명 강요, 태평양 전쟁 발발, 선교사 추방 등으로 더 이상의 합동 논의는 진행되지 못하였다.

3) 양교 합동의 재논의

해방 이후 1946년 12월 30일, 백낙준(연희), 이용설(세브란스), 김활란(이화)이 세 학교의 합동을 위한 논의를 한 것으로 알려져 있다.[12] 이후 1947년 1월 18일, 교계 대표인 양주삼과 같이 논의하였다. 세 대학의 합동은 당시 국내 기독교계의 희망이었고, 미국의 협동이사회에서도 그런 방향으로 추진하고 있었다. 우선 강당, 도서관, 대학원, 실험실 등을 공동으로 사용하는 계획을 추진하고, 점차 합동 노력을 기울이기로 하였다.

---

12) 연세대학교 백년사 1. 연세통사 상(서울: 연세대학교, 1985), 399쪽.

이화와의 의학교육 합동

조선 기독교 교육 협동재단은 1948년 1월 5일 특별회의를 개최하였다. 이 회의에서 논의된 주된 내용은 이화와의 합동을 논의할 특별 위원회를 구성할 것이며, 최동 교장에게 세브란스의 여학생 입학 허용 계획 전망은 어떠한지, 만일 그런 계획이 있다면 이에 필요한 공간과 예산에 대하여 보고하도록 요청하는 편지를 보내기로 결정하였다.

양교 교수회의 논의

대한민국이 출범할 즈음 오랫동안 숙원이었던 세브란스와 연희의 합동이 본격화되었다. 연희대학교는 1948년 7월 21일 교무위원회를 개최하고 세브란스와의 연합을 위해 이순탁, 김선기, 정석해, 장기원, 민병태의 5인에게 그 방안을 연구하도록 결정하였다. 세브란스 의과대학에서는 1948년 11월 21일 임시 교수회를 개최하여 연희와의 합동을 만장일치로 의결하였다. 얼마 후 연희에서도 임시 교수회가 개최되어 합동에 찬성하였다.

양교 교수회의 건의서

양 교수회의 합동 찬성에 따라 합동 결의서가 1948년 12월 13일 양교 교수회 대표들의 연명으로 양 대학 이사회에 제출되었다.

〈건의서〉

한 가지로 한 목표와 정신을 주초삼아 세워진 세브란스와 연희 학원은 수 십 성상 가진 풍상을 겪어 오늘의 모습을 갖게 되었음에 감회도 자별함을 금치 못하오나 이 사이에 북돋우어진 양 학원의 알뜰한 의와 살뜰한 정은 호상간난을 도와 이 땅 학원 피차에도 보기 드문 아름다움이었음은 온 누리가 그리고 기뻐하는 바이외다.

오늘날 이모로나 저모로나 새나라 자리 잡기에 진통이 지나치게 심한 마당에 다달아 오히려 진정 단일기관으로 엉켜져 우리나라 새 교육의 선구자이던 영예와 긍지와 책임을 더 한충 세차고 굳건하게 이룩하였으면 하는 것이 중망인 것도 같사외다.

더구나 바야흐로 건국 교육의 방안이 마련되고 새로운 최고 학부의 면모가 논의되어 사립 종합대학으로서의 응당 차지할 소임이 큼을 살필 때, 우리 양 대학 교수회원 일동은 여러 달 동안 중히 생각을 가다듬지 않을 수 없었으며, 이제야말로 양 대학 합동이 절대적으로 요청되는 바입니다. 그래서 감히 양 대학 이사회에 이를 건의하오니 조양하소서.

〈기(記)〉

갑, 목적   1. 양 대학 입교 정신을 가일층 확충시키고자
          2. 종합대학으로서 면모를 구비시키고자
          3. 국내외의 공통 원조 대상이 되기에 이편하기 위하여
          4. 대학원 설치에 권위를 더하기 위하여
을, 방법   1. 양 대학 각자의 전통은 존속 유지시킬 것
          2. 합동으로 인하여 공통적 원조 대상이 되는 경우 외의 재정 경리는 종전대로 할 것
          3. 양 대학 현재의 명칭을 어느 모양으로라도 살릴 것

단기 4281(1948)년 12월 13일

세부란스의과대학 교수회 대표 김명선, 김상민, 이병현, 이병희, 조동수
연희대학교 교수회 대표 홍승국, 정석해, 장기원, 서두철
연 희 대 학 교
이사회 귀중
세브란스 의과대학

4) 의예과의 연희대학교 위탁

1949년 3월 15일 양교 이사회 대표의 회동[13]

양교 이사회는 1948년 12월 13일 양교 교수회 대표가 제출한 건의서를 받아들이기로 하고, 1949년 3월 15일 연희 측의 백낙준, 원한경, 김윤경, 세브란

---

13) 연세대학교 백년사 1. 연세통사 상(서울: 연세대학교, 1985), 401쪽.

스 측의 이용설, 김명선, 플래처가 이사회 대표로 참석하여 의예과에 대한 합의가 이루어졌다. 즉, 합동의 전제로 의예과를 연희대학교에 두기로 하되 그 방법으로서 의예과 2[개 학년[, 한 학년에] 70명(여자 20명)을 수용할 건평 150평의 임시 건물을 연희의 치원관 옆에 500만 원의 예산으로 건축하고, 영구적인 건물은 15만 5천 달러의 예산으로 건축하되, 이 영구 건물의 건축비는 4월에 개최될 재미 협동이사회에 청구하기로 합의되었다.

1949년 3월 25일의 세브란스 이사회

합동 결의서가 두 대학의 이사회에 제출된 후, 1949년 3월 25일 개최된 세브란스 이사회에서는 합동에 관해 다음과 같은 보고가 있었다.

> 6. 본 세의대와 연대 합동에 관한 건
> 이후 양교의 합동 문제에 관하여 학장으로부터 그간의 경과 보고가 있었다.
> 이 문제에 관하여 연구하기 위하여 양교에서 각각 3명씩의 위원을 선출하기로 하였다. 양교가 합동하는 원칙에 관하여 이사회에 안건을 제출한 결과, 합동 원칙에 한하여 이의가 없는 동시에 승인하기로 문창모 씨 동의와 박용준 씨의 재청으로 일치 가결되었다.
> 이 문제에 대한 연구위원으로서 본교 대표를 선출하니 ① 학장 이용설씨, ② 부학장 김명선 씨, ③ 프레처 박사 3명이다.

1949년 5월 7일의 세브란스 이사회

1949년 5월 당시 세브란스 의과대학의 이사회는 이용설(이사장), 정기섭, 최재유, 심호섭, 변홍규, 조중환, 김병수, 김관식 및 최창순(서기)으로 구성되었다. 1949년 5월 7일 오전 10시 세브란스 의과대학 회의실에서 개최된 이사회에서는 다음과 같은 보고와 의결이 이루어졌다.

> 첫째, 세브란스 의과대학과 연희대학교의 합동 문제는 1948년 12월 13
> 일 양교 교수회의 건의로 급속 진전을 보게 되어 미국 협동재단의

적극적인 원조를 얻는 한편, 이 합동으로 인한 우리나라 고등 교육에 기여할 바가 큰 것을 확인하여 합동하기로 합의한다.

둘째, 그 첫 단계로 연희대학교에 남는 교실과 인문, 자연 양 계통의 교육 시설을 이용함으로써 얻을 수 있는 의예과 교육을 연희에서 시행, 즉 위탁 교육을 할 것을 건의하여 실행하기로 의결하였다.

이 회의의 의결에 따라 이용설 이사장은 5월 8일 연희대학교의 백낙준 이사장에게 다음과 같은 공한을 보냈다.

1. 학생 수: 제1학년 70인(9월 모집 예정 수), 제2학년 64인(현재 수)
2. 교과목: 현재 비교 학칙 소시(所市)대로
3. 교사: 귀 대학교에 부족한 원수는 비대학이 협력함
4. 교실 및 시설: 귀 대학교에서 협력을 구할 시는 실험실 기타를 비대학에서 사용하도록 하겠음
5. 경비: 귀 대학교에서 필요한 경비는 비대학에 적극 협조하기로 함

1949년 5월 12일의 연희대학교 이사회

이용설의 공한에 대하여 백낙준은 이용설에게 '단기 4282년 5월 8일부 귀한 배승 시의 양승 하옵나이다'라는 수락의 답장을 보냈고, 5월 10일 문교부 장관에게 위의 합의 사항이 9월 신학기에 실행될 것임을 사전 보고하였다.

이어 5월 12일에 개최된 연희대학교 이사회에서 이사장 백낙준의 보고와 다음과 같은 결의가 있었다.

세브란스 의과대학과 연희대학교의 합동 문제는 1948년 12월 13일 양교 교수회의 건의로 급속 진전을 보게 되어 미국 협동재단의 적극적인 원조를 얻는 한편, 이 합동으로 인한 우리나라 고등 교육에 기여할 바가 큰 것을 확인하여 합동하기로 합의하였는데, 첫 단계로

1. 설계가 완료되어 있던 본 대학교의 과학관 건축에 박차를 가하며,
2. 금년도 5월 8일부 재단법인 세브란스 의과대학 이사장의 공한(公翰)에 의하여 세브란스 의과대학 의예과를 인문, 자연과학 계통 교육 시설을 가진 본 대학교에서 구내 교실을 사용 교육하기로 결정하며,

3. 우리나라 고등 교육에서 시급한 요청의 하나인 생물학 교육을 이 합
   동으로 인해 얻는 인적·물적 강화를 계기로 하여 이학원에 생물학과
   를 증설하기로 의결하였다.

1949년 5월 13일의 양교 연합위원회 개최

5월 13일, 연희와 세브란스 이사회에서 각각 선발한 연합위원회가 개최되
었다. 연희 측에서는 백낙준(총장), 원한경(명예총장), 김윤경(이사), 세브란
스 측에서는 이용설(학장), 플렛처(이사), 김명선(부학장)이 참석하였다. 이날
회의에서는 다음과 같이 합의되었다.

> 1) 9월 신학기에 모집할 신입생(70명), 제2학년생(60명), 그리고 [세브란
>   스 예과 소속] 교수들이 신학기부터 연희에서 강의를 하기로 하되, 이
>   력서를 검토하여 대우와 채용 여부, 보수를 결정한다.
> 2) 실험을 위한 임시 건물의 건축 내용은 그 과목 담당 교수와 상의해서
>   설계한다.
> 3) 이사회 합동 문제는 선교회와 재미 협동이사회에 문의하여 실행하기
>   로 한다.

이와 같은 합의가 있은 후, 5월 16일 연희대학교의 서두철 교무처장은 "해
방 직후부터 말이 많던 이 합동 문제는 신중히 연구 검토하여 양 대학 교수단
과 양 대학 재단에게 건의한 바 있었던 것이 금번 완전한 합의를 본 것"이라
고 발표하였다.[14]

당시 언론에는 연희대학교의 의예과 위탁 교육과 함께 9월에 새로운 종합
대학교가 발족하는데, 명칭은 확정되지 않았지만 총장에는 원한경(元漢慶)이
유력하다고 보도되었다. 새로운 종합대학교의 발족이나 원한경의 총장 임명
은 실행되지 않았다.

---

14) 『延, 世大 兩校 合同. 동아일보(1949년 5월 20일), 석간 2쪽.

이와 같은 결정에 따라 연희대학교는 5월 16일자로 변경된 학칙에 대한 문교부 인가를 신청하면서 6월에 예과생을 모집하여 9월 1일 신학기부터 강의를 시작하기로 하였다. 하지만 문교부 장관의 인가가 나지 않아 의예과는 종전대로 모집할 수밖에 없었다.

연희대학교의 의예과 신입생 모집에 대한 문교부 장관의 인가가 11월 15일부로 이루어졌기에 실제 신입생 모집은 1950학년도부터 이루어졌다.

5) 양 대학의 재단 이사 교류

1949년 10월 28일 개최된 세브란스 이사회에서는 세브란스와 연희 사이에서 이사를 교류하는 안이 토의되었다.

> 1. 세의대와 연대 이사 교류에 관한 건
> 양교에서 이사 1명씩을 교류하되 본교 이사 대표로서는 이용설 씨를 연대 이사로, 연대 이사 중 대표로 백낙준 씨를 본교 이사로 추천하자는 건의가 있었고, 김춘배 씨의 동의와 박용준 씨의 재청으로 이를 통과시켰다.

하지만 1950년 6월 25일 터진 한국전쟁으로 양교의 본격적인 합동 논의는 다시 미루어졌다.

제3부
한국전쟁과 연세합동

한국전쟁과 세브란스

1. 한국전쟁의 경과

1) 대한민국 정부 수립과 미군의 철수

3년 동안의 미 군정에서 벗어나 1948년 8월 대한민국 정부가 수립된 데에는 미국의 지지와 원조가 절대적인 것이었다. 하지만 좌익과 우익의 대립으로 남한의 치안은 좋지 않았고, 정치적으로도 상당히 불안정하였다.

당시 남한은 미국으로부터 막대한 무상 원조를 받고 있으면서도 방만한 운영과 부정부패 때문에 인플레이션이 심해지고 경제적으로도 파탄 상황에 몰려 있었다. 이런 상황을 알게 된 미국의 일부 국회의원들은 한국에 대한 원조를 비판하고 있었다. 미국 정부는 대한민국 정부가 수립된 후인 1948년 9월 15일부터 미군을 감축하기 시작하였다. 미군의 철수는 11월에 여수 순천 사건이 터지면서 잠시 중단되었다가 1949년 4월 다시 시작되어 5월 28일 500여 명의 군사 고문단을 제외한 45,000명이 철수하였다. 게다가 1950년 1월 12일, 국무장관 딘 애치슨(Dean Acheson, 1893~1971)은 미국의 극동 방위선이 타이완의 동쪽, 즉 알류산 열도, 일본, 오키나와, 필리핀을 연결하는 선

그림 3-1. 공산군 치하의 서울. 미국 국립 문서기록 관리청 소장. 국사편찬위원회 홈페이지에서
인용.

이라는 이른바 에치슨 라인을 발표하여 한국이 이 방위선 바깥에 있음을 선
언하였다.

2) 한국전쟁의 발발

이러한 국내외 상황은 1950년 6월 25일 일요일 새벽 4시, 북한 공산군의 전
면적인 남침으로 이어졌다. 미리 남침을 준비한 북한군이 파죽지세로 남하하
는 가운데, 이승만 대통령은 6월 25일 저녁 대전으로 탈출하였고, 고위 관리
들도 27일 새벽부터 서울을 떠나기 시작하였다. 그런데 6월 28일 북한군 전차
가 청량리 임업시험장 부근에 출현하자 국군은 새벽 2시 30분에 한강 인도교
를 폭파하였다. 이 때문에 피난길이 막힌 100만 명에 달하는 서울 시민은 3개

월 동안 공산군 치하에서 온갖 고생을 다 겪을 수밖에 없었다.

3) UN군의 참전

북한의 불법적인 기습 남침이 확인되자 6월 25일 유엔은 안전보장이사회에서 미국을 주축으로 제82호 결의를 통하여 북한군의 38선 이북 철수를 촉구하였고, 6월 27일 제83호 결의를 통하여 한국에 필요한 원조를 회원국에 권고하면서 파병이 이루어졌다. 이에 따라 1950년 7월 7일 더글러스 맥아더(Douglas MacArthur, 1880~1964) 원수가 지휘하는 UN군이 조직되었다. 이러는 동안 정부는 임시 수도(首都)를 6월 27일 대전으로, 7월 16일 대구로, 그리고 8월 18일 부산으로 이전하였다.

그림 3-2. 공산군 치하의 서울에서 폭격으로 파괴된 서울역 앞 광장을 복구하고 있다. 미국 국립 문서기록 관리청 소장. 국사편찬위원회 홈페이지에서 인용.

전쟁 초반 북한군은 무방비 상태에 있던 중부지방과 호남지방을 삽시간에 점령하였고, UN군은 포항, 안강, 영천, 왜관을 연결하는 북쪽 전선과 창녕, 영산, 함안, 마산을 연결하는 서쪽 전선으로 이어진 낙동강 방어선에서 배수진을 쳤다. 이러던 중 9월 15일 인천 상륙작전에 성공하고, 9월 28일 서울을 수복한 UN군은 남쪽의 북한군을 협공하며 대대적인 반격을 개시하였다.

그 결과 10월 1일 38선을 돌파하였고, 국군의 선봉 부대는 10월 17일 함흥, 19일 평양을 탈환하였고 26일 압록강변의 초산에 이르렀으며, 북동쪽의 UN군과 국군도 11월 21일 혜산진과 두만강 유역까지 진격하였다. 이에 따라 정부도 10월 28일 서울로 복귀하였다.

4) 1·4 후퇴

하지만 정부의 서울 복귀도 잠시, 10월 25일 참전한 중공군과 첫 전투를 벌이면서 전세가 역전되었다. 이로 인하여 혜산진까지 진격하였던 UN군은 후퇴할 수밖에 없었는데, 함경도 지방의 UN군은 원산을 점령한 북한군에 의해 퇴로가 막히면서 1950년 12월 15일부터 24일까지 열흘 동안 흥남 항에서 배편으로 철수작전을 벌였다. 이 흥남 철수작전에서 UN군은 중요하지 않은 무기 등을 버리고 약 10만 명의 피난민을 경남 지방으로 수송하였는데, 당시 미 제10군단 사령관인 에드워드 M. 알몬드(Edward M. Almond) 장군의 통역이었던 현봉학(玄鳳學, 1944년 졸업)이 큰 역할을 하였다.

1951년 1월 4일 정부와 대다수 서울 시민은 중공군을 피해 남쪽으로 피난하였고(1 · 4 후퇴), 정부도 다시 부산을 임시 수도로 정하였다. 북한군과 오산에서 치열한 전투를 벌이던 UN군은 1월 25일부터 다시 반격을 시작하여 3월 14일 서울을 다시 탈환하였고, 24일 38선을 다시 돌파하였다.

그림 3-3. 흥남 항에서 철수하는 연합군과 피난민들(1950년 12월 12일). 미국 국립 문서기록 관리청 소장. 국사편찬위원회 홈페이지에서 인용.

5) 휴전협정 조인

북한군이 전선에서 밀리자 6월 23일 개최된 UN 총회에서 소련 대표 야코프 말리크(Yakov Alexandrovich Malik, 1906~1980)는 휴전을 제의하였다. 이에 7월 10일부터 개성에서 휴전회담이 시작되었고, 10월 25일에 판문점으로 장소를 옮겨 계속되었다. 전선이 교착 상태로 있고, 포로 교환 문제에 이견이 노출되어 성과 없이 회담이 지루하게 이어지다가 1953년 7월 27일 판문점에서 정전협정에 조인하였다. 이로써 38선이 휴전선으로 대치되었다.

휴전이 조인되자 정부는 1953년 8월 15일 서울로 환도하였다.

2. 한국전쟁과 세브란스

1) 미군의 폭격

북한군이 남침하여 3일 만에 서울을 점령하였을 때 당시 서울 인구 144만 6천여 명 가운데 서울을 빠져나간 사람은 40만 명이었다.[1] 빠져나간 사람들, 즉 도강파 가운데 80%가 월남한 사람들이었고 나머지 20%인 8만 명은 정부 고관, 우익 인사, 군인과 경찰의 가족 등이었다고 추정된다.

그림 3-4. 미군의 폭격을 받은 서울역에서 연기가 솟아오르고 있다. 연기 끝의 바로 오른쪽이 세브란스 부지이다(1950년 7월 8일). 미국 국립 문서기록 관리청 소장. 국사편찬위원회 홈페이지에서 인용.

[1] 김동춘, 서울시민과 한국전쟁 '잔류' · '도강' · '피난'. 역사비평 통권 51호(2000년 5월), 43~56쪽.

한국전쟁 당시 미군은 전선이 서울 지역을 중심으로 전개될 때 유엔 지상군을 지원하기 위하여, 그리고 서울이 완전히 점령되었을 때 북한군 병력이나 보급품이 서울 지역을 관통하거나 비축되는 것을 막기 위하여 미 제5공군과 극동 공군 폭격기 사령부는 서울 지역을 폭격하였다.[2] 당연히 서울은 한반도 교통의 핵심 요충이었고, 북한의 주력군과 보급품들이 경부선을 중심으로 이동하였기 때문에 서울의 주요 도로, 철도, 교량 등은 반드시 파괴해야만할 핵심 목표이었다. 그런데 문제가 되었던 것은 B-29 폭격기의 오폭율이 높았다는 점이었다. 또한 조종사들은 공장, 관공서, 학교와 같은 대형건물들을흔히 북한군 보급품 집적소로 인식하여 폭격하였다. 따라서 서울역 맞은편에위치한 세브란스는 미군의 폭격으로 심하게 파손될 수밖에 없었다.

2) 북한군 점령하의 세브란스[3]

한국전쟁이 발발하였을 때 세브란스 교직원들 중에는 미처 남하하지 못하고 적 치하에서 숨어 지낸 사람들이 많이 있었다. 세브란스 병원장이었던 문창모가 대표적이었다. 그 당시의 상황을 병원장 문창모는 다음과 같이 회고하였다.

> 한국전쟁이 일어나던 날 나는 동대문 감리교회에서 예배를 드리고 있었다. 급한 연락을 받고 병원으로 달려갔더니 많은 군인과 경찰들이 중상을입고 병원에 실려 오는 것이었다. 나는 직감적으로 전에 가끔 있었던 공산군과의 충돌이 있었던 것으로 생각하고 직원들을 동원하여 분주하게 돌보았다. 그런데 환자가 점점 더 늘어 병실이 만원이 되고 남대문 예배당까지도 더 수용할 공간이 없게 되어 부득이 마당에 환자를 받을 수밖에 없었다.

2) 김태우, 한국전쟁기 미 공군에 의한 서울 폭격의 목적과 양상. 서울학연구 제35호(2009년 5월), 273~304쪽.
3) 주로 다음의 자료를 참고하였다. 연세대학교 의과대학 의학백년 편찬위원회, 의학백년(서울, 연세대학교 출판부, 1986), 154~156쪽.

그림 3-5. 파괴된 세브란스 기지에서 바라 본 서울역.

　　(……) 어느덧 공산군 부상병이 병원에 들어오고, 또 공산군 의료진들이
팀을 이루고 와서 세브란스 병원을 접수하였다.
　　나는 혼비백산하여 병원을 뛰쳐나와 도동에 있는 한갑수(韓甲洙, 1913~
2004) 댁 등 대 여섯 곳을 피해 다니다가 7월 중순 중구 필동에 있는 김흥
호(1919~2012) 목사 댁 천정 속에서 숨어 살았다.

　　당시 외과에 근무하던 윤복영(1945년 졸업)이 소식을 듣고 병원에 나가보
니 여기저기에서 부상자들의 신음소리가 들려왔으며, 일요일 임에도 소식을
듣고 나온 박용원, 유승화 및 황규철 등과 함께 수술실로 직행하여 부상자들
을 치료하는 데 전력을 다하였다.
　　그러던 중 27일 아침이 되었을 때 직원 조회가 있다는 전갈을 받았다. 11시
에 이용설 학장과 문창모 병원장이 나왔고, 김명선 부학장은 의사와 간호원

을 대동하고 수도 육군병원에 가고 없었다. 모두 애국가를 불렀다. 국회의원
이 된 지 1개월밖에 되지 않는 이 학장은 "이제 우리나라는 어려운 시기를
맞았으며, 우리 병원도 유지하기 어려우니 여러분은 자유롭게 갈 곳을 찾아
가라"고 하면서 1개월 분 봉급을 주었다.

오후가 되자 많은 피난민들이 시중에 오가고 남행하는 민간 차량과 군용차
만이 보였을 뿐이었다. 이제 학교와 병원은 완전히 마비되었으며, 외과에 몇
사람만이 남아 부상 군인들을 치료하였다. 라디오에서는 계속 "전세가 유리하
다. 미국이 참전하였고 국군이 반격 중이다."라고 방송하고 있었다. 포성이 가
까워지자 병원 직원은 모두 갈 곳을 찾아 떠났으며, 갈 곳이 없는 몇몇 의사와
간호원 등이 남아있기는 했으나 제대로 치료가 될 리가 없었다. 당시 육군의
윤치왕 군의감이 병원에 와서 조속히 후퇴하라는 말만 남기고 떠났다.

병원을 접수한 북한군 장교는 1945년 세브란스를 졸업한 뒤 일본군 군의관
으로 근무하였다가 북한군 소좌의 계급장을 달고 내려온 이성우(李成雨)이었
다.[4] 북한군은 병원이 접수된 초기에만 해도 직원들의 행동을 크게 간섭하지
는 않았다. 하지만 그 해에는 빠른 장마로 6월 하순은 이미 우기이었고, 저녁
이 되어 해가 지면 전기도 없고 더욱 불안하였다. 이때에는 간호원 야식도
없었기에 얻어먹을 음식도 없고 전화도 불통이어서 완전히 금식 상태로 밤을
새울 수밖에 없었다.

다음 날 날이 밝자 북한군이 병원에 입원해 있던 18명의 국군 부상병을 데
려갔다. 이후 이삼일 동안 공백 상태로 있다가 '세브란스 의과대학 재건위원
회'가 구성되어 위원장에 박 모 외과 교수, 부위원장에 박 모 치과 교수, 이외
에 여러 명의 위원이 임명되었다.

세브란스 병원은 북한군에 징발되어 의사가 38명, 입원환자가 4백 명인 제

---

4) 이성우는 1924년 대구에서 태어났으며, 보성 중학교를 졸업하고 1945년 10월 세브란스 의학
전문학교를 졸업하였다. 그는 3학년이 끝날 무렵 나이 어린 순서로 소집 영장이 떨어져 4학년
개학 다음날 만주로 떠난 10명 중의 한 명이었다. 그의 형 이정우는 1937년 경성제국대학 의
학부를 졸업하였다.

13후방병원으로 되었으며, 서울의 모든 종합병원들도 북한군의 후방병원이 되었다. 그리고 병원의 원장, 기술 부원장, 문화 부원장 등이 임명되었는데, 기술부는 의무 관계를 취급하고 문화부는 사상관계를 취급하였다. 처음에 원장은 남기목이란 인천 출신의 의사이었고,[5] 기술 부원장은 정홍섭(鄭弘燮, 1934년 졸업)이었다. 정홍섭은 소아과를 전공하였는데, 해방 당시 대구의학전문학교의 소아과 교수로 근무하다가 1946년 10월 퇴임하고 청주에서 개업하였다.

어느 날 전에 교수로 재직한 바 있었던 방사선과의 이부현이 학장으로,[6] 이비인후과의 이호림이 원장으로 배치되었다.[7] 이부현은 의사라기보다는 사상가이었으며, 직원들을 집합시켜 놓고 "세브란스에는 이용설, 김명선과 같은 반동만 있는 줄 알았더니 당신들은 모두 선량한 분들이다"라고 첫 연설을 하였다. 이호림은 소련 여행 이야기와 우리 대(代)만 고생을 하면 다음 대에는 잘 살 수 있다는 말을 하였으며 비교적 온화하였다. 이 둘은 직원들에게 러시아 어를 가르쳤는데, 8월 중순이 되었을 때 모두 사라졌다. 이들 이외에 인상에 남았던 사람은 육군 대좌로서 항상 권총을 휴대하고 동기 동창생을 찾는 여유를 가졌던 이길구(李吉求, 1947년 졸업)이었다.[8] 그는

5) 남기목(南基穆)은 1936년 쇼화(昭和)의학전문학교를 졸업하고, 1945년 9월 8일 경성제국대학 의학부에서 '배란 및 난관통과시에 난의 추이에 관한 연구'를 주논문으로 의학박사의 학위를 받았다. 해방 당시 그는 인천에 남 외과를 개업하고 있었다. 그는 김원봉과 두터운 친분을 갖고 있었으며, 김원봉이 조선민족혁명당을 창당하였을 때 민혁당 인천지부를 결성하는 등 공산주의 활동에 적극 참여하였다. 1949년 4월 좌익 전향자를 계몽 지도하기 위하여 국민보도연맹이 조직되자, 남기목 등 인천 좌익 진영의 인사들은 월북하였다.

6) 이부현(李富鉉)은 1934년 경성제국대학 의학부를 졸업하였으며, 1943년 3월 당시, 그리고 1947년 당시 방사선과학교실의 강사이었다.

7) 이호림(李鎬臨, 1907~1995)은 충청북도 제천에서 출생하였으며, 제2고등보통학교를 거쳐 1934년 교토부립의과대학을 졸업하였다. 그는 1940년 오사카 제국대학에서 박사학위를 받았으며, 세브란스에서 교수로 활동하였다. 해방 이후 한국전쟁이 일어나기 전까지 김일성 종합대학 의학부 교수, 강좌장, 평양의학대학 교무 부학장 등으로 재직하였다.

8) 이길구는 1925년 서울에서 태어났으며, 경복중학교를 졸업하고 1947년 세브란스 의학전문학교를 졸업하였다. 그는 졸업 후 1년 동안 생화학교실의 조수로 근무하였다. 그의 아버지 이만규(李萬珪, 1889~1978)는 원주 출신이며, 1911년 조선총독부 부속의학강습소를 졸업하였다. 그는 일제시기 송도중학교 교원, 배화여학교 교장 등을 역임하였으며, 1947년 한국인으로서는

이호림의 처남이었다.

3) 한강을 건넌 사람들

한국전쟁이 터진 직후 한강을 건넜던 최억(1948년 졸업)은 다음과 같이 증언하였다.[9]

> 마침 일요일이라 명동의 다방에서 커피를 즐기고 있을 때 거리가 어수선해지고 군인들이 급히 여기저기에서 달려가는 모습이 보였다. 하지만 그당시 자주 있었던 38선에서의 사고이겠지 하는 정도로 대수롭지 않게 생각하고 있었다. 그러나 불안감이 들어 병원으로 돌아왔다. 문창모 원장이 "육군본부에서 출두명령이 내렸어. 내가 갔다 올 테니 다들 집에 돌아가지 말고 대기하고 있어"라고 하였다. 한참 후에 문 원장이 돌아와서 38선에서 전쟁이 터졌으며 우리 세브란스 병원은 이제부터 임시 육군병원으로 동원령이 내렸으니 즉시 준비를 하고 부상병이 올 때까지 비상 대기하라고 지시를 내렸다. 어리둥절하였던 우리는 병원에 있는 모든 인원을 동원하였고 의과대학생과 간호학생들도 합세하여 병원 앞에 있는 큰 기와집인 남대문교회 앞에 있던 의자들을 치우고 각 과와 창고에서 여러 가지 기구들을 가져다가 응급 치료실을 설치하였다.
>
> 한편 각 과의 입원환자들을 가능한 한 퇴원시키고 그날 저녁 때까지 일단 준비를 완료하고 환자를 기다리며 밤을 새웠다. 다음 날인 26일 무거운 분위기 속에서 라디오 뉴스를 들어가며 바깥 동향만 주시하며 종일 대기상태로 있었다.

6월 27일 아침, 최억은 대방동의 수도 육군병원 일을 도와주기 위하여 20여명의 4학년 학생들과 간호학생들을 인솔하여 육군의 대형 버스를 타고 떠났

최초로 '조선 교육사'를 집필하였다. 1947년 5월 이후 근로인민당 중앙위원회 상임위원을 지냈으며, 1948년 4월 납북협상 이후 북한에 잔류, 1948년 8월 최고인민회의 제1기 대의원이 되었다. 이후 제2기 및 제3기 대의원에 선출되었으며, 1965년 2월 조국통일사 사장직에 올랐다.

9) 주로 다음의 자료를 참고하였다. 연세대학교 의과대학 의학백년 편찬위원회, 의학백년(서울, 연세대학교 출판부, 1986), 151~154쪽.

다. 버스가 한강 인도교를 지나는데 다리 위의 아치 기둥 밑에 사각형의 나무 상자가 놓여 있는 것이 눈에 띄었다.

이들이 수도 육군병원에 들어가 보니 갑자기 들어 닥친 부상병들의 치료에 진땀을 흘리고 있었으며, 그때부터 종군 의료대원이 되어 많은 부상병들을 치료하였다. 여름 비가 내리고 있는 한밤중에 창밖이 벼락 치듯이 환해지고 천지가 울리는 폭음소리가 들렸다. 한강 인도교가 폭파되었던 것이다. 날씨가 갠 28일 아침, 옥상에 올라가 남산 쪽을 보니 아군인지 적군인지 알 수 없는 비행기들이 쉴 새 없이 날라 다니고 있었다.

수도 육군병원은 후퇴 명령이 내려졌으며, 언제든지 다시 돌아갈 수 있도록 가까운 수원 도립병원으로 후퇴하였다. 하지만 다시 후퇴할 수밖에 없어 대전의 제2육군병원에 합류하였다. 여기에서 군기에 따라 근무도 하고 영내 내무생활과 본격적인 군인 생활을 하게 되었다. 김명선 부학장을 위시하여 대전까지 피난 온 다른 의과대학 사람들도 제2육군병원에 합류하였다. 수도 육군병원은 또 다시 김천 도립병원으로 후퇴하였는데, 이 작은 병원에도 부상병이 많아 병원 입원실은 물론 복도까지도 양쪽으로 들것이 쭉 들어 차 있었다.

그 후 어느 날 포성이 울리며 "비상, 비상"하고 외치는 소리에 일어나 보니 도립병원 앞에는 벌써 부대의 이동 준비가 다 되어 있었다. 김천은 이미 적에게 포위당한 상태이었기 때문에 황급히 피난을 서둘렀다. 피난을 한 지 얼마 되지 않아 김천은 미 공군의 공습으로 폐허가 되었다. 최억은 아침에 대구시에 들어갔으나, 곧 이동명령을 받고 기차 편으로 울산으로 가서 학산국민학교에 분원을 차렸다.

추석도 지나고 가을이 깊어진 어느 날 수도 육군병원은 서울로 원대복귀 명령을 받았으며, 최억 일행은 기차 편으로 100여 일만에 폐허가 된 서울로 돌아왔다.

약간의 창문과 유리, 그리고 간호원 기숙사 1동, 이전 올리버 R. 에비슨 사택 등을 제외하고 꼭 필요한 수리를 마친 후 진료소를 11월 5일 다시 시작하였고, 11월 14일 입원실 본관 2층의 문을 열었는데 6명의 환자가 입원하였다.

4) 잔류파와 도강파

한국전쟁이 터졌을 당시 세브란스 병원의 의사들은 교대로 각 과에서 야근을 하였다. 한강 인도교가 폭파되던 날 밤에 당직을 하던 의사들은 대부분 한강 남쪽으로 갈 수가 있어 소위 도강파(渡江派)가 되었다. 이들은 여러 방향으로 흩어져 피난 생활을 하였다.

반면 전날 당직을 하고 저녁에 각자 집으로 돌아간 의사들은 서울의 방위가 철통같으니 동요하지 말라는 라디오 방송만을 믿고, 포성이 점점 가까이 들리고 의정부와 미아리 쪽에서 사람들이 시내 쪽으로 밀리듯이 들어왔지만 설마 서울이야 무슨 일이 있겠느냐 하며 밤을 지새우거나 혹은 안심하고 자고 있었다. 그 사이에 북한군이 서울에 들어오게 됨으로써 잔류파(殘留派)가 되었다.

3. 전시연합대학

1) 설립 배경

한국전쟁이 발발한 후 정부가 사실을 국민들에게 제대로 알리지 않아 심각한 피해를 입었던 많은 교육 기관들은 1951년의 1·4 후퇴 때에는 모두 남쪽으로 이전하였다. 대구에 정착한 고려대학교 등 2~3개 학교를 제외한 거의 모든 대학들이 부산으로 피난하였다.

3월에 들어 다시 서울을 탈환하였지만 향후 전세에 대한 확신이 없는 가운데, 1월 7일 부산 시청의 한구석에서 업무를 시작한 문교부는 피난지에서 대학 교육을 연합하여 계속할 수 있도록 방안을 강구하였다.

그 일환으로 1월 27일 서울 피난민 교육자 대회를 개최하였고, 2월 11일에는 부산에 피난해 있던 각 대학 책임자 회의를 개최하여 대학 교육의 정상화를 시도하였다. 이어 2월 중순 문교부의 주재하에 부산시청 앞의 영화관인 부민관에서 전시 문화강좌와 전시 과학강좌를 개설하여 부산 지역으로 피난 내려와 뿔뿔이 흩어져 있던 전국의 대학생들을 규합하기 시작하였다.

이어 2월 18일 문교부의 최규남(崔奎南, 1898~1992) 차관이 '전시 교육 특별 조치에 관한 요강'을 발표하여 '피난 중이던 초·중등 학생들은 현지 학교에 편입시키거나, 사정이 허락되어 피난지에서 임시 교사라도 준비되는 학교에 대해서는 단독으로 수업을 재개하도록' 하였다.

2) '대학 교육에 관한 전시 특별 조치령'

하지만 대학은 상당한 시설과 교수를 필요로 하였으므로 1·4 후퇴 직후에는 수업의 재개가 불가능한 상태였다. 점차 전국이 호전되자 1951년 5월 4일 '대학 교육에 관한 전시 특별 조치령'을 공포하여 전시연합대학(戰時聯合大學)의 설치 근거를 마련하였다. 특별 조치령의 주요 내용은 다음과 같았다.

> 제2조 전화로 인하여 정상한 수업을 실시할 수 없는 대학의 학생은 그 기간 중 타 대학에서 수업을 받을 수 있다.
> 제3조 정상한 수업을 실시할 수 있는 대학은 그 학교 소재지에 소개한 타 대학의 학생이 취학을 지망하는 경우에는 사정이 허하는 한 이를 허락하여야 한다.
> 제4조 단독으로 수업을 실시할 수 없는 대학은 정상한 수업이 가능할 때까지 전시연합대학의 명칭으로 문교부장관의 승인을 얻어 합동수업을 실시할 수 있다.
> (……)
> 제9조 제3조, 제4조에 의하여 취학하는 대학에서 이수한 과정은 재적대학의 수업 과정으로 인정한다.
> (……)

제11조 학생은 전수에 필요한 과목이 취학 대학에 개설되지 아니한 경우에는 재적대학장의 허가를 얻어 유사한 타 과목을 대수할 수 있다. 부득이한 경우에는 취학 대학장의 허가에 의하되 이 경우에는 사후에 재적대학장의 승인을 얻어야 한다.

제12조 단기 4283년도에 한하여 매 과목 매주 1시간 식 12주간 이상 수업 후 소정의 시험에 합격한 것을 1학점으로 인정한다. 단, 실험, 실습 및 실기는 매주 2시간 식으로 한다.

사정에 의하여 동일 과목의 수업을 연속 실시하여도 무방하다.

취득 학점 수에는 제한을 두지 아니한다.

제13조 학년 단일제로 편성된 대학에서는 단기 4283년도에 한하여 1년간 수업시간을 720시간까지 단축할 수 있다.

전항의 시간에 달하지 못하는 경우에는 졸업연도까지 부족 시간을 보충 실시하여야 한다.

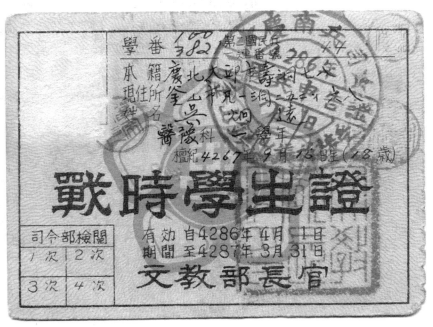

그림 3-6. 전시 학생증. 1953학년도 의예과 1학년 오형달의 것이다. 그는 1959년 서울대학교 의과대학을 졸업하였다. 동은의학박물관 소장.

특별 조치령은 적을 두고 있는 재적(在籍) 대학과 피난 대학의 구별 없이 모든 국립, 공립 및 사립 대학을 전시연합대학으로 묶어 가능한 도시를 중심으로 우선 수업을 재개하려는 것이었다.

3) 부산 전시연합대학의 조직[10]

전시연합대학은 부산에서 처음 발족되었지만 이후 광주, 전주, 대전, 대구, 청주 등에서도 운영되었다. 전시연합대학에는 법정학부, 경상학부, 이학부, 공학부, 의약학부, 예술학부, 종교학부, 농수산학부, 가사과, 체육과 등 거의 대부분의 분야의 강의가 개설되었다.

전시연합대학은 이후 약 1년 동안 전시하 대학 교육의 공백을 보충하는 역할을 담당하였다. 444명의 교원으로부터 6,455명이 강의를 받았는데, 부산 전시연합대학이 4,268명, 광주 전시연합대학이 527명이었다. 이에 비해 당시 단독으로 수업을 계속한 대학에 수용된 학생 수는 모두 7,000명 정도이었다.

부산 전시연합대학은 부산시 동대신동 1가 339(서울대학교 연락사무소 내)에 소재하였으며, 위원장은 최규남 문교부 차관, 학장은 유진오(고려대), 부학장은 윤인구(부산대)와 방종현(서울대 문리대)이었고, 문학부, 이공학부, 법정경상학부, 의약학부, 농수산학부, 예술학부, 가사과, 체육과가 있었다. 의약학부는 이제구(서울대학교 의과대학)와 한동구(서울대학교 약학대학)가 책임을 맡았다.

4) 부산 전시연합대학의 운영

1951년 2월 19일 부산의 부민관[11])에서 서울대학교 의과대학 등 약 30명의

---

10) 부산 전시연합대학에 대해서는 다음의 자료를 참고할 것. 부산대학교 오십년사 편찬위원회, 부산대학교 오십년사(부산, 1997).
11) 부민관(府民館)은 부산 중구 동광동 1가 16에 있었다.

학생을 모아놓고 전시연합대학의 개교식이 간소하게 거행되었다고 한다. 그 뒤 여러 가지 준비과정을 거쳐서 실제 수업은 4월부터 시작되었다.

강의실은 유휴 건물이나 개인 사무실, 교수 사택, 창고 등을 빌려 임시 교사로 사용하였다. 주간 강의 기간은 6월 말까지, 야간 강의 기간은 7월 말로 정하였다. 강의는 오전에는 주로 부민관에서 교양 과목을 합동 강의하고, 오후에는 지정된 수업 장소에서 전공과목을 강의하는 형식이었다. 그리고 특정 요일의 오후에는 전적으로 군사학과 군사 훈련이 배당되었다.

'대학 교육에 관한 전시 특별 조치령' 제12조에 따라 1951학년도에 한하여 매 학기를 12주간으로 하여 모두 3개 학기로 조정되었다. 이러한 조정은 한국전쟁 발발로 인한 대학의 폐쇄로 부득이 학점 취득을 할 수 없게 된 1950학년도의 학점을 보충하기 위한 것이었다. 즉 전시연합대학이 개강한 4월부터 8월까지의 한 학기는 1950학년도의 학점을 보완하기 위한 것이었으며, 임시 조치로 1951학년도 제1학기는 9월에, 그리고 1951학년도의 제2학기는 11월부터 시작하여 1952학년도부터는 교육법대로 제1학기의 시작을 4월이 되도록 하였다. 1951학년도 제1학기는 9월과 10월의 2개월에 불과하였기에 대학에 따라 야간 연장수업 등을 통해 부족한 시간을 메꾸었다. 하지만 4월에 개학하지 못한 다른 지역의 전시연합대학은 큰 곤란을 겪었다.

그런데 9월 10일 부산대학이 단독으로 개학하였고, 이후 연희대학교 등이 각각 임시 수업장을 개설하면서 탈퇴함으로써 부산 전시연합대학은 1951년 11월경에 해체되었다. 하지만 다른 지역의 전시연합대학들은 1952년 5월 말까지 운영되었다.

5) 의학 분야의 전시연합대학

의학 분야의 전시연합대학은 당시 의과대학이 소재하였던 곳과 밀접한 관련이 있어 일반 학과의 전시연합대학과는 달랐다. 즉, 한국 전쟁이 일어날 당시 남한의 의과대학은 서울의 세브란스 의과대학, 여자의과대학, 서울대학교 의과대학, 이화여자대학교 의과대학, 대구의 대구의과대학, 그리고 광주의 광주의과대학뿐이었다. 따라서 대다수의 대학이 내려간 부산 전시 연합대학 이외에 대구와 광주의 전시연합대학에서도 의학 교육이 이루어졌 다. 세브란스 학생들이 전시연합대학에서 강의를 들었던 학생 수는 다음과 같았다.

	1950~51학년도(명)					1951~52학년도(명)				
	1학년	2학년	3학년	4학년	계	1학년	2학년	3학년	4학년	계
부산	4	13	17	2	36		6			6
대구	1	2	2		5	1	10			11
광주	2	2	3		7	2	2	3	3	10
	7	17	22	2	48	3	18	3	3	27

부산 전시연합대학의 의약학부는 부산 광복동 2가 3번지의 동주여자상업 학교 자리에 있었다.[12] 해부학 실습실은 괴정동의 판잣집이었으며, 실습 재 료를 얻는 데 큰 어려움은 없었다. 교무과장은 남기용이었으며, 교직원 수는 교수 21명, 부교수 8명, 조교수 22명, 강사 14명이었다.

당시 이화여대 행림원은 따로 수업을 받았기에 연합대학에 참여하지 않았 다. 북한에서 내려온 일부 평양 및 함흥의 학생들도 강의를 들었다. 강의는 주로 구술 강의 위주이었고, 해부 이외의 실습은 어려웠다. 임상 과목은 3, 4학년 합반으로 진행되었다. 강의실이 비좁고 의자가 없었기에 멍석을 깔고 엎드려서, 뒤에서는 선 채로 필기를 하였다. 1952년 4월 학교에서 가까운 중 구 신창동 대각사(大覺寺)에서 부속병원이 개원하였지만 임상 실습이 의무적 인 것은 아니었다. 당시 원장은 진병호이었다.

광주 전시연합대학의 경우 1951년 5월 23일부터 1952년 5월 31일까지 운영 되었다.[13] 연합대학은 광주의과대학의 학장 최상채(崔相彩, 1903~1973)가 겸

---

[12] 전종희, 전시연합대학에서의 활동. 의사학 9(2)(2000년 12월), 256~257쪽.
[13] 전남대학교 의과대학 오십년사(1944~1994)(전남대학교 의과대학, 1996), 56쪽.

시련과 고난을 딛고 선 세브란스 의과대학(1945~1957)

임하였다. 부산에 비해 광주의 연합대학은 여건의 훨씬 좋았고 모두 527명이
등록하여 수강하였다.

4. 1950학년도의 학사 일정

1) 교육법의 제정

1948년 8월 대한민국의 정부 수립과 함께 출범한 제1공화국은 1949년 말
교육법(敎育法)을 제정·공포하였다. 1950년 3월 10일 법률 제118호로 시행
된 교육법의 주요 내용은 교육 기회의 균등, 6년간의 무상 의무교육 실시, 교
육 이념으로서 홍익인간의 명시, 학생의 인격과 개성 존중, 교육의 중립성,
교원의 신분 보장 등이었다.

그런데 더욱 중요한 점은 1951학년도부터 새 학년의 개학을 9월 1일이 아
니라 4월 1일로, 2학기를 3월 1일이 아니라 10월 1일로 정한 것이었다. 그 경
과 조치로서 1949학년도의 학년 말은 1950년 5월 31일에 마감하고, 1950학년
도는 6월 1일 개학하여 이듬해 3월 말까지로 정하였다. 하지만 1달도 되지
않아 한국전쟁이 터지면서 한국의 교육은 일대 혼란에 빠져들게 되었다.

한편 교육법 제정에 따라 연희대학교는 1950년 4월 13일자로 변경된 학칙
개정의 인가를 신청하여 5월 25일부로 인가받았다. 학칙의 개정에 따라 이학
원이 개칭된 이공대학에는 수학과, 물리기상과, 화학과, 생물학과(각과 1개
학년당 30명), 의예과(1개 학년당 50명), 전기공학과(1개 학년당 50명) 및 화
학공업과(1개 학년당 40명)가 있었다.

2) 연희대학교 이공대학 의예과의 첫 입학생

1950학년도에 처음으로 연희대학교 이공대학 의예과에서 학생을 모집하였

는데, 2년 과정을 수료한 후 세브란스 의과대학에 진입하는 것으로 명시되었다. 당시 시험 과목은 국어, 수학, 사회생활(지리, 역사, 공민), 영어 및 자연과학(물리, 화학, 생물)이었고, 구술시험과 신체검사이었다. 그런데 다른 대학교에 비하여 10여 일 일찍 1950년 5월 1일에 입시가 시행되었기 때문에 입학 정원 630명에 3,261명이 지원하여 평균 5.2대 1의 높은 경쟁률을 보였으며, 응시자가 너무 많아 노천극장에서까지 시험을 치렀다. 특히 의예과는 50명 모집에 571명이 지원하여 11.4대 1이라는 높은 경쟁률을 기록하였다. 1950학년도의 의예과 2개 학년의 학생은 1학년이 52명, 2학년이 42명으로 모두 94명이었다.

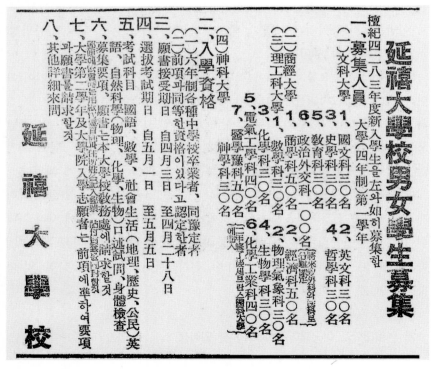

그림 3-7. 연희대학교 남녀학생 모집 광고. 부인신문(1950년 4월 6일), 3쪽.

이들의 입학식과 개학식은 6월 5일에 거행되었고, 그 다음날부터 정상 수업이 시작되었다. 당시 이공대학의 수업은 아펜젤러 홀에서 진행되었지만 강의실이 턱 없이 모자라 과학관의 신축이 계획되었다.

의예과가 소속된 이공대학에는 수학과, 물리기상학과, 화학과가 있었고, 생물학과가 신설되었다. 세브란스 예과에서 김인완 교수가 연희대학교로 이적하여 생물학과 및 의예과의 과장을 맡으면서 일반 생물학을 강의하였다. 이외에 윤익병이 비교해부학, 윤일병이 역학, 이영우가 생화학을 강의하였다.

6월 25일 한국전쟁이 일어났고, 다음 날인 6월 26일 월요일에는 별다른 동요 없이 정상 수업을 마쳤다. 27일에도 수업이 진행되었는데 제1교시가 진행되는 중에 적기가 날아와 서울 상공에서 공중전이 벌어졌고, 포성이 천지를 진동하였다. 이에 학교에서는 긴급 교무회의와 교수회의를 개최하여 시국을 토론한 결과, 당분간 무기 휴교하기로 결정하였다. 따라서 정오 무렵, 노천극장에 학생들을 집합시키고 휴교를 발표하였다.

이후 9월 15일 인천 상륙작전에 이어 21일부터 26일까지 치열한 연희고지 탈환작전에서 패배한 공산군이 북아현동 쪽으로 후퇴하면서 9월 27일 미군이 연희에 진주하게 되었다. 연희는 대충 학교를 정리하고 11월 3일 노천극장에서 개강식을 가졌으며, 6일부터 수업이 시작되었다. 하지만 중공군이 개입하면서 UN군의 전세가 불리해지자 다시 휴교를 결정하고 12월 6일 이를 공포하였으며, 학교 본부는 대구를 거쳐 부산으로 내려갔다.

1951년에 들어서도 전세가 호전되리라는 예측이 곤란해지자 정부는 전시연합대학을 설치하였다. 연희대학교 학생들 중 156명이 전시연합대학과 기타 대학에서 강의를 받았는데, 그중 15명이 의예과 학생들이었다.

1950학년도의 의예과 2학년 42명 중에서 35명의 학생이 1951년 8월 의예과를 수료하였다.

3) 1950학년도의 본과 강의

1950학년도의 강의는 6월 1일 개학한 지 채 1달도 지나지 않아 한국전쟁이 일어나면서 제대로 진행되지 않았다. 교수들이나 학생들 중에는 미처 피난을 가지 못한 경우도 많았다.

9월 28일 서울이 수복된 후 10월 초에 서울대학교 의과대학에 연합대학이 만들어진 것으로 알려져 있다.[14] 이 대학은 1951년에 만들어진 전시연합대학 과는 다른 것이었지만, 미처 피난가지 못하고 서울에 남아 있던 세브란스 의 과대학, 서울대학교 의과대학, 서울여자의과대학 및 이화여자대학교 의과대 학 학생들이 서울대학교에 설치된 연합대학에서 함께 강의를 들었다고 한다. 공부가 제대로 될 리가 없었고, 출석이나 부르는 정도이었다고 한다. 얼마 후 중공군이 개입하자 연합대학은 제36육군병원으로 개편되었고, 교수진과 학 생들은 모두 병원선을 타고 부산으로 내려갔다.

이와 같이 서울에 남아 있던 학생들과 각지로 피난하였던 학생들은 서로 다른 1950학년도를 보내었다. 이후 1951년 4월부터 시작된 전시연합대학에서 의 강의 중 8월까지의 기간은 1950학년도에 취득하지 못한 학점을 따는 기회 가 되었다.

부산 전시연합대학

1학년	해부학, 조직학, 생화학, 생리학, 의학사
2학년	위생학, 미생물학, 병리학, 약리학, 외과학, 진단학
3학년	내과학, 외과학, 소아과학, 피부비뇨기과학, 이비인후과학, 안과학, 산과학, 부인과학, 신경정신과학, 치과학, 전염병학
4학년	내과학, 외과학, 소아과학, 피부비뇨과학, 이비인후과학, 안 과학, 산부인과학, 정신과학, 방사선과학, 치과학 (1명은 병리 학도 수강함)

---

[14] 최규식, 인사동 40년. 해정 최규식 회고록(서울, 도서출판 큐라인, 2010), 63쪽.

대구 전시연합대학

1학년	해부학, 생리학, 생화학, 수학, 영어
2학년	영어, 생리학, 미생물학, 병리학, 약리학, 외과학, 진단학, 수학
3학년	영어, 위생예방의학, 병리학, 내과학, 외과학, 소아과학, 피부비뇨기과학, 이비인후과학, 안과학, 산부인과학, 방사선과학

광주 전시연합대학

1학년	해부학, 조직학, 체육
2학년	미생물학, 병리학, 기생충학, 외과학, 진단학
3학년	내과학, 외과학, 소아과학, 안과학, 산과학, 부인과학

한편 1950학년도에 전문부 4학년(당초 1950년 졸업 예정이었지만 휴학 등의 사정에 의해 졸업이 미루어진 4명) 학생들의 강의 과목도 다소 달랐다. 이들이 어디서 어떻게 강의를 받았는지는 확실하지 않다.

11개 과목	내과학, 외과학, 산과학, 부인과학, 소아과학, 피부과학, 비뇨기과학, 안과학, 이비인후과학, 정신병학, 전염병학 (2명)
11개 과목	법의학, 내과학, 외과학, 산부인과학, 소아과학, 피부비뇨기과학, 안과학, 이비인후과학, 정신병학, 방사선과학, 신경과학 (1명)
10개 과목	내과학 임상, 법의학, 내과학, 외과학, 산부인과학, 피부비뇨기과학, 안과학, 이비인후과학, 정신과학, 신경과학

4) 제41회 졸업식

한국전쟁으로 부산으로 피난하고 있는 상황에서 1951년 11월 30일 37명이 제41회로 졸업하였다. 이 중 4명은 전문부, 33명은 학부 졸업이었다. 이들은 한국전쟁으로 취득하지 못한 마지막 학년의 학점을 전시연합대학에서 1951년 4월부터 8월까지, 그리고 9월과 10월의 학기에 채우고 졸업하게 된 것이었다.

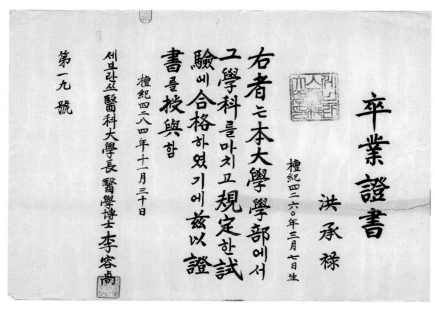
그림 3-8. 제41회 졸업생의 학부 졸업장(홍승록). 홍정 소장.

　　전문부 졸업생 4명은 1944년 4월 입학생이 1명, 1946년 9월 입학생 3명이었다. 학부 졸업생 33명은 모두 1945년 4월 입학생이었는데, 전문부 1학년을 마치고 의예과에 편입하여 2년 후인 1948년 본과 2학년으로 편입되었다가 졸업한 것이었다.

5. 1951학년도의 학사일정

1) 1951학년도의 의예과

　　연희대학교는 1951년 8월 2일 신입생 모집을 위한 입시요강을 발표하고 9월 1일부터 3일까지 대구와 부산의 남성여고에서 국어, 영어, 수학 및 사회생활 과목의 시험을 치렀다. 371명이 응시하여 309명이 합격되었는데, 이공대학은 87명이었다. 이 중 의예과는 30명이었다. 1951학년도의 의예과 2개 학년의 학생은 78명이었다.

전시연합대학에서 강의가 진행되었지만 연희대학교는 따로 교사를 마련하여 교육을 진행하기로 결정하였다. 결정된 부지는 부산시 영도 신선동 3가 748번지이었으며, 천막 다섯 채를 임시 교사로 삼아 10월 3일 개천절에 개강하였다. 하지만 8개밖에 되지 않는 강의실에서 114개의 강좌를 개설하야 하였기에 신입생은 오전에, 상급생은 오후에 수업을 받는 2부제로 강의가 진행되었다.

1952년 2년 과정의 의예과를 수료한 학생은 35명이었다.

2) 1951학년도 본과 강의

1951학년도에 전시연합대학에서 이루어진 강의는 다음과 같았다.

부산 전시연합대학

2학년   해부학, 조직학, 약리학, 병리학 총론, 기생충학, 미생물학,
        위생학, 진단학, 외과 총론 (1명은 약리학을 수강하지 않음)

대구 전시연합대학

1학년   해부학, 생화학, 생리학, 라틴어
2학년   생리학, 약리학, 병리학 총론, 미생물학, 진단학, 외과(총론?)

광주 전시연합대학

1학년   해부학, 조직학, 생화학, 생리학, 신경과학, 체조(신경과학을
        수강하지 않은 학생이 1명 있음)
2학년   해부학, 조직학, 국소해부학, 생화학, 생리학, 약리학, 병리학
        총론, 기생충학, 미생물학, 진단학, 신경과학, 외과학
3학년   병리학, 약리학, 내과학, 외과학, 소아과학, 이비인후과학, 안
        과학, 산과학, 부인과학, 치과학(병리학과 약리학을 수강하지
        않은 학생이 1명 있음)

4학년   내과학, 외과학, 소아과학, 피부비뇨기과학, 이비인후과학, 안과학, 산과학, 부인과학, 치과학

그런데 1951학년도에 전시연합대학에 수강을 받지 않고 학점을 취득한 1, 2학년 학생들의 수강 과목은 다음과 같았다.

1학년   해부, 조직, 생화학, 생리, 의학사, 영어
2학년   약리, 병리 총론, 기생충, 미생물, 위생, 외과 총론, 진단학

3학년의 경우에는 다소 복잡하여 학생들에 따라 수강 과목이 다르다. 15명의 학생은 다음과 같은 과목을 수강하였다.

예방의학, 병리학, 내과학, 외과학, 소아과학, 피부비뇨기과학, 이비인후과학, 안과학, 산부인과학

하지만 다음과 같은 과목을 수강한 학생도 있었다.

14개 과목   전염병학, 정형외과학, 약리학, 내과학, 외과학, 소아과학, 피부과학, 비뇨기과학, 이비인후과학, 안과학, 산과학, 부인과학, 정신과학, 방사선학 (2명)
12개 과목   위생학, 병리학, 내과학, 외과학, 소아과학, 피부비뇨기과학, 이비인후과학, 안과학, 산과학, 부인과학, 신경과학, 처방학 (1명)
13개 과목   정형외과학, 약리학, 내과학, 외과학, 소아과학, 피부과학, 비뇨기과학, 이비인후과학, 안과학, 산과학, 부인과학, 정신과학, 방사선학 (1명[15])
19개 과목   미생물학, 병리학, 약리학, 내과학, 외과학, 소아과학, 피부과학, 비뇨기과학, 이비인후과학, 안과학, 산과학, 부인

[15] 이 학생은 광주의과대학 예과를 수료하고 학부 2학년을 마친 후 1952년 2월 1일 3학년으로 편입하였다.

과학, 신경과학, 정신과학, 치과학, 방사선학, 진단학, 전
염병학, 정형외과학 (2명[16])

4학년의 경우에는 대부분은 14개의 과목을 수강하였지만, 8개 과목만을
수강한 학생도 1명 있었다. 특히 14개 과목은 학부와 전문부가 함께 수강하
였다.

14개 과목   내과학, 외과학, 소아과학, 피부과학, 비뇨기과학, 이비인
후과학, 안과학, 산과학, 부인과학, 정신과학, 방사선과
학, 법의학, 성병학, 예방의학 (16명)

8개 과목   내과학, 외과학, 소아과학, 피부비뇨기과학, 이비인후과
학, 안과학, 산부인과학, 신경정신과학 (1명)

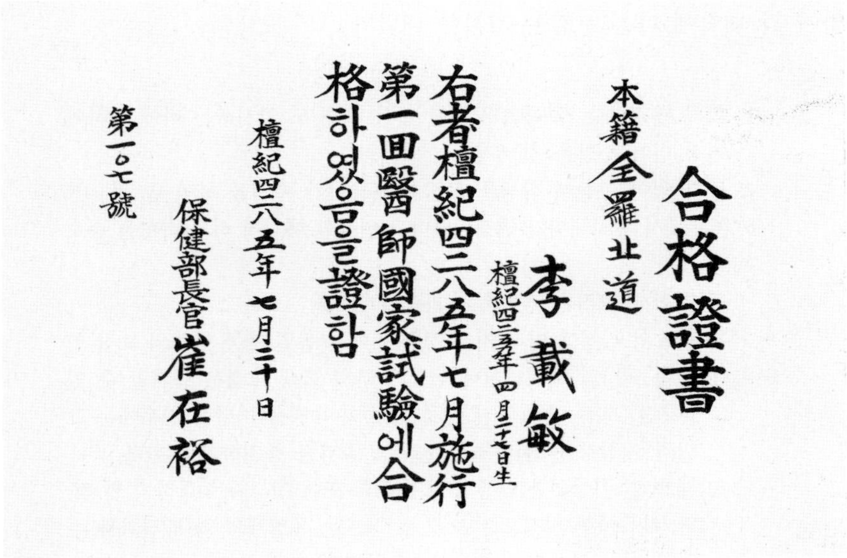

그림 3-9. 제1회 의사국사시험 합격증(이재민). 동은의학박물관 소장.

---

16) 2명 중 한 학생은 평양의학대학 3학년을 마친 후 1951년 9월 7일 3학년으로 편입하였다.

3) 제42회 졸업식

제42회 졸업식은 1952년 5월 10일 부산에서 개최되었는데, 전문부 2명, 학부 18명이었다. 전문부 2명은 모두 1946년 4월 전문부로 입학한 학생들로서 중도에 휴학을 하였던 학생들이었다. 학부 18명은 모두 1946년 4월 학부로 입학한 학생들이었다. 이들은 7월에 치러진 제1회 의사 국가시험을 치르고 의사 자격을 취득하였다.

6. 전시하 학교 체제의 개편[17]

한국전쟁으로 부산에 피난 중이던 정부는 학제를 전시체제로 개편하기 위하여 각 대학에 다음과 같은 지시를 내렸다.

1. 학칙 및 직제는 교육법 시행령 실시 후 별도 지시하는 바에 의하여 변경 인가를 받을 것.
2. 인가 없이 야간부 학생을 모집하거나 야간 수업을 하지 말 것.
3. 본부에서 전시체제가 해제되었다고 인정할 때까지 하기 사항을 준수할 것.
    1) 남학생 모집은 정원을 초과하지 말 것.
    2) 학교의 실정에 따라 지정 정원 내에서 동일 계통 학과의 모집 인원을 적당히 배정하거나 어떤 학과의 학생 모집은 중지할 수 있다. 단, 모집 인원(합격 예정자 수)이 10명을 미달할 경우에는 그 합격 예정자를 적의 조치하고 그 학과를 중지하기로 한다.
    3) 제2학년 이상의 남학생의 보결 입학 또는 전과를 수락하지 말 것. 단, 부득이한 사정으로 보결 입학 또는 동일계의 학내 전과를 수락할 시는 본부의 인정을 받아야 한다.

---

17) 다음의 자료를 참고하였다. 연세대학교 백년사 1. 연세통사 상(서울: 연세대학교 출판부, 1985), 318~329쪽.

참고. 제3항의 남자 학생 모집 제한은 전시체제에 적응하며 실업교육 및 사범교육의 진흥을 기하기 위한 임시조처로서 하의 기준에 의거함.

1. 이공계(農, 工, 水, 醫, 藥, 數, 物, 化, 生, 家政, 體育 等) 및 사범계는 인가 정원을 그대로 인정한다.
2. 법정·경상계는 인가 정원의 2분의 1로 감한다.
3. 문과계(文, 語, 哲, 地, 史, 社, 神, 宗, 藝 等)는 인가 정원의 4분의 3으로 감한다.

이 지시에 따라 세브란스는 1951년 11월 29일에 학교 개편 인가 신청을 문교부에 제출하였는데 그 내용은 다음과 같았다.

학교 개편 인가 신청

1. 목적: 본 대학은 기독교 정신 및 대한민국의 교육 이념에 기하여 국가 발전에 필요한 학술 특히 의학의 심오한 이론과 그 광범정치한 응용 방법을 교수하는 동시에 충실고매한 인격을 도야함을 목적으로 함.
2. 명칭: 세브란스 의과대학
3. 위치: 서울특별시 남대문로 5가 115번지
   임시 사무연락소: 부산시 대청동 2가 25번지
4. 학칙: 첨부 별지와 여함.
5. 부설기관: 본 대학은 학생의 연구, 실습의 필요에 의하여 아래의 부설기관을 둔다.
   대학 부속병원
   고등간호학교(간호고등기술학교)
   부설기관에 관하여는 별도 작성 제출키로 함.

개편 전후의 편제(학부·학과·학생 정원)

	학년	예과	전문부	본과	계
개편 전	1년	70	70	70	210
	2년	70	70	70	210
	3년		70	70	140
	4년		70	70	140
	계	140	280	280	700

	학년	예과	전문부	본과	계
개편 후	1년			50	50
	2년			50	50
	3년			50	50
	4년			50	50
	계			200	200

개편 당시의 수업 지역 별 학생 수

	1학년	2학년	3학년	4학년	계
부산전시연대	3	9	12	16	40
광주전시연대	7	5	2	4	18
대구의대	1	0	7	2	10
계	11	14	21	22	68

6. 교원 빛 직원의 직제와 현원 일람표

본 대학 직제: 교사 직제, 직무, 직종, 정원은 아래와 같음.

학장 1, 부학장 1, 교무과장 1, 교수 20명, 부교수 20명, 조교수 28명, 강사 30명, 조수 60명

학장은 본 대학을 대표하고 일체를 총리함.

부학장은 학장을 보좌하고 학장이 유사시 그 직무를 대리함.

교무과장은 학장의 명을 받아 교학에 관한 제반 사무를 장리함.

교수는 담임 학과에 관하여 학술을 교수하고 연구를 지도한다.

부교수는 교수를 보좌하여 학과를 교수하고 연구를 지도함.

조교수는 교수 및 연구 지도를 분담하며 교수를 보좌함.

강사는 교수의 지시에 의하여 학술에 관한 직무를 행하고 또는 특정한 학과에 관한 강의를 담당 또는 분담함.

조수는 교수 또는 조교수의 지시에 의하여 학술 또는 교실에 관한 직을 대행한다.

사무 직제: 총무과장 1명, 재무과장 1명, 관재과장 1명, 서기 10명

총무과장은 학교 일반 서무를 취급함.

재무과장은 채무에 관한 일체를 장리함.

관재과장은 대학 재산에 관한 사항을 장리함.

서기는 사무를 처리함.

부속병원: 원장 1명, 부원장 1명, 부장 12명, 부부장 12명, 의국장 12명, 약국장 1명, 의원 40명, 약제사 5명, 간호원장 1명, 간호원 60명, 기수 5명

원장은 부속병원에 관한 일체 사항을 장리함.

부원장은 원장을 보좌하고 원장 유사시에 그 직무를 대리함.

부장은 교수 또는 부교수(조교수)를 임명하고 부부장은 각 진료 과목의 전임으로서 소관 과목에 관한 사항을 장리함.

의국장은 각 진료 과목에 분속하고 직원을 대표하여 진료에 관한 직무를 행함.

약국장은 병원장 감독하에 병원 약국의 사무를 장리함.

약제사는 약국장의 지시를 받아 조제에 관한 직무를 장리함.

의원은 각 진료 과목에 분속하여 부장의 지시에 따라 진료에 관한 직무를 장리함.

간호원장은 원장 또는 부원장의 명을 받아 간호에 관한 직무를 행한다.

간호원은 간호원장의 지시에 의하여 간호에 관한 직무를 행함.

기수는 상장의 명을 받아 기술에 관한 직무에 복함.

고등간호학교(간호고등기술학교)

고등간호학교장은 고등간호학교에 관한 일체를 총리함.

고등간호학교(간호고등기술학교)에 관하여 별도 제출키로 함.

7. 경비 및 유지방법 : 아래와 같은 보통 재산으로 충당함.

1) 기본재산 수입

2) 재미 협동이사회 재단 수입

3) 부속병원 수입

4) 수업료, 입학금

5) 후원회비 수입

6) 기타 수업(재미 각 외국 선교회의 수시 보조 등)

대략 아래와 같은 산출 방법으로 경영하고 그 재단에 대한 내역은 다음과 같다.

1) 토지

소재지	종류/지적	평가	비고
서울특별시 남대문로 5가 115번지	대지 15,000평	4,500,000원	1944년 평가
충남 아산군	농지 600,000평	18,000,000원	평당 30원

2) 건물: 건물은 서기 1950년 9월 사변으로 인하여 대부분 파괴, 소실되고 현재 수리하여 사용 가능한 건물은 아래와 같다.

수리 가능한 건물과 수리 소요 비용

종류	동수(실수)	구조	연평	평가	비고
보통 교실	(1)	벽돌 5층	30	3,000$	평당 100$로
기초학교실	3	벽돌 2층	270	27,000$	계산함
연구실	3	벽돌 3층	160	16,000$	
사무실	5	벽돌 4층	105	15,000$	
병실	60	벽돌 4층	320	32,000$	
식당 및 세탁소	5	벽돌 2층	200	20,000$	
임상검사실	3	벽돌 2층	50	5,000$	
계			1,135	118,000$	

건물에 관하여는 의대생 각 학년 1학급 50명, 부속병원 환자 200명 수용할 병실, 부속고등간호학교 각 학년 1학급 30명 수용할 건물, 각과 연구실, 기숙사 등 본 의과대학이 필요로 하는 건물의 복구는 재미 협동이사재단 및 미 8군 민사 원호처(CAC)의 협조로 조속한 시일 내에 원상 이상으로 복구키로 내약되었음.

3) 도서: 사변 중 의과대학, 부속병원, 고등간호학교용 참고서, 교과서, 잡지 등이 전부 도난 소실되었으나 도서는 재미 협동이사회, 재미 도서관협회 및 미8군 의무참모로부터 필요ㆍ충분한 수량의 기증의 내약이 있음.
4) 기계 및 기구: 의과대학 학생 각 학년 1학급 50명, 부속병원 200명 환자 수용 및 외래환자 진료에 충분한 수량과, 고등간호학교 각 학년 1학급 30명에게 필요한 기계 및 기구는 6ㆍ25전쟁으로 전부 파손, 도난, 소실되었으나 이에 충분한 것은 재건의 시작과 동시에 미 제8군 민사원호처 및 재미 협동이사회 재단으로부터 원상 이상의 충분한 시설을 조속한 기일 내에 복구키로 내약이 있음.
5) 재미 본 대학 협동이사회 재단: 기금 30만 달러

이상에 표시한 기본 재산표는 그 윤곽을 표시함에 불과하고 그 세목별 목록은 법인에 관한 서류 및 기타 참고할 서류가 소개 서류 중에서 미발견되어 제출치 못하오나 금후 이를 철저히 조사 확실히 제출키로 함.

6) 교사 사용 불능으로 인한 임시 수업 계획: 전쟁 중 본 대학 학생 대부분이 군무에 종사케 되고 군경에 관계없는 학생의 수가 전 재적 학생의 3분의 1에 미달함으로 부산과 광주 전시연합대학 의학부 및 대구의 과대학 등의 해당학년에 편입 수학 중임.

7) 완성 년도까지 수지개산: 이는 서울 귀환 후 이산된 이사회원을 소정하여 회의를 개최하고 관계 각처의 개산을 토의하여 현재 및 장래에 적절한 확충계획을 수립하여 제출키로 함.

8) 도서 및 시설의 목록과 그 계획표: 도서에 관하여는 전기한 바 전쟁무로 전부 소실. 분실되고 도서관도 완전 파괴 소실되었으나 도서와 시설에 관하여는 의과대학 학생 각 학년 1학급 50명, 부속병원 200명 환자 수용 병상과 고등간호학교 각 학년 1학급 30명에 필요한 도서 및 제반 충분한 시설은 재미 협동이사회 재단, 각 선교부, 미국 의과대학 도서관 협회 및 미8군 민사 원호처에 의뢰하여 구입 또는 기증받을 계획임으로 세부목록은 작성 후 보고코자 함.

9) 재단법인 기부행위 기본재산 목록 및 기부행위 소정 절차를 이수한 증빙 서류: 이는 동란으로 인하여 그 소재불명으로 이를 제출치 못하나 서울 귀환 후는 이사회를 소집하여 이상 서류를 작성하여 금반 대학 개편에 관한 일체 수속서류를 확실히 계획하고 진행 중에 있음.

교직원

직위	성명	연령	당당 과목 또는 사무	학력	경력 연수	채용 시기
학장	이용설	57	외과학	세의전 졸업(1919), 의학박사	18	1923
부학장	김명선	55	생화학	세의전 졸업(1925), 의학박사	27	1925
병원장	문창모	45	이비인후과학	세의전 졸업(1931)	3	1949
부교수	최금덕	38	해부학	세의전 졸업(1931)	11	1941
부교수	정일천	48	해부학	경성의전 졸업(1927), 의학박사	17	1935
강사	손원태	38	해부학	세의전 졸업(1945)	7	1945
조수	박수연	27	해부학	세의전 졸업(1948)	4	1948
교수	이병희	44	생리학	세의전 졸업(1935), 의학박사	17	1935
강사	임의선	35	생리학	세의전 졸업(1941)	11	1941
조수	조민행	30	생리학	세의전 졸업(1945)	7	1945
조수	임평기	26	생리학	세의전 졸업(1948)	4	1948
조교수	차영선	35	생화학	세의전 졸업(1939)	13	1939
조수	김용현	25	생화학	세의전 졸업(1949)	3	1949

직위	성명	연령	당당 과목 또는 사무	학력	경력 연수	채용 시기
교수	이세규	47	약리학	교토제국대학 의학부, 의학박사	17	1935
조교수	이우주	35	약리학	세의전 졸업(1941)	11	1941
조수	홍사석	26	약리학	세의전 졸업(1948)	4	1948
조수	김성전	25	약리학	세의전 졸업(1949)	3	1949
교수	윤일선	56	병리학	교토제국대학 의학부 (1923), 의학박사	27	1925
강사	김동식	32	병리학	세의전 졸업(1942)	10	1942
조수	장종완	26	병리학	세의전 졸업(1948)	4	1948
조수	김순응	26	병리학	세의전 졸업(1948)	4	1948
조교수	유 준	35	미생물학	경의전 졸업(1940)	7	1945
조수	한응수	30	미생물학	세의전 졸업(1945)	7	1945
조수	조선구	26	미생물학	세의전 졸업(1948)	4	1948
조수	오장옥	26	미생물학	세의전 졸업(1948)	4	1948
조수	오장옥	26	미생물학	세의전 졸업(1948)	4	1948
조교수	현봉학	29	임상병리학	세의전 졸업(1944)	8	1944
조수	박희영	27	임상병리학	세의전 졸업(1948)	4	1948
교수	심상황	43	위생학	경의전 졸업(1935), 의학박사	7	1945
조수	양재모	43	위생학	세의전 졸업(1948)	4	1948
조수	홍석기	25	위생학	세의전 졸업(1949)	3	1949
교수	최 동	56	법의학	세의전 졸업(1921)	31	1921
교수	심호섭	62	내과학	경의전 졸업(1911), 의학박사	37	1915
부교수	이보영	42	내과학	세의전 졸업(1937), 의학박사	15	1937
부교수	조광현	39	내과학	세의전 졸업(1930), 의학박사	12	1940
강사	윤형로	42	내과학	세의전 졸업(1933), 의학박사	19	1933
조수	김채원	26	내과학	세의전 졸업(1948)	4	1948
교수	노형진	38	외과학	세의전 졸업(1939)	13	1939
강사	민광식	42	외과학	세의전 졸업(1936), 의학박사	2	1950
조수	김병식	26	외과학	세의전 졸업(1948)	4	1948
조수	김채섭	26	외과학	세의전 졸업(1948)	4	1948
조수	안승봉	27	외과학	세의전 졸업(1948)	4	1948
조수	황규철	31	외과학	세의전 졸업(1945)	7	1945
조수	허 곤	30	외과학	세의전 졸업(1948)	4	1948
조수	김광회	27	외과학	세의전 졸업(1948)	4	1948
교수	설경성	42	산부인과학	산부인과학	16	1936
조수	노경병	27	산부인과학	세의전 졸업(1948)	4	1948
강사	김재홍	46	산부인과학	세의전 졸업(1931), 의학박사	21	1931
교수	최재유	46	안과학	세의전 졸업(1929), 의학박사	23	1929
강사	최창수	35	안과학	세의전 졸업(1942)	10	1942

직위	성명	연령	당당 과목 또는 사무	학력	경력 연수	채용 시기
강사	홍순각	31	안과학	세의전 졸업(1944)	8	1944
조수	이명수	32	안과학	세의전 졸업(1943)	9	1943
조수	최 억	28	안과학	세의전 졸업(1948)	4	1948
교수	이병현	41	이비인후과학	세의전 졸업(1937), 의학박사	15	1937
부교수	정기섭	52	이비인후과학	세의전 졸업(1926)	7	1945
조수	윤상하	31	이비인후과학	세의전 졸업(1945)	7	1945
조교수	왕종순	35	피부비뇨기과	세의전 졸업(1939)	13	1939
강사	이남주	31	피부비뇨기과	세의전 졸업(1944)	8	1944
교수	조동수	45	소아과학	세의전 졸업(1933), 의학박사		1933
조수	김종완	31	소아과학	세의전 졸업(1945)	7	1945
조수	김기현	27	소아과학	서울여자의과대학 (1948)	4	1948
조수	인명렬	26	소아과학	서울여자의과대학 (1948)	4	1948
강사	이동섭	33	치과학	경치전 졸업(1942)	10	1942
조수	박응기	31	치과학	경치전 졸업(1940)	12	1940
조수	윤신현	32	치과학	경치전 졸업(1940)	12	1940
조수	지헌택	29	치과학	경치전 졸업(1947)	5	1947
조수	이한수	26	치과학	경치전 졸업(1949)	3	1949
기수	황종섭	31	방사선과		7	1945
조수	이근영	29	외과학	경치전 졸업(1947)	5	1947
강사	이상용	31	내과학	세의전 졸업(1942)	10	1942
강사	홍순국	31	내과학	세의전 졸업(1942)	10	1942
조수	오중근	28	내과학	세의전 졸업(1947)	5	1947
조수	오성용	29	내과학	세의전 졸업(1947)	5	1947

* 사무직원은 남하하여 단독 개강치 않고 있으므로 사무직원은 없음.
* 언제나 단독 개강 또는 서울 귀환하여 개강케 되면 소요 인원을 채용 배치
 할 계획임.

이상과 같은 학교 개편 인가 신청은 1951년 12월 1일자로 인가를 받았다.
당시 일부 교직원은 구호병원에서 환자 진료에 종사하였으나 직접 군대에 입
대하든가 또는 군속으로서 일한 경우도 많았다.

7. 분원의 설치

한국전쟁이 발발하였을 때 세브란스 교직원들 중에는 미처 남하하지 못하

고 적 치하에서 숨어 지낸 사람들도 많이 있었다. 세브란스 병원장이었던 문창모가 대표적이었다. 9월 28일 서울이 수복되자 서울에 남아있던 교직원들은 병원을 정리하고 다시 진료를 시작하였지만 중공군의 개입으로 1951년 1월 4일 후퇴를 하면서 병원 기구와 물자를 남쪽으로 옮기면서 병원도 함께 옮겼다. 이때 학교는 부산에, 병원과 간호학교는 경상남도 거제도에 본부를 두었다. 이때의 상황을 문창모는 다음과 같이 회고하였다.[18]

나는 9·28 서울 수복 다음 날 저녁, 명동성당에서 울리는 종소리를 듣고 기어 나와 병원으로 갔다. 그때 외래 진찰소 건물이 불타고 있었다.
나는 한 두 사람씩 모여드는 직원들과 함께 불을 끄고 청소를 하며 의료 기구 등을 손질하여 환자 진료를 시작하였다. 그런데 곧 중공군의 참전으로 이북까지 진격하였던 국군이 후퇴한다는 소식이 들려왔다. 6월에 너무도 혼이 났었던 나는 여러 직원들과 상의하고, 보건부와도 연락하면서 철도국에서 화물차 한 칸과 인천에서 LST 한 척을 얻어 대부분의 병원 기구와 물자를 부산으로 옮겼다. 당시 국회의원이었던 이용설 동창과 미국 감리교회 선교사이었던 만젯[19]의 도움이 컸다.

1) 세브란스 의과대학 부속병원 거제도 진료소

문창모 병원장은 1951년 1월 4일 오전, 병원에서 쓰던 고물 쓰리쿼터 화물자동차에 마지막 짐을 챙겨 싣고 공주와 전주를 거쳐 부산으로 내려갔다. 그는 먼저 부산에 내려가 있던 이용설 학장과 김명선 부학장의 지시에 따라 몇몇 직원들과 함께 병원 짐을 거제도 장승포로 옮겼다.

---

18) 연세대학교 의과대학 의학백년 편찬위원회, 의학백년 (서울, 연세대학교 출판부, 1986), 154~156쪽.
19) 프레드 P. 만젯(Fred. Prosper Manget, 1880~1979)은 1906년 애틀랜타 의과대학(후의 에머리 대학교 의학부)을 졸업하고 수련을 받은 후 1909년 의료 선교사로서 중국으로 파송되었다. 그는 쑤저우[蘇州]에서 활동을 하다가 후저우[湖州]로 옮겨 임대한 건물에서 진료소를 개소하였다. 이 진료소는 후저우에서 처음 설립된 병원이었다. 그는 중국인들의 후원으로 1924년 5월 200병상의 병원을 개원할 수 있었으며, 1941년까지 원장으로 활동하였다.

그림 3-10. 장승포 진료소 입구에서 사진을 찍은 간호학교 졸업생들.

병원이 거제도로 내려가게 된 데에는 김명선 부학장과 그곳 기독청년회의 진도선(陳道善) 회장의 친분이 큰 역할을 하였다. 1948년 10월 거제중학교의 초대 교장에 임명된 진도선은 김명선의 숭실전문학교 후배로 둘은 평소 친분이 깊었다. 그는 인구 10만의 거제도에 의과대학을 졸업한 의사가 한 명도 없으니 세브란스에서 거제도에 진료소를 열어 줄 것을 요청하였고, 이에 김명선은 1948년 겨울 인턴이 거의 끝나가는 산부인과의 노경병, 내과의 이한주, 내과 지망생 김인선, 그리고 방역연구소의 이삼열(모두 1948년 졸업)을 3개월 씩 내려 보내 환자를 진료하도록 조치한 적이 있었다.

한국전쟁이 발발하고 1·4 후퇴 때 장승포로 짐을 옮겼는데, 학교 당국은 거제도에 구호병원을 설치하기로 하고 1월 25일 윤상하와 최억을 선발대로 보냈다. 당시 거제도에는 함흥에서 철수한 피난민, 포로수용소의 포로들 등 30만의 인구가 있었다. 세브란스는 1951년 봄부터 거제중학교(장승포동 474

그림 3-11. 장승포 진료소 앞에서 사진을 찍은 직원 일동. 동은의학박물관 소장.

번지)의 교실 두 칸을 임시 진료소로 만들어 진료를 시작하였는데, 약 20병상의 입원실이 있었다.[20] 의사 숙소는 지역민의 도움을 받아 장승포국민학교에서 사용하던 건물(장승포동 300번지)을 허락받아 사용하였다. 비록 소규모의 진료소로 시작하였지만 서울에서 가져온 미제 50병상 유닛 신품을 위시하여 많은 의료 기구를 펼쳐 놓으니 근사하였다.

점점 환자가 많아지면서 원활한 진료를 위해서는 공간이 너무도 부족한 상황이었는데, 때마침 방문한 미 8군 의무 책임자가 그것을 보고 당시 제2국민병이 거의 떠난 상태이었던 장승포국민학교의 건물을 내주었다. 이곳에서는 교실 하나를 2개과가 진찰실로 사용하였다.

당시 세브란스 진료소는 조광현 내과 교수가 분원장의 역할을 하였으며,

[20] 진재신, 세브란스 거제병원 약사(미간행 자료), 동은의학박물관 소장.

외과에는 황규철, 이근영, 김광회, 이비인후과에는 윤상하, 안과에는 최창수, 마취과에는 이성영, 치과에는 이동섭이 있었다. 이외의 임상 분야는 의사가 부족하여 해부학교실의 최금덕 교수는 개업 중이던 노경병과 포로 수용소의 미국 군의관의 도움을 받으며 산부인과를 담당하였고, 생리학교실의 이병희 교수가 소아과를 담당하였다. 후에 서울여자의과대학을 졸업하고 세브란스에서 수련을 받고 있던 인명렬 등이 합류하였다. 또한 방사선과 기사 황종섭도 있었다.

특히 민사 원호처의 본부가 장승포에 자리 잡으면서 주요 간부이던 의과대학 졸업생 이병태(1947년 졸업)와 간호과의 이영복 등의 도움으로 최신 의약품과 소모품을 무상으로 원활하게 공급받은 것은 물론 40병상 규모의 병원 장비 유닛 2개와 5킬로와트 용량의 발전기까지 받아 90병상 규모의 종합병원을 차리게 되었다. 발전기가 확보됨으로써 치과, 수술실 및 방사선 기계를 원활하게 운영할 수 있게 되었다.

이렇게 몇 주를 지나자 부산에 피난 와 있던 여러 의사들이 합류하여 각 과로 나뉘어서 본격적으로 진료를 하게 되었다. 매일 외래환자는 700명 이상이었으며, 입원 병상 90개도 늘 환자로 가득 찼다. 이와 같은 피난살이 중에도 간호학교를 개강하여 거제도에서 졸업생도 배출하였다.

1951년 8월에 원주 구호병원으로 전출되었던 일부 직원들은 1952년 1월 중순에 복귀하였다. 그리고 의과대학의 서울 복귀가 결정되자 약 1년 1개월 동안의 구호병원 생활을 마감하고 대부분의 직원들은 모든 장비를 꾸려 경찰 경비선으로 부산으로 운반하였고, 전세 낸 객차 2량에 실어 1952년 2월 29일 서울역에 도착하였다.

그동안 거제도 진료소에서 진료를 받은 사람은 외래 환자가 198,756명, 입원 환자가 38,635명이었다.[21] 간호학교는 1년 후인 1953년 서울로 복귀하였다.

하지만 거제도에 '기념 병원'을 남겨 두기로 하고 당시 장승포동 218-2의 건

---

21) 박두혁, 영원한 세브란스인 김명선(서울: 김명선 선생 탄신 100주년 기념사업회, 1998), 243쪽.

제9장 한국전쟁과 세브란스 **223**

물로 병원을 이전하였다. 이 병원에서는 캐나다 연합교회의 의료 선교사 이안 S. 랍(Ian S. Robb, 1916~2004), 김광회, 주수택(1948년 졸업) 등이 근무를 하다가, 김양선(1948년 졸업)이 마지막으로 원장이 되었다.

2) 청도 구호병원

장승포의 세브란스 병원이 어느 정도 안정되어 갈 즈음 다른 일이 생겼다. 당시 보건부의 오한영 장관이 수십만 명의 제2국민병 중에서 많은 사람들이 동상과 기아로 고생하고 있는 것을 보고 그들을 위한 구호병원을 만들기로 결정한 것이었다. 그는 세브란스 병원, 서울대학교 병원, 적십자 병원 등 8개 병원장들을 소집하여, 여러 후보지를 제시하며 형편대로 각 병원이 한 곳씩을 택해서 즉시 구호병원을 개설할 것을 요청하였다.

문창모 병원장은 밀양을 맡기로 하고 제2국민병 장교의 안내로 4월 중순경 그곳에 가보니 약 500여 명이 한 방에 수용되어 있었는데, 너무도 참혹한 상황이었다. 그는 즉시 보건부에 연락하여 더 큰 장소인 청도국민학교를 확보하였고, 그들과 함께 인근의 여러 곳에 수용된 환자들을 모으니 천 명이 넘었다. 직원은 말할 것도 없고 아무런 설비도 없이 많은 중환자를 받았으니 그 어려움은 이루 말할 수 없는 것이었다. 그러나 의과대학 학생들의 희생적인 봉사로 청도 구호병원은 다른 어느 구호병원보다 성공적이었다는 평가를 받을 수가 있었다. 의과대학생 1명이 40여 명씩 수용되어 있는 교실을 담당하여 치료는 물론이고 식사, 대소변, 세수 등 온갖 시중을 다 들었다. 어느 정도 회복된 사람들은 병원 트럭으로 낙동강 건너편으로 보냈다. 그 환자의 대부분은 강원도 사람이었는데, 당시에는 교통수단이 전혀 없었기 때문에 걸어갈 수밖에 없었다. 청도 구호병원은 1951년 7월 중순에 폐쇄된 것으로 알려져 있다.

청도 구호병원에서 14만여 명의 환자를 진료하였으며, 이 중 110명이 사망하고 32명의 결핵환자는 요양원으로 후송하였다.

3) 세브란스 의과대학 부속 원주 구호병원

청도 구호병원이 폐쇄될 즈음 미8군에서는 피난민들과 군 노무자들이 많은 원주에서 세브란스가 진료를 해줄 것을 요청하였다. 당시 원주 북쪽은 특수 계엄지대로 민간인들의 출입금지 지역이었지만 춘천이나 기타 북쪽 지역의 피난민들이 계엄이 해제되면 고향으로 돌아가려고 모두 원주에서 대기하고 있는 상황이었다. 또한 원주는 중동부전선의 보급기지로서 주로 기차로 실려 온 전략 물자들이 이곳에서 다양한 교통수단으로 전선으로 운반되었다. 군용 트럭은 24시간 동안 쉴 새 없이 물자를 실어 날랐고, 인근 두 곳에 비행장이 있는 대단히 중요한 군사요지이었다.

그림 3-12. 원주 구호병원 외래 진료소의 대기실(1951년 8월 1일). 미국 국립 문서기록 관리청 소장. 국사편찬위원회 홈페이지에서 인용.

원주에서 구호병원을 운영하기로 결정을 내린 세브란스의 선발대는 거제도에서 부산으로 나와 군용 열차를 타고 원주로 갔고, 며칠 뒤 최억은 이병희 교수와 함께 청도로 가서 그곳에서 사용하던 담요를 병원 트럭에 싣고 육로로 원주에 도착하였다.

원주시가 초토화되어 병원을 개설할 건물이 문제였는데, 예전에 은행으로 사용되었던, 지붕이 날아 간 건물을 병원으로 사용하기로 하였다. 이 건물은 지붕을 방수포로 덮고, 창문은 판자로 덧대었다. 지붕을 방수포로 덮은 다른 두 건물은 행정동과 약국으로 사용하였으며, 또 다른 건

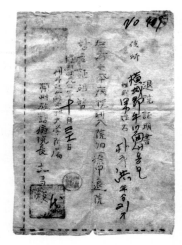

그림 3-13. 원주 구호병원에서 발생한 퇴원 증명서(1951년 10월 31일 발행).

물은 외래 진료소로 사용하였다. 구호병원에는 천막으로 만든 세 개의 병동이 있었고, 하나는 시신 보관소로 사용되었다. 난방은 되지 않았고, 경찰서 발전기로부터 공급되는 전기는 수술실에만 사용할 수 있었다. 병원은 120명을 입원시킬 수 있는 규모이었다. 원주에서는 8월 25일부터 진료를 시작하였다.

전선에서 발생한 한국인 환자는 일단 원주의 육군 후송병원으로 후송되었으며, 군인을 제외한 환자들은 모두 원주 구호병원으로 이송되었다. 일부 민간인도 있었지만 대부분은 미군 부대에 배치된 한국인 노무대들이었다. 이들은 시골에서 농사짓던 사람들로서 한복 차림으로 포탄을 운반하거나 잡역을 하다가 부상당해 온 사람들이었다. 당시 한인노무대의 인원은 상당히 많았지만 그들을 위한 전용 병원이 없었다.

1951년 8월 31일 당시 구호 병원의 직원은 49명이었으며, 병원장은 문창모, 최억이 대리 병원장을 맡았다. 이외에 내과 교수 이보영, 생리학 교수 이병희, 치과 의사 이동섭, 의사 황규철(Whang Ki Chul), 고재준(1950년 졸업), 여의사인 인명렬과 김기현(1948년 서울여자의과대학 졸업), 그리고 강두희, 조

항구, 박영선 등 다수의 의과대학생들도 함께 원주로 가서 의사의 역할을 하였다. 이외에도 약사가 2명, 행정직원이 6명, 의료 보조원이 2명, 간호원이 20명, 병원 용인(傭人)이 7명이었다.

날씨가 추워지면서 직원들을 총동원하여 만든 흙벽돌로 지은 집에서 겨울을 지냈다. 그러는 사이 군용 콘셋을 지어 도립병원이 조직되었다. 이에 세브란스는 구호 병원과 관계된 업무를 강원도로 넘기고 1952년 1월 5일 일단 거제도 구호병원으로 복귀하였다.

4) 서울의 구호 진료소

1951년 5월 하순에는 심상황 교수의 인솔하에 일부 직원이 서울에 복귀하여 외래 진료소에 구호 진료소를 개설한 것으로 알려져 있다.[22]

5) 진료 실적

한국전쟁 중 1952년 서울로 복귀하기 전에 각지에서 세브란스가 벌였던 구호 진료활동의 실적은 다음과 같았다.[23]

장소	기간	의사	간호원	용원	외래환자 수	입원환자 수
거제도	1951. 1. 15~1952. 3. 21	12	16	15	198,756 (1일 449명)	38,635
청 도	1951. 4. 14~1951. 7. 8	5	12	35		38,920
원 주	1951. 8. 25~1952. 1.	8	17	20	45,802 (1일 347명)	25,292 (1일 124명)
서 울	1951. 5~1952. 3. 31	9	15	16	4,200	
계		34	60	86	246,758	102,847

22) 연세대학교 백년사 1. 연세통사 상(서울: 연세대학교 출판부, 1985), 317쪽.
23) 이 실적의 구체적인 근거는 확인하지 못하였다. 연세대학교 백년사 1. 연세통사 상(서울: 연세대학교 출판부, 1985), 317쪽.

8. 한국 전쟁으로 인한 세브란스의 피해

1) 건물 피해

세브란스는 교통의 요지인 서울역 맞은편에 위치해 있었고, 북한군이 후방 병원으로 사용하고 있었기 때문에 미군기 폭격의 주요 표적이 되었다.

한국 전쟁 중에 서울은 크게 두 번 폭격을 당하였다. 한국전쟁 후 서울을 점령당하고 9월 28일 수복할 때까지의 사이에 일어난 폭격에서는 병원 건물이 완전히 파괴되지 않았기 때문에 1·4 후퇴 전까지 진료를 할 수 있었다. 하지만 1·4 후퇴 이후 다시 이루어졌던 폭격에서는 벽돌로 된 벽만 남긴 채 거의 폐허가 되었다.

한국전쟁 중 세브란스는 건물의 85%가 파괴되거나 소실되었으며, 시설의 손실은 100%에 가까웠다. 공식적인 피해 조사에서는 피해액이 87만 3천 달러로

그림 3-14. 9·28 서울 수복 직후의 세브란스. 건물의 피해가 두 번째의 대대적인 폭격 때와 비교하여 상대적으로 경미한 것을 볼 수 있다. 인요한 소장.

나왔지만 실제 피해액은 100만 달러가 훨씬 넘었다. 각 건물의 피해 상황은 다음과 같았다.

건물명	건물 종별	연건평	피해율
진료소	연와조[24] 5층	919평	100%
입원실 본관	〃 4층	950평	30%
특등 병실	〃 3층	285평	95%
검사실	〃 2층	54평	15%
해부병리교실	〃 2층	247평	15%
부검실	〃 단층	40평	15%
별관 병실	〃 3층	290평	20%
식당	〃 2층	216평	25%
정신병실	〃 단층	49평	15%
철공, 목공장	〃 단층	51평	15%
간호학교	〃 4층	263평	90%
제1기숙사	〃 3층	135평	100%
제2기숙사	〃 2층	150평	90%
약리학교실	〃 3층	180평	80%
사무실(전 에비슨 교장 사택)	연와조 3층	198평	100%
에비슨관	〃 2층	342평	100%
외과교실(현 파이퍼 사택)	〃 3층	150평	60%
도서관	〃 단층	87평	80%
사택(조동수 교수)	〃 3층	120평	100%
사택(프렛쳐)	〃 3층	190평	100%
사택(김명선)	〃 3층	110평	15%
사택(전 김 교장 전사택)	〃 단층	35평	100%
사택(현 황규철 강사)	목조 2층	80평	70%
사택	〃 3층	70평	100%
사택(현 도서관)	연와조 2층	62평	50%
사택(전 최재유)	〃 2층	55평	100%
대강당(예배당)	목조 단층	125평	100%
제2강당	〃 2층	58평	100%
차고	연와조 단층	30평	100%
유아원	목조 단층	25평	100%
일반 숙사(36동)		370평	80%
숙사 콘셋트	〃 단층	240평	100%

[24] 연와(煉瓦)는 점토를 석회 따위와 반죽하여 가마에서 높은 온도의 불로 구운 벽돌을 말하며, 이것을 쌓아 만든 건물을 연와조(煉瓦造)라 한다. 연와는 흙속의 철분 때문에 적갈색을 띈다.

그림 3-15. 폐허가 된 세브란스 기지(중앙 위쪽). 왼쪽에 서울역이 보인다. 미국 국립 문서기록 관리청 소장. 국사편찬위원회 홈페이지에서 인용.

그림 3-16. 폐허가 된 세브란스 기지(중앙 왼쪽). 지붕이 날라 가고 유리창이 깨진 건물이 빈 성냥 곽처럼 보인다. 미국 국립 문서기록 관리청 소장. 국사편찬위원회 홈페이지에서 인용.

그림 3-17. 외래 진료소.

그림 3-18. 특등 병실. 세브란스 구내에 처음으로 1904년 건립되었던 건물이다.

그림 3-19. 파괴된 병원 내의 침상.

그림 3-20. 파괴된 건물을 둘러보는 문창모 병원장.

그림 3-21. 우마차를 타고 진료를 받으러 오는 환자들. 외래진료소와 입원실 본관 사이를 지나 해부학교실 쪽으로 가고 있다.

그림 3-22. 에비슨관.

그림 3-23. 파괴된 간호학교와 학생 일동.

그림 3-24. 파괴된 남대문 교회.

피해 상태를 종합해 보면, 진료소와 특등 병실이 완전히 혹은 거의 완전히 파괴되었다. 이외에 간호학교, 제1기숙사, 제2기숙사, 약리학교실, 사무실, 에비슨관, 도서관, 상당수의 사택, 남대문 교회, 제2강당, 차고, 유아원, 일반 숙사 등도 완전히 혹은 거의 완전히 파괴되어 병원이나 학교로서 기능을 수행할 수 없을 정도이었다.

2) 시설 및 소모품 피해

세브란스의 내부 시설 및 소모품 피해는 다음과 같았다.[25]

종별	수량 혹은 개소		피해액(달러)
	전쟁 전	전쟁 후	
수도	198개소	90	5,400
전등	500개소	150	3,000
전화	51대	0	10,000
동력	3개소	0	5,000
개스	200개소	70	1,000
기계류	20대	0	25,000
차량	3대	0	4,000
학생용 책상, 의자	240벌[組]	0	3,000
흑판 탁자	10개	1	900
사무용 비품	1,000점	0	15,000
외과용 약품	1,000봉지	0	10,000
검진 실험용 약품	20봉지	0	1,000
주사용 약품	30다스	0	1,000
기타			50,000
용지	5련(連)	0	50
축대(縮帶)용품	1,000봉지	0	50,000
현미경	70대	5	12,100
도서	15,000권	0	180,000
X 광선	3세트	0	15,500
측정기구(각)	20점	0	6,000
실험·의료기구	1,000점	0	100,000

[25] 연세대학교 백년사 1. 연세통사 상(서울: 연세대학교 출판부, 1985), 331쪽.

종별	수량 혹은 개소		피해액(달러)
	전쟁 전	전쟁 후	
악기	5점	0	10,000
표본류	500점	0	50,000
의류 및 침구	3,000점	0	50,000
실험동물	300구(區)	0	500
내과용 약품	1,000봉지	0	10,000
장__	150평	50	300
석탄	30톤	0	300
건축용 재료	1,000톤	800	20,000
취사 및 식기	5,000점	0	10,000
침대	200대	0	6,000
			$610,250

3) 남북으로 갈린 동창들

1945년 광복과 동시에 한반도가 남북으로 분단되고, 1950년 한국전쟁이 터
지면서 다수의 세브란스 동창들이 북한에 남게 되었다. 물론 사상적인 배경
에 의해 북한에 남게 된 경우도 있었겠지만, 대부분은 자신의 고향을 떠날
수 없어 남게 된 경우이었다. 또한 북한군에 의해 납치되어 끌려간 경우도
있었다. 이러한 혼란기에 그 소재가 불분명해진 동창들도 다수 있었는데, 그
중 일부는 안타깝게도 폭격 등으로 사망하였음이 확인되었다.

동창회 명부 등을 참고하여 한국 전쟁 이후 북한에 남아 있었던 것으로 확
인된 동창들의 이름(괄호 속은 졸업 연도), 개원 지역, 병원 이름은 다음과
같다(병원 이름이나 근무처가 확인되지 않는 동창은 포함시키지 않았다.).

고명우(1913)　　　서울, 한국 전쟁 중 납북됨
김재명(1913)　　　평안북도 의주군 비현면, 해동의원(海東醫院)
장창식(1914)　　　평안북도 의주읍 동부, 구세의원(救世醫院)
정종성(1915)　　　평안북도 신의주부 초음정, 충화의원(忠和醫院)
방희수(1916)　　　평양시 신양리, 동서의원(東西醫院)
허　용(1918)　　　개성, 한국 전쟁 중 납북됨

박주풍(1919)	함경북도 무산군 연사면 사지동, 창혜의원(蒼惠醫院)
백승욱(1919)	평안북도 벽동군 운수면 운하리, 충만의원(忠滿醫院)
이수원(1919)	평안북도 용천군 외상면 남시, 창경의원(昌慶醫院)
김의목(1922)	평안남도 순천군 자천면 자천리, 대성의원(大成醫院)
박선이(1923)	황해도 사리원읍 복리, 제중의원(濟衆醫院)
이영근(1925)	평안북도 용천군내 중면 동당리, 용천의원(龍川醫院)
조인규(1925)	평안북도 선천군 선천읍, 삼성의원(三省醫院)
최명학(1926)	함흥, 함흥의학대학 학장
김봉기(1928)	평안북도 선천군, 수생의원(壽生醫院)
최 준(1928)	서울 거주, 한국 전쟁 중 납북됨
백금욱(1929)	평안북도 정주군 관산면 조산리, 중앙의원(中央醫院)
이상룡(1929)	평양, 평양의학대학 교수
김동민(1931)	평양시 신양리, 신암의원(新岩醫院)
한상옥(1931)	강원도 창도면, 광생병원(廣生病院)
이용겸(1933)	서울, 이용겸 내과, 평양의학대학 교수
최신국(1933)	평안북도 구성군 구성면 석부동, 구성의원(龜城醫院)
이홍득(1934)	함경북도 나진부 대화정, 부산의원(富山醫院)
정낙용(1934)	평안북도 운산군 북진읍, 광제의원(廣濟醫院)
정홍섭(1934)	충청북도 청주시 정홍섭 소아과, 한국전쟁 때 기술부원장
조병결(1934)	함경북도 북청군 북청읍, 청양의원(靑陽醫院)
김창석(1935)	황해도 신천군 신천읍, 중앙의원(中央醫院)
박용규(1936)	황해도 재령군 읍내 화류리, 동성의원(東星醫院)
이상규(1936)	평양부 관후리, 단산내과(丹山內科)
정충원(1936)	평안북도 철산군 설산면 중부동, 부영의원(扶永醫院)
곽은철(1937)	함경북도 청진부 포항정, 포항동의원(浦項洞醫院)
곽용두(1937)	서울시 북아현동, 곽의원(郭醫院), 한국 전쟁 중 납북됨
주창준(1937)	함흥, 함흥의학대학 교수
강인홍(1938)	평양, 평양 인민의원 산부인과
강재식(1938)	평안북도 신의주 진사정, 강 이비인후과의원
노정은(1938)	함경남도 함흥, 회춘의원(回春醫院)
이택선(1938)	함경남도 항흥부, 이택선 이비인후과, 함흥의학대학 교수

이창식(1938)	북조선 보건후생국 총무과장
임금진(1938)	평안북도 영변군 팔원면 용산리, 행림의원(杏林醫院)
김린수(1939)	평안북도 영변군 고성면, 평양의학대학 교수
백태우(1939)	평안북도 초산도립의원
신부균(1939)	평양시립병원 내과
서상호(1939)	평안북도 구성읍내, 자인의원(慈仁醫院)
엄봉진(1939)	황해도 황주군 흑교면 흑교리, 강본의원(岡本醫院)
이희상(1939)	경기도 개성부 서본동, 향산의원(香山醫院)
김봉수(1940)	평안남도 안주군 안주면 봉인리, 대동의원(大東醫院)
김민학(1940)	강원도 이천군 이천면 탑리, 송강의원(松岡醫院)
함기창(1940)	평안북도 초산, 강원의원(江原醫院)
양황섭(1940)	함경남도 북청군 신창읍 신창리, 후생의원(厚生醫院), 함흥의학대학 교수
서정주(1940)	소아과 조교수, 한국 전쟁 중 납북됨
김주화(1941)	황해도 사리원, 석천외과(石川外科)
이철홍(1941)	황해도 남천도립병원 외과
계환집(1941.12)	평안북도 선천군 심천면, 후생의원(厚生醫院)
이원명(1941.12)	외과학 교실 강사, 북한으로 감
원행일(1941.12)	평안북도 구성군립병원
장효전(1941.12)	평안북도 선천적십자병원 외과
양남주(1942)	경기도 개성, 개성도립병원
김준규(1944)	함경남도 충산도립병원 와과
김윤남(1944)	평안북도 도립의주의원
박재갑(1944)	함흥철도병원 내과, 함흥의학전문학교 교수
이영수(1944)	평안북도 도립신의주의원
이승재(1944)	함경남도 흥남질소부속병원
위동초(1944)	평안북도 도립초산병원
최훈주(1944)	함경북도 도립회령의원
이성우(1945)	한국전쟁 때 북한군 소좌
김덕순(1947)	신문사 근무, 홍명희 가족을 따라 월북함
이길구(1947)	한국 전쟁 때 북한군 대좌

제10장

서울 복귀

1. 서울 복귀

1) 선발대의 복귀

　세브란스가 다른 학교들에 비해 일찍 복귀를 결정하게 된 배경에는 원주 구호병원을 운영하면서 알게 된 사실, 즉 인사 원조처가 일선 지역에서 일을 하는 한인 노무자들과 서울 시민을 위하여 서울에 민간병원을 설립하는 계획 추진과 밀접한 관계가 있었다.[1] 1951년 12월 부산에서 개최된 세브란스 재단 이사회에서는 만일 미 8군이 서울 병원 건물 중 하나를 수리하여 한인 노무자들을 위하여 사용하는 계획을 추진한다면 기꺼이 수락할 것이며, 다른 건물들은 서울 시민을 위하여 사용할 것임을 의결하였다. 이에 김명선은 이병태를 중재인으로 하여 민사원조처장 먼스키 대령에게 세브란스가 그 역할을 맡을 의사가 있음을 전하였다. 이후 논의 끝에 우선 파괴된 세브란스 병원을

---

[1] 박두혁, 영원한 세브란스인 김명선(서울: 김명선 선생 탄신 100주년 기념사업회, 1998), 245
~246쪽.

일부 수리하여 40병상 규모의 미 8군 노무자병원으로 사용하되, 부평에 있는 미군 병원에서 의약품과 의료 기구를 공급받기로 약속을 받아냈다. 미 8군은 세브란스 병원 건물을 노무자 병원으로 사용하기 위하여 징발하여 병원 수리를 시작하였다. 이렇게 해서 세브란스가 정부보다 1년이나 먼저 서울로 복귀할 수 있었다.

1952년 2월 29일 복귀한 수십 명의 선발대는 미 제5공군이 건축 자재를 지원하고 선교본부와 한미재단(韓美財團)의 기금으로 급한 대로 부속병원 본관, 별관(전염병실), 기초학교실 및 기타 몇 채의 사택을 수리하였는데, 당시 시가로 약 1억 원의 비용이 소요되었다. 그런데 수리가 거의 끝나갈 즈음 갑자기 계획이 변경되어 1952년 3월 27일 건물들의 징발이 해제되었다.

2) 병원 개원과 개강

부속병원은 4월 1일에 개원하였는데, 이전의 150병상 대신 유엔 민사처에서 공급해 준 40병상 용 물품으로 66병상을 확보하였다. 외래 환자는 1일 평균 84~120명이었고, 입원 환자는 55~60명이었다. 환자의 대부분은 아무 것도 지불 할 수 없는 피난민이나 고아이었으며, 종종 그들이 퇴원할 수 있도록 의복을 지급해야만 했다.

학교는 6월 10일 폐허 위에서 125명의 학생으로 개강하였다. 11월 2일 영락교회에서 서울 복귀 감사 예배를 드렸다.

하루 일과는 아침에 각 병원에서 회진을 따라다니고, 외래 환자를 돌보는 등 임상 실습을 하고 오후에는 학교에서 강의를 들었다. 특히 미 8군 군의관들의 강의는 통역이 없어 이해하기 곤란하였고 조는 경우가 많았다.

3) 교직원과 학생의 복귀

개강을 하였어도 아직도 부산, 대구 및 광주에 다수 체류하고 있던 교직원과 학생들은 유엔 한국 민사지원단이 발행해 준 통행권을 이용하여 1952년 7월 3일 서울로 복귀하였는데, 그 명단은 다음과 같았다.

부산에서

이보영	이우주	이남주	임의선	윤상하	서제희
최창수	홍철유	김진일	팽갑주	김완식	이유복
전종석	천세영	신인세	이준영	강두희	서세모
조상경	장영호	유재덕	최기홍	신상식	구상희
강창희	김탁기	김기수	최태경	이윤찬	이갑재
최영순	최용규	홍준식	남상협	이용수	차경배
홍윤표	김영조	박성철	김용수	윤서현	조계호
장석호	황희현	박경석	서상현	남상욱	김대선

대구에서

김국보	조규희	장헌영	김제현	안제영	윤정구

광주에서

김한명	김병우	유병권

2. 1952학년도의 학사 일정

1) 1952학년도의 의예과

연희대학교는 1952년 4월 피난지 부산에서 두 번째 신입생을 모집하였다. 입학시험은 부산, 전주 및 대전에서 시행되었다. 총 지원자 1,639명 중 625명을 뽑았는데, 의예과에 몇 명이 입학하였는지는 확실하지 않다. 특기할 만한 것은 신입생 중에 여학생 5명(박경숙, 이영숙, 장응실 등)이 처음으로 입학하였다는 점이었다. 또한 군대를 제대하고 복학한 학생이 15명이었다. 1952학년도에 의예과 2개 학년의 학생은 103명이었다.

5월 17일 개강식 겸 새로 완성된 목조 임시 교사의 낙성식이 있었다. 이 건물은 영도 영선동 4가 200번지의 845평과 인접한 시유지 약 300평에 건축된 반영구적인 것이었다.

1952학년도의 의예과 개설과목은 다음과 같았다.

학년	과목명	학점	학년	과목명	학점
1학년	독일어	2	2학년	비교해부학	4
	영어	6		화학 A	2
	물리	6		화학 B	4
	화학	4		독일어	2
	수학	6		라틴어	2
	생물학	4		영어	4
	생물 실험	1		식물학	2
	군사 훈련	2		실습(비교해부학)	8
				현대물리	2
				군사훈련	2

1953년 3월 21일 50명의 학생이 의예과를 수료하였다.

2) 1952학년도의 본과 학사일정

1952년 학년도의 주요 학사일정은 다음과 같았다.

1952년
6월 10일	서울로 복교하여 개강함.
9월 20일	세브란스 신보 제1호를 발간함
11월 2일	서울 복교 감사 예배를 영락교회에서 거행함
12월 5일	학도호국단 총회에서 출마제를 채택하여 선거를 함
12월 15일	총회에서 학도대를 운영위원회로 기구 개편하기로 선포하고, 학도단 규칙을 상정함
12월 17일	총회에서 규칙이 통과됨
12월 20일	김명선 학장 취임식 및 축하회가 신문내교회에서 개최됨

1953년

1월 24일   고 정태욱 36육군병원장 및 세의대 학생장의 합동장이
36육군병원에서 거행됨

3) 1952학년도의 본과 강의

1952학년도부터는 강의가 규칙적으로 진행되었는데, 학년별로 다음과 같
았다.

1학년	해부학, 태생학, 생화학, 생리학, 의사학
2학년	생리학, 약리학, 병리학, 기생충학, 미생물학, 위생학, 진단학, 외과 총론
3학년	내과학, 정신과학, 외과학, 산과학, 부인과학, 안과학, 이비인후과학, 피부과학, 비뇨기과학, 치과학, 심리학, 처방학
4학년	내과학, 외과학, 소아과학, 피부과학, 비뇨기과학, 이비인후과학, 안과학, 산부인과학, 정신과학, 신경과학

4) 서울 복귀 후 1952학년도의 학도호국단

대한민국 정부가 수립된 후 문교부는 중학교 이상의 모든 학생을 대상으로
민족의식 양양, 체력 단련, 학술 예능의 연구 연마, 학원과 향토 방위를 통하
여 국가 발전에 헌신 봉사하는 정신과 실천력을 기른다는 명분으로 학도호국
단(學徒護國團)을 조직하였다. 1949년 3~4월 중에 모든 대학에 학도호국단이
조직되었고, 동시에 문교부 내에 학도호국단 사무국이 설치되었다. 학도호국
단은 중앙 및 지방별로 조직을 가졌고, 중등학교 이상의 각급 학교 학생과
교직원을 단원으로 하여 전국적으로 조직되었다.

세브란스 학도호국단이 언제 결성되고 그 구성이 어떠하였는지 확인할
수 없다. 다만 처음에는 임명제이었지만, 서울로 복귀한 이후 1952학년도

그림 3-25. 1953년 졸업생 일동.

후반의 운영위원회는 출마한 학생을 대상으로 선거를 통해 구성하였고 다음과 같았다.

임기: 1952년 12월 15일부터 1953년 4월 27일까지

운영위원장	조삼경(3학년)	부위원장	(공석)
총무부장	서세모(3학년)	학예부장	홍준식(2학년)
체육부장	조준구(2학년)	공작부장	이호영(1학년)
기율부장	유재덕(3학년)	후생부장	최기홍(3학년)
훈련부장	이완식(2학년)	UN 학생부장	구상회(2학년)
학급총대	강두희(4학년), 임달호(3학년), 심선식(2학년), 윤수현(1학년)		

5) 제43회 졸업식

1953년 4월 2일 상동교회에서 32명이 제43회로 졸업하였다. 이들 중 18명은 1946년 4월에 입학하였고, 10명은 1947년 4월 입학하여 중단 없이 6년 만에

그림 3-26. 김명선 제6대 학장 취임 기념사진. 동은의학박물관 소장

졸업한 것이었다. 2명은 1945년 4월에 입학하였고, 1951년 2학년으로 1명, 1952년 3학년으로 1명이 편입하였다.

1953년 졸업생들은 몇 가지 점에서 특이하였다.[2] 첫째, 구성이 달랐다. 학생 신분이었지만, 군인(주춘식 중위, 신한영 하사 등) 및 경찰관(곽현모 경사 등), 민간인(강두희 등)으로 구성되었고, 전시연합대학에서 학업을 제때에 받은 학생(1947년 4월 입학생), 학업을 일시 중단하거나 본의 아니게 유급한 학생(1946년 4월 및 1945년 4월 입학생)이 있는가 하면, 타교로부터 편입한 학생도 섞여 있었다(평양의학대학 전정숙, 광주의과대학 임남준). 둘째, 한국전쟁 중에 입대한 학생들은 군인 신분으로 육군병원에서 기숙하면서, 경찰병원에 취직된 학생들은 경찰관의 신분으로 경찰병원에 근무하면서 학

2) 강두희, 만나고 싶은 얼굴들. 의대 50주년. 연세대학교 의료원 소식(2003년 5월 5일), 7~8쪽.

교를 다녔다. 그 외의 학우들은 적십자병원, 시립병원, 아동병원, 시립순화병원 등에 각각 분산 배치되어 숙식을 제공받고 임상 실습을 하면서 강의를 들었다. 이들 졸업생들이 공통된 학교생활을 한 것은 오직 4학년 1년 동안뿐이었다.

제43회 졸업생 중 병역을 마치지 않은 학생들은 졸업식 날 오후에 군복을 지급받고 다음 날 마산의 육군 군의학교(軍醫學校)에 입교하였다. 그곳에서 두 달 동안의 교육을 받고 일선에서 휴전 직전의 격전을 겪었다.

3. 김명선 제6대 학장 취임

1) 김명선 학장

서울에 복귀한 후인 1952년 10월 16일, 이용설 학장 후임으로 김명선이 제6대 학장에 취임하였다. 이용설 학장은 한국전쟁이 일어나기 직전인 5월 30일 치러진 2대 총선에서 무소속으로 경기 인천 갑구에 출마하여 국회의원으로 당선되었다. 그래서 이용설 학장은 국회의원으로서 실제적으로 부산에서 업무를 보느라 대단히 바빴으며, 더욱 부학장 김명선이 한국전쟁을 겪으며 학교의 실질적인 책임을 맡아왔던 터이었기에 그의 학장 취임은 새삼스런 일은 아니었다. 학장 취임식 및 축하회는 12월 20일 새문안교회에서 거행되었다.

신임 학장이 해결해야 할 가장 급한 일은 폐허가 된 세브란스 기지를 복구하는 일이었다.

2) 1952년 10월 당시 미국, 캐나다에 유학 중인 세브란스 교수진 및 동창

1952년 당시 미국과 캐나다에서 유학하고 있던 세브란스 교수진 및 동창들은 다음과 같았다.

이름(졸업연도)	연수 기관	직책/전공
유병수(1931)	캐나다	내과
이인선(1931)	마운틴 주립병원 - 웨스트 버지니아 주 찰스턴	내과
장 철(1931)	야전 의료 학교 - 텍사스 주 휴스턴 포트 샘	대령/ 내과
조동수(1931)	10월 한국으로 떠남	소아과
장재전(1933)	뉴욕 주 버펄로	결핵
조창호(1933)	토머스 기념병원, 웨스트버지니아 주 사우스 찰스턴,	내과
홍황용(1934)	야전 의료 학교 - 텍사스 주 휴스턴 포트 샘	병리학
곽인성(1935)	주립 요양원 - 칸자스 주 토피카 크레스트 힐	결핵
민광식(1936)	피츠시몬스 육군병원 - 콜로라드 주 덴버	중령/ 외과
조준석(1937)	콜럼버스 병원 - 뉴욕 시 19가(街) 227 이스트	내과
김영소(1938)	이밴젤리컬 병원 - 일리노이 주 시카고 모건 가 (街) 5421 사우스	외과
노형진(1939)	매사추세츠 주 보스톤 시 리버스 가(街)	외과
이병현(1938)	여행 중	이비인후과
유 준	벨로잇 애버뉴 1531 - 캘리포니아 주 로스앤젤레스(1941년 경성의학전문학교 졸업)	세균학
김효규(1941.12)	브레이크 육군병원 - 텍사스 주 샌안토니오	소령/ 소아과
송정석(1941.12)	테네시 주 내슈빌 19가(街) 300 바 홀	생화학
문병기(1942)	대학 병원 - 오클라호마 주 오클라호마 시	정형외과
윤해병(1942)	뉴저지 주 롱비치, 몬머스 메모리얼 병원	내과
홍필훈(1942)	빙엄턴 시립병원 - 뉴욕 주 빙엄턴	외과
고원영(1943)	펜실베이니아 주 미생물학교실, 펜실베이니아 주 필라델피아	미생물학
이철 (1943)	빙엄턴 시립병원 - 뉴욕 주 빙엄턴	외과
김종완(1945)	세인트 존스 병원, 뉴욕 주 용커스	소아과
손원태(1945)	쿡 카운티 병원 병리과 - 일리노이 주 시카고	해부. 병리학
조민행(1945)	서스캐처원 대학교 생리학교실, 캐나다 서스커처원 새스커툰	생리학
최선학(1945)	버지니아 의과대학 병리학교실 - 버지니아 주 리치먼드	병리학
한응수(1945)	윌리엄 H. 메이버리 요양원 - 미시건 주 노스빌	결핵.세균학
이도현(1948)	메모리얼 병원 - 매사추세츠 주 워스터	병리학
임평기(1948)	노스웨스턴 대학교 생리학교실 - 일리노이 주 시카고	
정준식(1948)	불명	
김기현	베드포드 로드 25, 캐나다 토론토 5 (1948년 서울여자의과대학 졸업)	소아과
인명열	감리교회 선교본부 의료과 - 뉴욕 시 5 애버뉴 150(1948년 서울여자의과대학 졸업)	소아과
박성수(1949)	세인트 엘리자베스 병원 - 캔자스 주 캔자스 시	
신 언(1949)	시뷰 병원, 뉴욕 시 스테이튼 아일랜드	결핵

제11장

전후 복구와 학사 일정의 정상화

1. 전후 복구

1) 서울 복귀 직후의 복구 계획

서울 복귀 직후의 복구 계획은 임시 건물의 건축, 파괴된 건물의 복구, 장래 계획 등으로 나눌 수 있었는데, 다음과 같았다.

우선 임시 건물로는 영구적인 건물이 건축될 때까지 진료 업무를 위한 임시 건물, 한 학년 50명인 의학생들을 위한 4개의 임시 교실 및 2개의 실험실 건물, 그리고 교직원을 위한 작은 사택 등의 건축이 필요하였다. 사택과 관련해서는 세브란스 부지에 약 20채의 작은 사택을 짓기 위해 사회부와 교섭을 진행하였다.

다음으로 파괴된 건물의 복구와 관련하여, 첫째, 현재는 서울로 자유로운 통행이 불가능하지만, 허가가 된다면 현재 거제도에 남아 있는 간호학교가 서울로 올라오게 되므로 간호원 기숙사와 현재 진료소의 위층을 즉시 수리하고, 수리할 수 있는 사택들은 면밀하게 조사하여 수리하는 것이 좋은 지 혹은 허무는 것이 좋은지 판단할 것이다.

그림 3-27. 한 층 증축 공사를 하고 있는 입원실 본관.

그림 3-28. 임시로 복구된 입원실 본관과 특등 병실.

그림 3-29. 남대문 교회 자리에 건축 중인 학생관.

둘째, 병원 본관의 지붕은 누수 때문에 1949년 수리한 바 있었는데, 이번에는 폭탄이 직접 떨어져 생긴 큰 구멍 때문에 다시 수리를 하였지만 아직도 누수가 되고 있었다. 어떤 건축가는 누수 때문에 수리하는 대신 한 층을 더 건축한다면 경비는 약간 더 들겠지만, 누수가 되던 층의 방수가 보장되며 추가로 거의 100평의 공간을 얻게 될 것이라고 제안하였다.

장래 세브란스의 재건 계획은 유엔이 재건에 어떤 도움을 줄 수 있는 지의 여부, 그리고 연희와 세브란스의 합동이 고려되고 있기에 크고 복잡한 일이 되어 가고 있었다. 그래서 이 일을 전담할 인원의 파송을 선교본부에 요청하였다.

1953년 초 세브란스가 가장 필요로 하는 것은 의학 교육을 위한 강의실과 실험실, 외래 진료소 그리고 도서관이었다.

2) 1953년 중반 교수회의 재건 건의안

1953년 중반 교수회는 비공식 회의를 개최하고 다음과 같은 재건 건의안을 재단에 제출하였다. 이 건의안은 학년당 100명의 학생을 기준으로 모두 400명의 학생을 교육하기 위한 안이었다.

* 세브란스 구내에 있어야 할 건물들
  과학관(400명 교육) - 강의실, 실습실, 강당, 연구실, 교수 및 교직원실,
  　　　　　　　　　　　동물실 기타 부속 건물을 포함함
  병원(수용 인원)
  　일반 병실　　　　　500명　　　　　결핵 병실　　　　200명

그림 3-30. 임시 복구된 세브란스 전경. 동은의학박물관 소장.

| 전염병실 | 50명 | 정신병실 | 50명 |

인턴 및 레지던트 100명
외래진찰실 - 1일 1,000~1,500명 진료
도서관
기타 사무실, 식당, 내객용 식당 - 동일 건물 내에
간호부 및 간호학교 학생 기숙사 - 300명 수용하는 개별 건물

3) 복구 개요

1953년 운크라 원조금 12,242달러로 병원 본관 옥상에 1층(5층)을 증축하였
다. 그리고 미국 북장로교회에서 2,500달러, 북감리교회에서 2,000달러, 캐나다

연합선교회에서 2,000달러, 한미재단에서 7,000달러를 원조하여 간호학교 및 기숙사를 완전히 재건축하였다. 또한 학생들은 당시 약 40만 원을 갹출하여 남대문 교회 자리 약 50평에 단층의 학생관(學生館)을 신축하였다.

1954년에 들어 봄에 한미재단(韓美財團)에서 원조한 5,000달러로 정신병동 북쪽에 건평 약 25평의 연와 건물 2동을 신축하였는데, 의수족 환자 중에서 보행 연습을 하는 사람들의 숙소로 사용하였다.

4월부터는 강의실, 실험실 및 강당이 들어 있는 에비슨관이 미 제5공군이 공급하여 준 자재, 운크라가 제공한 10,000달러, 그리고 학부형들이 제공한 400만 원으로 복원하여 7월 23일 재봉헌식을 거행하였다. 이전에 특등 병실 건물로 사용하던 본관 동편의 건물은 외래 진료소로 사용하기 위하여 미 제5공군이 공급하여 준 자재, 한미재단 및 미국 선교회 협동이사회의 지원으로 8월 재건축이 완료되었다.

남대문로에 면해 있는 진료소 건물은 완전히 전소되어 사용이 불가능하였는데, 길 쪽으로 붕괴되는 것을 막기 위해 벽의 일부를 허물었으며, 나머지 반을 이전같이 4층에 총건평 320평으로 다시 건축하기로 하고 1954년 가을 공사를 시작하였다. 아래 두 층은 어니스트 B. 스트러더스(Ernest B. Struthers, 1886~1977) 교수가 주관하는 흉부 진료소가 사용하고, 위 두 층은 임시로 도서관으로 사용하기로 하였다. 이를 위하여 필요한 공사비 총액 2,300만 원(약 4만 달러)은 세계 기독교 봉사회에서 제공하였으며 1955년 6월에 준공되었다.

이렇게 세브란스는 임시로 복구되었으나, 정부는 일제시기에 계획이 잡혀 있던 학교를 가로지르는 큰 길(퇴계로)의 건설을 추진하고 있었다.

4) 에비슨관 재건축 기금 기부

미국에 유학 중인 많은 동창들은 모교의 에비슨관 재건축 기금 모금에 호응하여 미국 북장로교회 해외선교본부의 아치볼드 G. 플레쳐 의료부총무 대리에게 성금을 보냈다. 1953~54년 성금을 보낸 동창생 명단은 다음과 같았다.

홍석기	2달러	이윤석	10	신언	30
전영을	20	박능만	100	김용현	10
이세순	10	김영식	69.86(첫 달 월급)		
임평기	25	김동성	10	이유복	10
최병호	10	오장옥	10	조준석	10
최원철	20	조민행	20		

5) 새로 시작한 부서

한국전쟁이 일어난 후 세브란스에 새로 만들어진 부서는 의수족부(義手足部), 결핵 환자의 진단 및 치료를 위한 흉부내과 진료소(胸部內科 診療所), 물리치료실(物理治療室) 및 사회사업부(社會事業部)이었다. 이 모든 것들은 한국에서 처음으로 시작된 분야들이었다.

전쟁 중 부상을 당하여 의수족이 필요한 사람들을 위하여 기독교 세계 봉사회는 루벤 A. 토리 주니어(Reuben Archer Torrey Jr., 1887~1970) 박사를 파견하여 세브란스와 함께 일을 시작하도록 하였다. 동시에 미 8군은 지체부

그림 3-31. 세브란스 의수족부 (1953년).

자유아의 수술을 위한 기금을 조성하고 세브란스가 관리하도록 하였다. 이에 따라 세브란스의 피터 기념 건물을 이 목적으로 사용하였다.

토리는 1952년 6월 30일 부산에 도착하였고, 대전의 직업훈련센터에 건물이 완공되기 전까지 수시로 세브란스를 방문하였다. 세브란스 병원에는 1952년 가을 뉴욕의 폴 킹스버리(Paul Kingsbury)가 와서 임시 의수족 상점을 열고 절단 수술을 받은 사람들에게 상지와 하지를 만드는 법을 가르치고 있었다.

6) 도서관

　서울로 북귀한 이후 미국과 캐나다의 많은 후원자들은, 특히 1953년 7월까
지 미 8군 의무참모로 복무하였던 윌리엄 H. 진 주니어(L. Holmes Ginn Jr.,
1902~1971) 장군과 플로렌스 J. 머리 박사를 통해 도서관의 재건을 위하여 많
은 노력을 기울였다. 캐나다의 노먼 파운드(Norman Found) 전(前) 내과 교수
도 많은 의학 잡지를 보내주었다.

　도서 확충을 위하여 JAMA에 관련 광고를 내어 여러 곳의 도서관에서 이비
인후과 분야의 잡지를 보냈으며, 노형진, 임평기 동창들도 여러 도서관과 접
촉하였다.

그림 3-32. 의학 도서를 기증하는 진 장군(1953년 2월 5일). 왼쪽은 문창모 병원장, 오른쪽은 이
우주 교수. 미국 국립 문서기록 관리청 소장. 국사편찬위원회 홈페이지에서 인용.

그 결과 1954년 12월 31일 현재 도서관의 총 장서는 13,848권이었다. 이를 분류해 보면 전문 서적으로 기초의학이 1,589권, 임상의학, 치료법이 1,035권, 내과, 정신과, 소아과가 2,012권, 외과, 피부과, 비뇨기과가 1,930권, 산부인과가 1,720권, 안과, 이비인후과가 853권, 치과가 725권, 위생학, 법의학이 973권, 약학이 637권으로 모두 12,357권이었다. 이 이외에도 일반도서가 1,491권이었다.

2. 1953학년도의 학사일정

1) 1953학년도의 의예과

연희대학교는 1953년 3월 13일 피난지에서 세 번째로 신입생 모집을 위한 입학시험을 치렀다. 2,473명의 지원자 중 388명이 서울에서 응시하였는데, 배재학교의 교실을 빌려 시험을 치렀다. 이 해에는 우수한 학생을 많이 받기 위하여 고등학교 성적이 평균 80점 이상으로서 졸업생 전체의 100분의 5 이내의 석차를 차지한 학생은 무시험으로 입학시키기로 하였다. 이 해의 입학식과 재학생의 개학식은 4월 6일 거행되었다. 의예과에는 82명이 입학하였는데 이 중 9명이 여학생이었다. 그리고 1명이 제대 군인이어서 의예과 1학년은 모두 83명이었다. 의예과 2학년은 53명이었는데, 남학생이 49명, 여학생이 3명, 그리고 제대 군인이 1명으로 모두 53명이었다. 이와 같이 1953학년도의 의예과 2개 학년의 학생은 136명이었다.

1953년 4월 15일 신촌의 연희대학교를 사용하고 있던 미군 통신부대가 이동을 완료함에 따라 1학년 학생 중 일부인 119명이 서울에서 수업을 받았다. 이후 연희는 1953년 8월 27일 서울의 본교사로 이전을 완료하였다. 당초 9월 1일 개학 예정이었던 제2학기는 교사 수리 관계로 14일로 늦어졌다. 의예과는 한경관의 1층과 2층을 강의실과 실험실로 사용하였다.

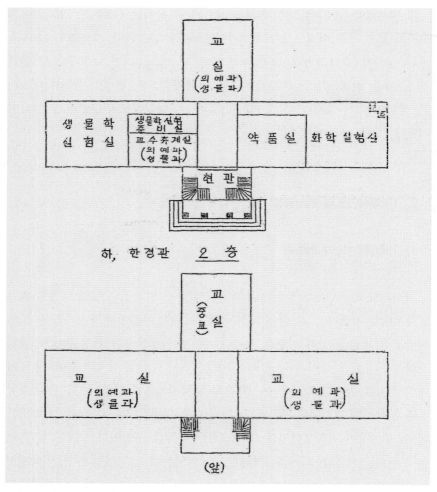

그림 3-33. 의예과 학생들이 강의를 받은 한경관의 배치도(1953년). 연세대학교 박물관 소장.

11월 1일 연희대학교 학생처는 학업이 우수하고 품행이 방정하여 타의 모범이 되는 학생 39명을 선발하여 1953년도 제2학기 장학금을 수여하였는데, 의예과 2학년 이동한과 1학년 신윤○이었다.

1954년 3월 36명의 학생이 의예과를 수료하였다.

2) 1953학년도의 본과 강의

1953학년도의 본과 강의는 다음과 같이 진행되었다.

1학년	해부학, 조직학, 태생학, 생화학, 생리학, 의학사
2학년	생리학, 약리학, 병리학 총론, 기생충학, 미생물학, 위생학, 진단학, 외과 총론
3학년	내과학, 정신과학, 외과학, 정형외과학, 산과학, 부인과학, 소아과학, 안과, 이비인후과학, 피부과학, 비뇨기과학, 치과학
4학년	내과학, 정신과학, 외과학, 산부인과학, 소아과학, 안과학, 이비인후과학, 피부과학, 비뇨기과학

3) 1953학년도의 학도호국단

1953학년도의 운영위원회 구성은 다음과 같았다.

임기: 1953년 4월 28일부터 1953년 10월 20일까지

운영위원장	조삼경(4학년)	부위원장	심선식(3학년)
총무부장	구상회(3학년)	학예부장	홍준식(3학년)
체육부장	윤수현(2학년)	공작부장	전용기(2학년)
기율부장	이갑재(3학년)	후생부장	이용우(2학년)
훈련부장	이완식(3학년)	UN 학생부장	이승호(2학년)
학급총대	최기홍(4학년), 조준구(3학년), 채현철(2학년), 조경남(1학년)		

임기: 1953년 10월 21일부터 1954년 4월 20일까지

운영위원장	홍준식(3학년)	부위원장	채현철(2학년)
총무부장	조준구(3학년)	학예부장	심선식(3학년)
체육부장	신현필(3학년)	공작부장	김성호(2학년)
기율부장	김양규(2학년)	후생부장	이용우(2학년)
훈련부장	이갑재(3학년)	UN 학생부장	구상회(3학년)
학급총대	서세모(4학년), 심선식(3학년), 서정훈(2학년), 이형석(1학년)		

세브란스 의과대학 학도호국단의 1953학년도 주요 일지는 다음과 같았다.

4월 8일   1953학년도 개학 및 입학식을 거행함
4월 22일   1953학년도 전반기 학도호국단 선거를 치름
4월 29일   고(故) 더글러스 B. 에비슨 부교장의 장례식이 거행됨
5월 15일   창립 69주년 기념식 및 체육 대회가 열림
5월 23일   창립 69주년 기념 음악회가 배재 강당에서 열림
7월 17일   운동장 수리가 완료되어 배구, 농구, 정구 코트가 완비됨
             기념 운동회를 개최함
             남대문 교회 자리에 학생관을 착공함
7월 25일   학생관 공사가 임시 중지됨
7월 29일   학생관 공사를 재개함
8월 4일   더글러스 B. 에비슨의 비석 제막식을 거행함
8월 22일   기독학생회, 박수연, 홍사석 교수의 지도하에 경기도 덕
             적도 일대에서 무의촌 순회 진료를 함
9월 7일   학생관 공사가 완료됨
9월 12일   학생관 준공 개관식이 거행됨
10월 13일   1953학년도 후반기 학도호국단 선거를 치름
11월 5일   기독교 학교 연맹 주최로 열린 제1회 탁구대회에 정진영,
             김성호, 서상현, 신현필이 출전하여 단체전 2위를 차지함
11월 8일   졸업예배를 신문내교회에서 가짐
11월 15일   3학년 이윤찬, 전국 남녀 영어 웅변대회에서 1등을 차지
             하여 문교장관상을 수상함
11월 18일   세브란스 신보 제2호가 발간됨
11월 20일   제44회 졸업생 송별회가 학생관에서 열림
11월 25일   치과 강당에서 학생부 주최의 음악감상회가 열림

4) 1953학년도의 대학원

세브란스는 단과대학이어서 대학원을 설치할 수 없었다. 그래서 의예과 교육과 같이 대학원도 연희대학교에서 운영하기로 하였다. 연희대학교는 1950년 6월 30명을 모집하여 대학원을 개설하였지만 한국전쟁으로 중지되었다가

1952년 4월 부산의 가교사에서 다시 시작되었다.

1953년 4월에는 지원자 45명 중 26명이 입학하였는데, 이 중 의학 전공이 5명이었다. 이들이 누구인지는 알려져 있지 않다.

5) 고(故) 더글러스 B. 에비슨 부교장의 장례식

더글러스 B. 에비슨은 1940년 귀국한 이후 캐나다 온타리오 주 피터버러에서 보건 의료 담당관 대행으로 활동하다가 제2차 세계전쟁이 끝나자 밴쿠버에서 개업을 하였다. 세브란스로 복귀하려는 그의 희망은 다각도로 노력하였음에도 실현되지 못 하였다. 그는 1947년 12월 31일 선교사직을 사임하였으며, 1952년 8월 4일 밴쿠버에서 소천하였다. 그는 "나의 유골은 내가 출생한 한국 땅에 묻어 달라"는 유언을 남겼으며, 이에 유족과 친지들은 고인의 뜻을 받들어 화장 후 유해를 부산으로 보냈

그림 3-34. 더글러스 B. 에비슨. 동은의학박물관 소장.

다. 세브란스 의과대학에서는 4월 29일 학교장으로 신문내교회에서 장례식을 치른 후 양화진 외국인 묘지에 유해를 안장하였다. 그리고 8월 4일 서거 1주기를 맞이하여 비석 제막식을 거행하였다.

더글러스는 올리버 R. 에비슨의 셋째 아들로서 1893년 7월 23일 부산에서 태어났으며, 1904년 중국 즈푸[芝罘]의 외국인 학교에 입학하여 1907년 졸업하였다. 1909년 외갓집이 있는 캐나다 온타리오 주 스미스폴스로 건너가 1913년 스미스폴스 공립 고등학교 졸업하였고, 1919년 토론토 대학교 의학부를 졸업하였다. 졸업 후 토론토 종합병원에서 2개월, 토론토 웨스턴병원에서 6개월 동안 수련을 받은 후 5개월 동안 온타리오 주 블라인드 리버에서 개업을 하던 중인 1920년 1월 20일 미국 북장로교회 해외 선교본부에 지원하여 4월 5일 한국 파송 선교사로 임명되었다.

그림 3-35. 신문내교회에서 열린 장례식. 동은의학박물관 소장.

그림 3-36. 더글러스 B. 에비슨의 장례식에 참석한 전·현직
학장들. 동은의학박물관 소장.

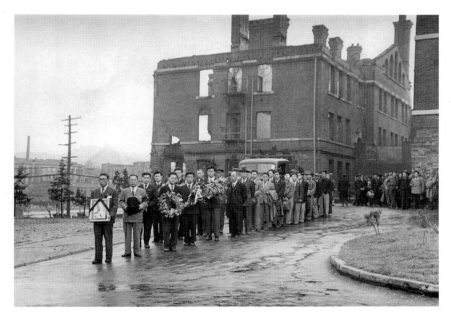

그림 3-37. 세브란스 부지를 돌고 장지(葬地)로 향하는 장례 행렬. 동은의학박물관 소장.

그는 1921년 2월 17일, 샌프란시스코 항을 출발하여 4월 한국에 도착하였으며, 1년 동안 선천 미동병원에서 원장 대리로 근무하였다. 1922년 세브란스 연합의학전문학교로 임지가 변경되어 소아과 과장, 병원장 및 부학장 등을 역임하며 세브란스의 발전에 큰 역할을 하였다.

6) 제44회 졸업식

제44회 졸업식은 수업 연한 단축으로 인하여 예정보다 4개월 정도 빠른 11월 26일에 거행되었다.[1] 제44회로 24명이 졸업하였는데, 1948년 입학생은 5명에 불과하였고, 1947년 입학생이 13명으로 가장 많았다. 이외에 1943년

---

[1] 학적부에는 1954년 3월 25일 졸업으로 적혀 있다.

그림 3-38. 제44회 졸업 기념사진. 1953년 11월 7일 촬영한 것이다. 동은의학박물관 소장.

입학생이 1명, 1946년 입학생이 3명이었다. 그리고 평양의학대학에서 일부 과정을 수료하였던 2명이 1952년 편입하여 졸업하였다.

3. 1954학년도의 학사일정

1) 1954학년도의 의예과

연희대학교는 1953년 8월 말 서울로 복귀한 이후 복구공사가 계속되어 사택을 제외한 대부분의 건물이 외형이나마 재건된 모습을 갖추고 1954년 4월 신학기 개강을 맞았다. 1954학년도에는 93명이 의예과에 입학하였다.

당시 신입생 전형 방법은 필답고사로서, 필수 과목인 국어, 영어, 수학, 그리고 사회생활과 경제학 개론 중에서 하나를 선택하여 4과목의 시험을 치렀는데 과목당 100점으로 총 400점이었다. 각 시험 과목은 대개 주관식으로 출제되었다.

1954~55학년도의 의예과 2학년 개설 과목은 다음과 같았다.

과목명	학점	담당교수
통계학	2	장기원
정성분석화학	2	김흥준
세포학	2	홍순우
비교해부학	2	최임순
유기화학	2	손선관
국어	2	정병욱
영어	2	심인곤
라틴어	2	한철하
심리학	2	성백선

1955년 3월 54명의 학생이 의예과를 수료하였다.

2) 1954학년도의 본과 강의

1954학년도의 본과 강의는 다음과 같이 진행되었다.

1학년　해부학, 조직학, 생화학, 생리학, 의학사, 인체발생학
2학년　생리학, 약리학, 병리학 총론, 위생학, 진단학, 외과 총론, 세균학
3학년　내과학, 정신과학, 외과학, 정형외과학, 산과학, 부인과학, 소아과학, 안과학, 이비인후과학, 피부과학, 비뇨기과학, 치과학
4학년　법의학, 내과학, 정신과학, 외과학, 산과학, 부인과학, 소아과학, 안과학, 이비인후과학, 피부과학, 비뇨기과학, 방사선과학

3) 1954학년도의 학도호국단

1954학년도의 운영위원회 구성은 다음과 같았다.

임기: 1954년 4월 21일부터 1954년 10월 20일까지

운영위원장	심선식(4학년)	부위원장	채현철(3학년)
총무부장	윤수현(3학년)	학예부장	이호영(3학년)
체육부장	서정훈(3학년)	공작부장	최대경(2학년)
기율부장	최인준(3학년)	후생부장	한기순(2학년)
훈련부장	김병수(2학년)		

학급총대   홍준식(4학년), 이석정(3학년), 차경배(2학년), 김성준(1학년)

임기: 1954년 10월 21일부터 1955년 4월까지

운영위원장	윤수현(3학년)	부위원장	최종렬(2학년)
총무부장	김성호(3학년)	학예부장	이배석(3학년)
체육부장	김영래(2학년)	공작부장	최인준(3학년)
기율부장	남상혁(3학년)	후생부장	한기순(2학년)

학급총대   심선식(4학년), 김제현(3학년), 김종만(2학년), 김성준(1학년)

세브란스 의과대학 학도호국단의 1954학년도 주요 일지는 다음과 같았다.

1954년

4월 20일	1954년도 전반기 학도호국단 선거, 위원장에 심선식, 부위원장에 채현철이 당선됨
5월 15일	창립 70주년 기념행사가 열림 세브란스 신보 제3호를 발행함
7월 17일	에비슨관 개관식 및 운동 대회가 열림(탁구, 농구, 배구, 정구)
8월 5일	기독학생회, 의료 봉사를 함
8월 11일	세브란스 신보 제5호를 발행함
9월 18일	고(故) 고흥수 학생의 학생장이 거행됨

그림 3-39. 세브란쓰[신보 제3호](1954년 5월 15일). 동은의학박물관 소장.

10월 18일	1954학년도 후반기 학도호국단 선거, 위원장에 윤수현, 부위원장에 최종열이 당선됨
11월 1일	세브란스 지 발간을 계획함

1955년

1월 8일	심상황 학생과장, 동남아시아 시찰 차 출국함
2월 18일	이우주 교수, 학생과장에 취임함
3월 11일	졸업생 송별회가 강당에서 열림
3월 13일	졸업예배를 정동교회에서 가짐
3월 29일	세브란스 2호를 발행함

4) 창립 70주년 기념행사

창립 70주년 기념행사가 1954년 5월 15일 개최되었다. 이날 행사는 오전 9시부터 1시간 동안 기념식이 거행되었고, 10시부터 2시간 동안 웅변대회가 열렸다. 이어 오후 1시부터 5시까지 운동대회가 열렸으며, 5시부터 6시까지 저녁 식사를 한 후 9시까지 여흥을 즐겼다. 이와 함께 세브란스 신보 제3호가 발행되었다.

5) 1955년 2월 당시의 교수진 명단

1955년 2월 당시의 교수진 명단은 다음과 같았다.

학장		김명선		
해부학	교수	최금덕	강사	박수연
	조교	김탁기		
생리학	교수	김명선, 이병희		
	강사	조민행(유학 중), 임평기(유학 중)		
약리학	교수	이우주	강사	홍사석(유학 중)
병리학	강사	김동식	조교	최병호(유학 중)

생화학	조교수	송정석			
위생학	교수	심상황			
	강사	양재모(유학 중), 홍석기(유학 중)			
미생물학	교수	유준(유학 중)			
	강사	조선구(유학 중), 오장옥(유학 중)			
	조교	이유복(유학 중)			
내과학	교수	이보영(유학 중), 조광현(유학 중)			
	조교수	서석조	강사	채응석, 심재덕	
흉부 내과학	교수	어니스트 B. 스트러더스			
외과학	교수	노형진, 어니스트 N. 와이스			
	강사	황규철	조교	한희철, 허정호	
정형외과학	교수	이용설	조교수	문이복	
	강사	김광회			
소아과학	교수	조동수	조교수	임의선(유학 중)	
	조교	주일선, 김정숙			
산부인과학	교수	김재흥			
	강사	황태식, 노경병(유학 중)			
이비인후과학	교수	이병현	강사	윤상하	
	조교	오이환			
피부비뇨기과학	조교수	왕종순	강사	이남주	
안과학	부교수	최창수(유학 중)	강사	홍순각, 최억	
	조교	박용옥			
치과학	교수	박용덕	강사	이동섭, 지헌택	
	조교	김병순			

외래강사

의학사	김두종
법의학	최동 , 유영우
미생물학	이병학
병리학	이성수
기생충학	소진탁
위생학	박재빈, 구연철
내과학	심호섭, 한용표, 노덕삼, 유병서
외과학	정구충
정형외과	문병기
산부인과	설경성
정신과학	최신해

6) 의료 봉사

1954년 7월 24일부터 8월 4일까지 약 2주일 동안 몇몇 졸업반 학생들이 의료 봉사팀을 조직하여 중앙신학교의 김덕준 목사가 조직한 사회사업 봉사팀을 도와 서울 장사동 일대에서 의료 봉사를 하였다.

8월 5일에는 기독학생회가 송정석, 최기홍, 김탁기의 지도하에 강원도 수복 지구인 속초읍 일대에서 의료 봉사를 하기 위해 떠났다.

7) 제45회 졸업식

1955년 3월 29일 26명이 제45회로 졸업하였다. 이들은 한국전쟁 등으로 입학연도가 다양하였다. 9명은 1949년 예과에 입학하여 졸업하였지만, 7명은 1946년, 7명은 1947년, 2명은 1948년에 입학하였으며, 1명은 1952년 2학년에 편입하여 함께 졸업하였다.

4. 1955학년도의 학사일정

1) 1955학년도의 의예과

연희대학교는 1955학년도부터 입시 제도를 혁신하였다. 그 동안의 필답시험 대신에 고등학교 성적에 의거해서 전형하기로 한 것이었다. 1955학년도는 과도기로서 고등학교 재학 중의 성적과 필기시험 점수를 각각 50점으로 채점하는 절충 방법으로 실시하였다. 다만 출신 고등학교의 최종 학년 석차가 100분의 5 이내이고, 학교장의 추천을 받은 학생으로서 본교 사정에 합격한 경우에는 필기시험을 면제해 주었다. 이에 따라 지원자는 출신학교 최종 3년간의 성적 증명서와 최종 학년 전원의 성적 일람표를 제출하였다. 이와 함께 필답시험도 방법을 바꾸어 120분 1교시에 국어, 영어, 수학, 사회생활의 4과목을 종합한 실력고사로 실시하였다. 1955학년도 의예과의 모집 인원은 80명이었다.

1955학년도 의예과 2학년의 제1학기의 강의는 다음과 같았다.

과목	학점	담당		요일 및 교시
통계학	3	장기원		
정성분석화학	3	김홍준		
세포학	2	홍순우	전임강사	수요일 6교시, 토요일 1교시
비교해부학	3	최임순	조교	강의 2시간, 실습 6시간
				월/토 6, 7, 8, 9교시
유기화학	4	손선관		
국어	3	정병욱		
영어	3	심인곤		
라전어	1	한철하		
심리학	3	성백선		

1955학년도 의예과 2학년의 제2학기 강의의 일부는 다음과 같았다.

과목	학점	담당	요일 및 교시
생화학	2	이영우 부교수	목 1교시, 토 2교시(203호실) 강의 4시간, 실습 2시간
유기화학	5	"	월 5교시, 목 4교시(203호실), 금요일 4교시(104호실), 토요일 4교시(203호실) 강의 2시간, 실습 6시간
비교해부학	3	최임순 조교	수요일 2~4교시(203호실), 토요일 1, 6~8교실(203호실)
유전학	2	공태훈 전임강사	목교일 2교시, 토요일 5교시(203호실)

1956년에 의예과를 수료하고 본과로 진입한 학생은 58명이었다.

2) 1955학년도의 본과 강의

1955학년도의 본과 강의는 다음과 같이 진행되었다.

1학년	해부학, 조직학, 생화학, 생리학, 의학사, 인체발생학
2학년	생리학, 약리학, 병리학, 기생충학, 미생물학, 위생학, 진단학, 외과학 총론
3학년	내과학, 정신병학, 외과학, 정형외과학, 산과학, 부인과학, 소아과학, 안과학, 이비인후과학, 피부과학, 비뇨기과학, 방사선학
4학년	법의학, 내과학, 정신병학, 외과학, 산과학, 부인과학, 소아과학, 안과학, 이비인후과학, 피부과학, 비뇨기과학, 방사선학

3) 1955학년도의 학도호국단

1955학년도의 운영위원회 구성은 다음과 같았다.

임기: 1955년 4월 20일부터 1955년 10월까지
운영위원장 채현철(4학년)   부위원장 이승순(3학년)

임기: 1955년 10월 1956년 4월까지
운영위원장 갈승철(3학년)   부위원장 박용상(2학년)
총무부장 신영호   총무차장 소진명
학예부장 정진영   학예차장 이호영
공작부장 김일근   공작차장 최규원
체육부장 정충수   체육차장 이재석
후생부장 김용우   후생차장 김종래
규율부장 최대경(3학년)   규율차장 이철우
학급총대 오철환(4학년), 장인규(3학년), 김성준(2학년), 장봉문(1학년)

세브란스 의과대학 학도호국단의 1955학년도 주요 일지는 다음과 같았다.

4월 20일   1954년도 전반기 학도호국단 선거를 치름
5월 14일   창립 70주년 기념일
7월 21일   이우주 교수의 도미 환송회를 개최함

7월 22일	세브란스에서 서울 의대와의 체육대회를 개최함(정구, 탁구, 배구, 농구)
8월 2일	기독학생회, 연천, 김화, 철원 지구에서 무의촌 순회 진료를 함
8월 23일	이병희 교수의 도미 환송회를 개최함
9월 6일	유준 박사의 귀국 환영회를 개최함

이외에도 월 평균 3회의 영화 감상회를 개최하였고, 매주 목요일 외부인사를 초빙하여 강연회를 개최하였다.

4) 창립 70주년 기념행사

1955년 5월 14일에는 예년과 같이 창립 기념행사가 개최되었는데, '70주년'을 다시 기념하여 다양한 행사가 열렸다. 1954년까지는 알렌이 내한하였던 1884년을 시점으로 하였지만, 1955년에 1885년 제중원 개원을 시점으로 정정한 것이었다. 학예부는 특별히 창립 70주년 기념 팜프렛을 발간하였다.

기념식에 이어 오전에 개최된 웅변대회는 영어부와 한국어부로 나뉘어 진행되었는데, 영어부에서는 1등 윤흔영, 2등 정완호, 3등 소진명이었으며, 한국어부에서는 1등 박광자, 2등 김상익, 3등 정하영이었다. 오후에는 운동대회와 가장행렬이 있었고, 저녁에는 음악회와 함께 '꽃과 나비'라는 제목의 연극공연이 있었다.

5) 1955학년도의 대학원 의학과

대학원 의학과는 1955년 7월 28일 인가되었다. 따라서 연세합동 이전에 배출된 의학 석사나 박사는 없다. 당시 의학과의 학생은 세브란스 졸업생으로 학장의 추천을 받은 사람만 입학할 수 있었다.

대학원 의학과 첫 입학생은 김기령, 안재영, 정민, 조규철이었으며, 이들은

1957년 3월 2일 처음으로 연희대학교 명의의 의학석사 학위를 받았다. 이들의 학위논문과 지도교수는 다음과 같았다.

0056 김기령(지도 이병현) 한국인 후두 종양의 통계학적 고찰
0057 안재영(지도 김재홍) 자궁과 임신의 임상적 고찰
0058 정민(지도 유준) 한국의 나병의 역학적 연구
0059 조규철(지도 이세규) 전격 경련이 가토혈액응고시간에 미치는 영향

6) 1955년 12월 당시 미국과 캐나다에 유학 중인 세브란스 동창

1955년 12월 당시 미국에는 120여 명의 동창들이 유학을 하고 있었으며, 17명이 1955년에 귀국하였는데, 다음과 같았다.

미국의 세브란스 동창(1955년 12월 현재)

이름(졸업)	미국 내 연수 기관	가능한 직책	이전 직책 혹은 전공
문창모(1931)	인디애나폴리스 감리병원 인디애나 주 인디애나폴리스		(병원)행정
이인선(1931)	스티븐스 병원, 웨스트버지니아 주 웰치		마취과
김영식(1933)	뉴저지 주 뉴어크(성주호 방)	인천도립병원	내과
전영을(1933)	펜실베이니아 주 피츠버그(윤상하 방)		내과
조창호(1933)	토머스 메모리얼 병원, 웨스트버지니아 주 찰스턴	적십자병원	내과
곽인성(1935)	밀크레스트 요양병원, 캔자스 주 토피카		흉부내과
이병희(1935)	웨인 대학교 의학부, 미시건 주 디트로이트	세브란스	생리학
김진경(1937)	메릴랜드 루터란 병원, 메릴랜드 주 볼티모어	부산아동구호병원	외과
이보영(1937)	펜실베이니아 대학교 의학부 대학원 내과 과정	세브란스	내과
조준석(1937)	뉴욕 시(웨스트필드 주립 요양원, 매사추세츠 주 웨스트필드)		내과

이름(졸업)	미국 내 연수 기관	가능한 직책	이전 직책 혹은 전공
왕종순(1939)	해컨색 병원, 뉴저지 주 해컨색	세브란스	비뇨기과
김대수(1940)		대구의과대학 부교수	생리학
김주성(1940)	미네소타 대학교 보건대학원, 미시건 주 미니애폴리스		공중보건
조광현(1940)	애덤스 메모리얼 병원, 뉴욕 주 페리버그	세브란스	내과
김치순(1941)	위어톤 종합병원, 웨스트버지니아 주 위어톤		내과
이우주(1941)	위스콘신 대학교 약리학교실, 위스콘신 주 매디슨	세브란스	약리학
임의선(1941)	하퍼 병원, 미시건 주 디트로이트	세브란스	소아과
김영욱(1941.12)	펜실베이니아 주 피츠버그(문이복 방)	충청남도 보건국장공중보건	
문리복(1941.12)	피츠버그 대학교 정형외과학교실, 펜실베이니아	세브란스	정형외과
신필수(1941.12)	재활, 벨뷰 병원, 뉴욕 시	청주도립병원	재활의학
장운섭(1941.12)	세인트 메리 병원, 일리노이 주 이스트 세인트루이스		내과
차경섭(1941.12)	콜럼버스 병원, 일리노이 주 시카고		산부인과
최창수(1941.12)	일리노이 안이병원, 일리노이 주 시카고 7	세브란스	안과
황정현(1941.12)		보건부 공항 검역	공중보건
문병기(1942)		개업	정형외과
이성행(1942)	조지 워싱턴 대학교 병원, 워싱턴, D. C.	대구의과대학	흉부외과
홍필훈(1942)	파크랜드 병원, 텍사스 주 댈러스	교통병원	흉부외과
고원영(1943)	존슨 앤드 존슨 회사, 뉴저지 주 뉴브런즈윅	교통병원	미생물학
이규택(1943)	워싱턴 대학교 병리학교실, 몬태나 주 세인트루이스	대구의과대학	내과
이명수(1943)	할렘 안이병원, 뉴욕 시	이화의과대학	안과
박창혁(1944)	저지 시 의료원, 뉴저지 주 저지 시		
윤덕진(1944)	대학병원, 펜실베이니아 주 매디슨	개정농촌위생 연구소	소아과
이종윤(1944)	빙엄턴 시립병원, 뉴욕 주 빙엄턴		외과

이름(졸업)	미국 내 연수 기관	가능한 직책	이전 직책 혹은 전공
이헌재(1944)	대학병원, 미시건 주 앤아버	대한민국 육군	신경외과
주정빈(1944)	저지 시 의료원, 뉴저지 주 저지 시	대한민국 육군	정형외과
김영옥(1945)	새러토가 병원, 미시건 주 디트로이트	유엔 민사처	이비인후과
김희수(1945)	필라델피아 종합병원 병리학교실, 펜실베이니아 주 필라델피아	개업	소아과.
남정직(1945)	호머 C. 필립스 병원, 몬태나 주 세인트루이스		내과
백준기(1945)	클리블랜드 병원, 오하이오 주 클리블랜드		이비인후과
손원태(1945)	쿡 카운티 병원, 일리노이 주 시카고	세브란스	병리학
양재홍(1945)	알렉시언 형제 병원, 몬태나 주 세인트루이스		비뇨기과
윤상하(1945)	머시 병원, 펜실베이니아 주 피츠버그	세브란스	이비인후과
최선학(1945)	버지니아 대학교 의학부, 버지니아 주 샬러츠빌	세브란스	병리학
김영우(1947)	대학병원, 위스콘신 주 매디슨	대한민국 육군	외과
김윤주(1947)	쥬위시 병원회, 오하이오 주 신시내티	서울위생병원	
박용건(1947)	볼티모어 시립병원, 메릴랜드 주 볼티모어	대한민국 육군	산부인과
안재호(1947)	시뷰 병원, 뉴욕 시 스테이튼 아일랜드	국립 결핵요양원	흉곽내과
오중근(1947)	트리보로 병원, 뉴욕 주 자메이카	국립경찰병원	내과
이근영(1947)	버지니아 의과대학, 버지니아 주 리치몬드	세브란스	외과
이병태(1947)	세인트 메리 병원, 미네소타 주 미니애폴리스	대한민국보건부	미생물학
한병두(1947)	반스 병원, 몬태나 주 세인트루이스		
권태수(1948)	박희영 방(方)	대한민국 해군	외과
김병기(1948)	폴락 병원, 뉴저지 주 저지 시	교통병원 요양원	흉곽내과
김병식(1948)	위코프 하이츠 병원, 뉴욕 주 브루클린	유엔 포로수용소	외과
김순응(1948)	버지니아 의과대학, 버지니아 주 리치몬드	대한민국 육군	병리학

이름(졸업)	미국 내 연수 기관	가능한 직책	이전 직책 혹은 전공
김채섭(1948)		대한민국 육군	외과
김채원(1948)		대한민국 육군	내과
노경병(1948)	앨런타운 종합병원 병리과, 펜실베이니아 주 앨런타운	세브란스	산부인과
박달욱(1948)	퍼드 앰보이 종합병원, 뉴저지 주 퍼드 앰보이	개업	
박희영(1948)	에번스턴 병원, 일리노이 주 에번스턴	세브란스	임상병리학
배수현(1948)	폴락 병원, 뉴저지 주 저지 시	원호 요양원	흉부내과
안승봉(1948)	애크론 시립병원, 오하이오 주 애크론	유엔 포로수용소	방사선과
오장옥(1948)	인디애나 대학 미생물학교실, 인디애나폴리스, 인디애나 주	세브란스	미생물학
윤석우(1948)	미시건 대학교 보건대학원, 미시건 주 앤아버	결핵의료원	공중보건
은종혁(1948)	미 해군병원, 캘리포니아 주 오클랜드	대한민국 해군	외과
이도연(1948)	필라델피아 종합병원 병리과 펜실베이니아 주 필라델피아		
이삼열(1948)	세인트 루크 병원 병리과, 펜실베이니아 주 베들레헴	대한민국 보건부	미생물학
이세순(1948)	탬파 지방병원, 플로리다 주 탬파	유엔 민사처	외과
이윤석(1948)	올트먼 병원, 오하이오 주 캔튼	유엔 민사처	외과
이효근(1948)	시뷰 병원, 뉴욕 스테이튼 아일랜드	국립결핵요양원	흉부내과
임평기(1948)	노스웨스턴 대학교, 일리노이 주 시카고	세브란스	생리학
장종완(1948)	메릴랜드 주 볼티모어(박용건 방)		
정경한(1948)	미 해군 의과대학 국립해군의료원, 메릴랜드 주 베데스다	대한민국 해군	예방의학
조선구(1948)	일리노이 주 시카고(임평기 방)	세브란스	미생물학
조정현(1948)	하네만 병원, 매사추세츠 주 워스터 5	유엔 민사처	외과
최한철(1948)	펜실베이니아 대학교 의학대학원 외과과정, 펜실베이니아 주 필라델피아	경찰국	외과
허곤(1948)	대학병원, 위스콘신 주 매디슨	대한민국 육군	신경외과
홍사석(1948)	워싱턴 대학교 약리학교실, 워싱턴 주 시애틀	세브란스	약리학

이름(졸업)	미국 내 연수 기관	가능한 직책	이전 직책 혹은 전공
황우형(1948)	일리노이 주 시카고(임평기 방)		
김성전(1949)	그래듀에이트 병원, 펜실베이니아 주 필라델피아		방사선과
김영욱(1949)	몬태나 주 세인트루이스(이규택 방)		
김용현(1949)	앨버트 아인슈타인 의료원		병리학
김준선(1949)	시뷰 병원, 뉴욕 시 스테이튼 아일랜드		내과
김형린(1949)	위코프 하이츠 병원, 뉴욕 주 브루클린	유엔 민사처	외과
문동욱(1949)	폴락 별원, 뉴저지 주 저지 시	적십자병원	내과
민병화(1949)	캘리포니아 주 로스앤젤레스 23가 1715 N.		
박성수(1949)	세인트루이스(이규택 방)		외과
박이갑(1949)	시뷰 병원, 뉴욕 시 스테이튼 아일랜드	교통병원	내과
서정삼(1949)	빙엄턴 시립병원, 뉴욕 주 빙엄턴	유엔 민사처	내과
송선규(1949)	벨뷰 병원 신경과, 뉴욕 시	유엔 포로수용소	신경과
신녹우(1949)	세인트 존 병원, 미네소타 주 세인트폴		
신언(1949)	헨리포드 병원, 미시건 주 디트로이트	유엔 포로수용소	내과
안경진(1949)	빙엄턴 시립병원, 뉴욕 주 빙엄턴	서울위생병원	외과
유회성(1949)	콜로라도	대한민국 육군	정형외과
장순창(1949)	세인트 토머스 병원, 오하이오 주 애크런	국립 경찰병원	외과
정래관(1949)	시립병원, 뉴욕 시 웰페어 섬	유엔 민사처	외과
주영빈(1949)	퀸즈 종합병원, 뉴욕 시 퀸즈	국립경찰병원	이비인후과
최원철(1949)	탬파 종합병원, 플로리다 주 탬파	유엔 민사처	외과
홍석기(1949)	로체스터 대학교, 뉴욕 주 로체스	유엔 민사처	생리학
강신명(1950)	세인트 엘리자베스 병원, 오하이오 주 영스타운		
고극훈(1950)	벨뷰 병원 재활, 뉴욕 시	국립경찰병원	소아과
김동성(1950)	로체스터 종합병원, 뉴욕 주	대한민국 육군	
김석기(1950)	레이크우드 병원, 오하이오 주 레이크우드		

이름(졸업)	미국 내 연수 기관	가능한 직책	이전 직책 혹은 전공
김창신(1950)	자메이카 병원, 뉴욕 시 롱 아일랜드	유엔 포로수용소	외과
나용진(1950)	부스 메모리얼 병원, 매사추세츠 주 브루클린		산부인과
양용현(1950)	세인트루이스(이규택 방)		
유재열(1950)	모리스타운 메모리얼 병원, 뉴저지 주 모리스타운	유엔 민사처	외과
이용우(1950)	몬머스 병원, 뉴저지 주 롱브랜치	서울시립병원	
장관식(1950)	시립의료원, 뉴저지 주 뉴어크	대한민국 육군	
조준행(1950)	세인트 프랜시스 병원, 뉴저지 주 뉴어크		
최태일(1950)	예수병원, 뉴저지 주 저지 시	서울시립병원	
황현수(1950)	쿡 카운티 병원, 일리노이 주 시카고	대한민국 육군	이비인후과
이규환(1951)	뉴욕(이병희 방)	대한민국 육군	
정전은(1951)	뉴욕 시(정래관 방)		
허경발(1951)	벨뷰 병원 제3회과, 뉴욕 시	대한민국 육군	외과
문동욱(1952)	올트먼 병원, 오하이오 주 캔튼		
성주호(1952)	베스 이스라엘 병원, 뉴저지 주 뉴어크		병리학
장석기(1952)			
신승호(1953)	세인트 앤스 병원, 일리노이 주 시카고	대한민국 육군	
이유복(1953)	오리건 대학교, 오리건 주 포틀랜드	세브란스	병리학
임학서(1953)	세인트 메리 병원, 뉴저지 주 호보컨	세브란스	
장재한(1953)	세인트 조셉 병원, 애리조나 피닉스		
최병호(1953)	웨스턴 리저브 대학교, 오하이오 주 클리블랜드	세브란스	병리학
유재덕(1954)	세인트 메리 병원, 뉴저지 주 호보컨		
차승만(1954)	미 해군 의과대학, 메릴랜드 주 베데스다	대한민국 해군	생화학
최기홍(1954)	오클라호마 주(문병기 방)	세브란스	정형외과
이윤찬(1955)	세인트 메리 병원, 뉴저지 주 호보컨	대한민국 육군	

이름(졸업연도)	미국 내 주소	가능한 한국의 직책	전문분야
양요환(1934)	리아이 병원, 하와이 주 호놀룰루	서울시립병원	소아과
민광식(1936)	펜실베이니아 대학교 대학원 및 디코니스 병원 흉부외과 펠로우	세브란스 외과	흉부외과
이의영(1936)	홀리요크 병원, 매사추세츠 주 홀리요크	개업	외과
장재전(1937)		부산에서 개업	
윤강로(1941)	시뷰 병원, 뉴욕시		내과
김기호(1942)	한미재단의 후원으로 내과를 견학함	세브란스 흉부내과	내과
차윤근(1942)	존스홉킨스 대학교 보건대학원, 메릴랜드 주	대한민국 보건부(검역)	예방의학
이철(1943)	빙엄턴 시립병원, 뉴욕	대구 동산병원	외과
박종무(1944)	하버드 대학교 보건대학원 (모성 위생)	대구 동산병원	소아과
방숙(1944)	존스 홉킨스 대학교 보건대학원, 메일랜드 주	대한민국 보건부	예방의학
이종승(1944)	한미재단의 후원으로 생물생산을 견학함	대한민국 보건부	미생물
임경열(1947)	노스캐롤라이나 대학교	전주예수병원	안과
박능만(1948)	머시 병원, 펜실베이니아 주 피츠버그	대한민국 육군	마취과
양재모(1948)	미시건 대학교 보건대학원, 미시건 주 앤아버	세브란스 위생학	위생학
정준식(1948)	주립 결행요양원, 캔자스 주 노턴		내과
정의백(1951)	조지타운 대학교 병리학교실, 워싱턴 D. C.	대한민국 육군	병리학
오흥근(1952)	미 해군병원, 메릴랜드 주 베데스다	대한민국 해군	

7) 제46회 졸업식

제46회 졸업생 42명은 3월 25일 오전 11시 새문안교회에서 졸업예배를 가졌다. 졸업식은 3월 31일 오후 2시 에비슨관의 대학 강당에서 거행되었다. 이 중 23명은 1950년 입학하였지만, 8명은 1949년, 7명은 1947년, 3명은 1946년 입학하였던 학생들이었다.

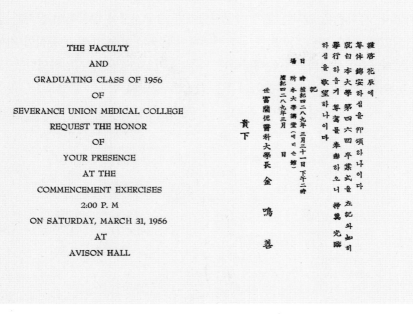

그림 3-40. 제46회 졸업식 초청장. 동은의학박물관 소장.

5. 1956학년도의 학사일정

1) 1956학년도의 의예과

1955학년도에 이어 1956학년도에는 전면적인 무시험 전형제가 시행되었다. 3,555명의 지원자 중에서 1차로 793명이 합격하였고, 2차로 704명이 선발되었다. 1956년 4월 2일 입학식에 이어, 4월 5일에 신입생 전원을 대상으로 국어, 사회, 수학, 영어 등 전 학과목에 대한 시험이 실시되었다. 1956학년도 1학기에 의예과 2학년에 등록한 학생의 수는 70명이었다.

1956년에 의예과장이 화학과 이영우 교수로 교체되었다.

연희대학교는 의예과 교육을 전제로 생물과를 만들고 과학관 건축을 추진
하였다. 과학관은 1950년 봄에 착공하였지만 한국전쟁이 발발하여 공사가 중
단되었다. 이후 1954년 9월 공사를 재개하여 1956년 10월 16일 준공식이 거행
되었다. 총공사비의 1/4에 해당하는 자재는 미 제5공군이 지원하였다.

1956학년도의 의예과 개설 과목은 다음과 같았다.[2]

과목 번호	과목명	학점		담당교수
수학 141-142	수학	3	(학기당)	장기원
수학 143	분석 기하학	3		
물리학 141-142-143	일반 물리학	3	(학기당)	
물리학 247	현대 물리학	3		
화학 141-142	일반 화학	3	(학기당)	
화학 243-244	정성 화학	3	(학기당)	
생물학 139	일반 생물학	3		
수학 452	통계학 개론	3		
화학 249-350	유기 화학	3		
화학 353	생화학	3	(학기당)	
생물학 345	세포학	3		
생물학 346	유전학	3		
생물학 347	발생학	3		
생물학 348	비교 해부학			

1956학년도

필수 전공	일반 식물 및 실습	3	홍원식
	일반 동물 및 실습	3	최임순
	세포학 및 실습	3	공태훈
	식물생태학	3	홍원식
	동물생태학 및 실습	3	김호직
	식물생리학 및 실습	3	
선택 전공	식물통계학	3	홍원식
	비교해부학 및 실험	5	최임순
	생물학 특수 연구	3	김호직
	미생물학 및 실험	3	유 준

[2] Chosun Christian University Bulletin. General Catalogue Number 1956~1957, The Forty-first year(Seoul, Chosun Christian University, 1956), p. 126.

2) 1956학년도의 본과 강의

1956학년도의 본과 강의는 학년별로 다음과 같았다.

1학년 　해부학, 조직학, 생리학, 생화학, 의학사, 의학통계, 인체발생학
2학년 　생리학, 약리학, 병리학 총론, 기생충학, 미생물학, 위생학, 진
　　　 단학, 소아과학, 외과학 총론
3학년 　임상병리학, 위생학, 내과학, 정신과학, 외과학, 정형외과학,
　　　 산과학, 부인과학, 소아과학, 안과학, 이비인후과학, 피부과학,
　　　 비뇨기과학, 방사선과학
4학년 　법의학, 내과학, 정신과학, 외과학, 산부인과학, 소아과학, 안
　　　 과학, 이비인후과학, 피부과학, 비뇨기과학, 치과학

3) 제47회 졸업식

1957년 3월 31일 42명이 제47회로 졸업하였다. 이 중 23명은 1950년 입학하였지만, 8명은 1949년, 7명은 1947년, 3명은 1946년 입학하였던 학생들이었다.

47회 졸업생들은 1957년 1월 5일 연세합동이 이루어진 후에 졸업하였기에 연세대학교의 첫 졸업생이라 볼 수 있지만, 실제로는 문교부에 보고 등의 관계로 마지막으로 세브란스 의과대학 명의의 졸업장을 받았다. 따라서 연세대학교 명의의 첫 졸업장은 1958년 졸업생들이 받았다.

6. 올리버 R. 에비슨의 서거

올리버 R. 에비슨은 1916년부터 1934년까지 18년 동안 세브란스와 연희의 교장을 겸임하면서 한국의 '서양 의학'과 '고등 교육'을 개척한, 한국 역사에서 중요한 인물이었다.

캐나다 토론토 출신의 에비슨은 미국 북장로교회의 의료 선교사로 1893년 7월 내한하여 제중원의 책임을 맡음과 동시에 고종의 주치의로 활동하였다. 왕실의 후원으로 설립되어 미국 북장로교회와 일종의 합작으로 운영되었던 제중원은 한국인 주사들의 부패로 운영이 곤란한 상황이었다. 이에 에비슨은 조선 정부와의 협상을 통해 1894년 9월 제중원을 넘겨받아 이를 선교 병원으로 전환시켰고, 의학교육을 재개하였다. 그는 한국인 조수들의 도움을 받아 거의 전 과목의 한글 교과서를 편찬하였고, 제중원을 기독교의 여러 교파가 운영에 참여하는 연합병원으로 발전시키기 위하여 노력하였다. 안식년으로 귀국 중이던 1900년 미국인 자선가인 루이스 H. 세브란스 씨로부터 거액의 병원 건립 기금을 기부 받아 1904년 9월 남대문 바깥에 새 병원을 짓고 세브란스 병원으로 이름을 바꾸었다. 이후 1908년 6월 한국 최초의 면허의사 7명을 배출하였다. 그는 학생들에게 기독교 정신을 몸소 실천해 보이며 강조하였으며, "기독교 신자가 아니었던 학생들도 결국은 그를 따라 기독교적인 사랑을 베풀게 되었음으로 졸업생 전체가 기독교 신자라고 해도 무방하다."고 보고하였다. 그는 세브란스를 1913년 연합에 이어, 1917년 전문학교를 발전시켰고, 1916년에는 연희전문학교의 교장을 겸임하여 한국인 교수를 적극 영입하는 등 한국인 인재 양성에 온 힘을 쏟았다.

그는 선교사로서 1930년 6월 30일부로 명예스럽게 은퇴하였다. 하지만 선교지의 두 학교 재단의 강력한 요청으로 두 번의 2년 임기를 더해 1934년까지 양교 교장으로 재임한 후 명예교장으로 추대되었다. 세브란스의 교장은 한국인 오긍선이 임명되었지만, 연희의 교장은 원한경이 임명되었다.

은퇴 후 한국과 만주의 여러 선교지를 방문하였던 에비슨의 영구 귀국은 예정에 없이 진행되었다 에비슨은 정년으로 귀국하였다가 조선이 자신의 백골이 묻힐 땅이라는 결심을 밝히고 다시 돌아왔다. 그런데 출가한 딸이 1934년 과부가 되자, 그녀를 위로해 주고 캘리포니아에 있는 외손자도 만나보며, 캐나다와 미국 각지의 여러 친척을 만나 생전에 마지막으로 작별 인사를 하고 돌아올 예정으로 귀국길에 올랐다.3) 하지만 항간에는 에비슨이 영영 귀국

그림 3-41. 경성역을 떠나는 에비슨 부부(1935년 12월 2일). 동은의학박물관 소장.

하는 것이라는 소문이 있었다. 이에 대하여 에비슨은 자신의 건강을 자신할 수 없는 데다가 가족과의 작별을 위해 귀국하는 만큼, 언제 귀국할 수 있을지 정하기는 어렵지만 반드시 돌아올 것임을 약속하였다. 그는 동아일보와의 회견에서도 "내 몸 묻힐 고국은 이곳입니다."라며 한국에 대한 자신의 애정을 다시 한 번 확인하였다.[4]

송별회에서 에비슨은 다음과 같은 답사를 하였다.

> (……) 전에도 전별은 많이 받았으나 이번엔 특별히 답사할 생각이 납니다. 오늘밤 저를 위하여 말씀하신 학교, 병원, 동창회 지방 인사의 말씀을 들을 때 이런 칭찬을 받을 만한 일을 하였는가하는 의심이 납니다. (……)

3) 魚丕信 博士 歸國, 이번 길은 故國 作別行. 기독신보(1935년 11월 13일), 4쪽.
4) 이번 길은 고국 작별 행, 백골은 조선 땅에. 동아일보(1935년 11월 9일), 2쪽.

만일 이 학교를 창립할 때에 어떤 이가 오늘과 같이 4백 명의 졸업생과 2백여 명의 간호부를 양성해낼 수 있다고 예언하였더라면 믿지 않았을 것입니다. 처음에 이 학교를 시작할 때엔 여러 전문과를 한 분이 전부하던 것이 오늘엔 각과를 따라 전문 분담을 하게 되었으니 조선의 의학계가 가만히 진보하고 있는 것을 생각할 수 있습니다. 그때에 저는 여러 전문의이었습니다.

진보는 참으로 귀한 것입니다 이제 여러분과 말씀하기는 마지막일 듯합니다. 그럼으로 특별히 이 진보에 대하야 말하려고 합니다. 이 진보는 우주의 법칙이요 인류의 법칙입니다. 생물체는 정지할 수가 없습니다. 생은 진보하는 것이 당연한 것입니다. 세상에는 정지 상태에 있는 것은 없습니다. 진보하지 않으면 퇴보합니다. 우리는 늘 전진하여야 합니다. 끊임없이 전진하여야 합니다. 이 진보의 요소는 인내와 결단입니다. 성서에「태초에 하나님이 천지를 창조하셨다」고 한 것은 통역이 잘못된 듯합니다. 태초에 하나님이 천지를 창조하기 시작하셔서 오늘까지 창조를 계속하고 있는 것입니다. 신은 일초도 쉬지 않고 부단히 노력하야 전진하시고 있습니다. 어떤 분이 칭찬하는 말로「선생의 성공의 비결이 무엇이냐」고 물은 이가 있었습니다. 사업을 할 때에 피곤하여 낙심하는 때도 없지 않으나 결심하면 다시 새 원기를 얻을 수가 있습니다. 마치 경주하는 것과 같습니다. 현재에 만족하지 않고 진보를 위하여 늘 생각하고 노력하여야 하겠습니다. 현재 교직원의 마음을 보면 현상에 만족하지 않고 진보를 위하여 사고 노력(思考 努力)하는 것이 확연합니다. 이런 것을 볼 때에 제 마음에 기쁨이 충만하여 안심하고 가게 됩니다. 이제 조선을 떠나서 미국에 갔다 오면 그때엔 이보다 더 큰 진보가 있을 줄 믿습니다. 연전 근방에 땅을 사서 정신병과 결핵병사를 지을 것입니다 이외에도 계획이 많은 듯합니다. 이것이 위대한 진보의 전조가 아니고 무엇이겠습니까. 앞으로 진보할 때에 결심과 힘이 부족하면 여러분이 절대의 힘이신 하나님께 완전히 의뢰하시기 바랍니다. (……)

명예교장 에비슨 부부는 1935년 12월 2일 오후 3시 경성 발 부산행 열차로 귀국하였다. 당일 세브란스와 연희의 교직원, 학생을 비롯한 각 학교, 관청, 선교회 등에서 나온 천여 명의 전송객으로 서울역은 큰 혼잡을 이루었다.

귀국한 이듬해인 1936년 9월 15일 부인 제니가 소천하여 고향인 온타리오 주 스미스 폴스에 묻힌 이후 에비슨은 주로 플로리다에 체류하였다.

1942년 9월 22일 에비슨은 이승만 및 임시정부 요인들의 초청으로 워싱턴을 방문하여 한국을 돕는 방안을 논의하였다. 그는 10월 초 앨리스 아펜젤러와도 논의한 끝에 '기독교인 친한회'(Christian Friends of Korea)라는 조직을 결성하였다.

한국이 해방될 즈음, 즉 에비슨이 85세경이 되었을 때부터 그의 활동에 대한 기록이 거의 남아 있지 않다. 대한민국 정부는 1952년 3월 1일 에비슨에게 건국공로훈장을 수여하였고, 실제 수여식은 1953년 11월 23일 워싱턴, D. C. 의 한국 대사관에서 거행되었다. 그런데 에비슨이 노환으로 참석할 수 없게 되자 5째 아들인 W. 레이몬드 에비슨(W. Raymond Avison, 1897~1957)이 대신 참석하였다.

에비슨에 대하여 마지막으로 언급한 것은 둘째 아들 고든 W. 에비슨(Gordon W. Avison)이 더글러스 포먼(Douglas Foreman)에게 보낸 1954년 2월 20일자 편지이었다. 그 내용은 다음과 같았다.

> "우리 부부는 며칠 전 조지아 주 도슨으로부터 제가 상공회의소 상무이사로 있는 조지아 주 더블린으로 이사하였습니다. 이곳에 정착하기 전에 우리는 저의 부친 오 R. 에비슨 박사를 방문하기 위하여 플로리다 주 세인트 피터스버그로 여행하였습니다. (……)
>
> 우리는 부친이 누워 계시고 일어나실 수 없다는 것을 알게 되었습니다. 부친은 우리가 누구인지 몰라보았으며, 우리는 계속 반복해서 부친께 이야기해야 했습니다. 부친은 방문객들이 떠날 때 아내 애그니스에게 계속 물었습니다. 우리는 떠난 이후, 현재 침상을 정리하는 동안만 잠시 부친을 일으켜 세울 수 있다는 이야기를 그녀로부터 들었습니다. (……)"

에비슨은 1956년 8월 28일 세인트 피터스버그의 지방 요양소에서 서거하였다. 그의 유해는 화장하여 스미스 폴스의 제니 무덤에 합장하였다.

에비슨이 서거하였을 때, 한국에서는 그가 평생 꿈꾸었던 종합대학교의 탄생을 위한 세브란스와 연희의 합동 논의가 막바지 단계에 있었는데, 10월 13

일 그의 추도식이 열린 직후인 10월 16일과 22일에 개최된 합동 이사회에서
최종 기부행위에 '제6장 단과대학 위원회' 항을 추가함으로써 합동의 걸림돌
이 제거되었고, 법적 절차를 거쳐 1957년 1월 5일 연세대학교가 탄생하였다.

그림 3-42. 말년(87세)의 에비슨(1947년 촬영).

그림 3-43. 스미스 폴스에 있는 올리버 R. 에비슨 부부의 묘지.

그림 3-44. 에비슨관에서 개최된 추도식. 동은의학박물관 소장.

에비슨의 추도식은 10월 13일 오후 4시 세브란스 구내의 에비슨관에서 거행되었다. 백낙준 연희대학교 총장의 사회로 시작된 추도식은 찬송가 '성도의 신앙'을 부른 뒤, 한경직 목사의 성경봉독과 고인의 명복을 비는 기도가 있었다. 연희대학교 합창단의 성가 합창이 끝난 후, 심호섭의 약력 소개가 있었다. 이어 정부를 대표한 보건사회부의 정준모 장관, 오긍선, 신흥우, 한경직의 조사에 이어, 에드워드 애덤스(Edward Adams, 1895~1965) 목사의 축복 기도로 추도식을 마무리하였다.

7. 한국 전쟁 후의 학술 활동

1950년의 한국전쟁은 학술 활동에 막심한 타격을 주었다. 하지만 전시연합대학이 운영되고 있는 상황에서 1952년 5월 제4차 및 1953년 5월 제5차 정기 종합학술대회가 부산에서 개최되었다. 이후 1955년부터 서울에서 학술대회가 개최되었고, 1958년에는 대한의학협회지가 속간되었다.

1953년의 제5회 학술대회부터 연세 합동이 이루어지기 전인 1956년의 제8차 학술대회까지 세브란스의과대학에서 발표한 연제는 다음과 같았다.

제5회 학술대회(1953년 5월 10~11일)

박양원(해군 대령), 이우주: 전격(電擊) 가토의 혈액상에 관한 실험적 연구. (약리학)

홍사석: 전격(電擊) 경련이 가토 혈청 Ca 양에 미치는 영향. (약리학)

이우주: 혈액성 Shock에 대한 동맥성 수혈 및 정맥성 수혈에 관한 실험적 연구. (약리학)

홍사석, 이우주: 인삼에 관한 실험적 연구. (약리학)

이한규: 해군 신병 훈련기에 있어서의 피노도와 순화(馴化) 상태 대하여. (위생학)

윤석우(농촌위생연구소), 양재모: 농지 결핵에 관한 연구 (제2보). 전북 광활 간척 농촌민의 생활 환경과 결핵 감염도. (위생학)

제6회 학술대회(1954년 6월 20∼21일)

최금덕, 박수연: 가토 비장내 혈관에 관한 연구. (해부학)

이우주: Ergotamine Gangrene에 미치는 Caffein의 영향. (약리학)

양재모, 홍청음: 농촌 우물 실태 조사. (위생학)

이병현: 후두암의 외과적 치료. (이비인후과)

이병현: 후두 질환에 관한 천연색 영화. (이비인후과)

윤상하: Clerf's Esophageal Dilator의 소개. (이비인후과)

최창수, 최억: 박동성 안구 돌출의 1예. (안과)

황규철: 심낭 농기종의 1예. (외과)

장연요: 원발성 장암(臟癌)의 1수술예. (외과)

문병기: 척추 결핵 고정수술예 중간보고. (정형외과)

제7회 학술대회(1955년 6월 11∼12일)

이병현, 황경애: Subgrotic Web의 1증례. (이비인후과)

이병현, 오삼환: Naspharyngeal Fibroma의 2예. (이비인후과)

김기령: 후두 유취종(乳嘴腫)의 1예. (이비인후과)

이병현, 양인민: 양측 후근(後筋) 마비의 외과적 치료. (이비인후과)

김종제: 설암 근치수술 예. (외과)

한희철: 직장암 수술 2예. (외과)

황규철: Dumping Syndrome에 관한 고찰. (외과)

노형진: 위경 검사법. (외과)

허정호: 문맥 하공정맥 문합술. (외과)

제8회 학술대회(1956년 5월 26∼27일)

유준: 화학 요법과 배양 및 면역학적 연구에 대하여. (미생물)

홍순각: 흉선 앨러-지와 고환 앨러-지와의 상관성에 관한 실험적 연구.
(약리학)

황태식: 흉선이 난소 「앨러-지」에 미치는 영향에 관한 실험적 연구. (산
부인과)

김동식: 지방변성이 심장 「앨러-지」성 변화에 미치는 영향에 관한 실험
적 연구. (병리학)

방현: 「앨러-지」성 변화에 있어서의 간장과 갑상선과의 상관성에 관한
실험적 연구. (병리학)

송전무: 망상내피세포계통이 폐장 「앨러-지」에 미치는 영향에 관한 실
    험적 연구.
김동식, 최인준: 갑상선암의 만발성 전이의 1예. (병리학)
홍순각, 손선: 「왕벌」 모상(?傷)으로 인한 안증상. (안과)
홍필훈: 승모변의 성형술에 관하여. (외과)
민춘식: 하지의 동맥조영술과 혈관 부전증에 대하여. (외과)
한희철: 천공성 장질부사의 외과적 치료에 대하여. (외과)
김병조, 김명수: 최근 경험한 흉곽내 종양 수 예. (외과)
민광식: Hydrothermia에 대하여. (외과)
서석조, 장재전, 최흥재: 심한 Emetine 중독의 1예. (내과)
심재덕, 이선규, 서석조: 부종에 Diamox 사용 경험에 대하여. (내과)
고극훈, 최인준: Wilm's Tumor의 1예. (소아과)
황태식, 이은숙: 자궁경관 점액결정상. 특히 임신진단에 관하여. (산부
    인과)
황태식, 장연요: 3태의 1예. (산부인과)
양인민: 식도 및 기관 이물의 통계학적 고찰. (이비인후과)
김기령: (상악동) 수술후성 협부 낭종의 3예. (이비인후과)
황경애: 원발성 인후결핵. (이비인후과)
오기환: 악성 종양을 연상케한 비강 Diphtheria의 1증례. (이비인후과)
김기령: 상악동 수술후성 협부 낭종. (이비인후과)
홍윤표: Anomaly of the Bladder의 1예. (비뇨기과)
최경희: Nephrocalcinosis의 1예. (비뇨기과)

1950년 한국전쟁 이후 1958년 의학협회 잡지가 속간되고, 분과학회의 전문
잡지들이 간행되기 전까지 한국에서 간행된 잡지는 군진의학 관련, 보건 관
계 잡지가 주종을 이루었고, 민간에서 간행된 것은 극소수에 불과했다.

노형진: 「아렐기」성 변화에 있어서의 간장과 신장과의 상호관계 및 산
    염기평형이 이에 미치는 영향에 관한 실험적 연구. 의학. 병리
    와 임상 1(1): 11~21, 1954. (외과, 병리학)
김영식: 교감신경소의 체온 상승 작용에 관한 실험적 연구. 의학. 병리
    와 임상 1(1): 55~68, 1954. (약리학)

조동수: 소아 경련의 원인과 치료. 의학. 병리와 임상 1(1): 84~9, 1954. (외과, 병리학)

이천득: 자궁암 X선 치료. 의학. 병리와 임상 1(1): 107, 1954. (외과, 병리학)

김기령: 유취종(乳嘴腫)의 1예. 세브란스 제3권: 39~41, 1956. (이비인후과)

심선식, 주춘식, 민광식: 후복막 종양으로 오진한 아메바성 거대 간장농양의 1예. 세브란스 제3권: 41~44, 1956.

제12장

연세합동

1. 한국전쟁과 합동의 실현[1]

1950년 5월 4일 연희 총장 백낙준이 제2대 문교부 장관으로 임명되자 5월 15일 김윤경이 총장서리에 임명되었다. 하지만 한 달여 후에 한국전쟁이 발발하여 침략해 오는 공산군을 피해 부산으로 피난 갈 수밖에 없었다. 세브란스와 이화도 부산으로 피난하였다.

한국전쟁 전인 1948년 12월 13일 세브란스와 연희 교수회의 합동 찬성에 따라 결의서가 양 대학 이사회에 제출되었고, 1949학년도부터 의예과 학생을 연희에서 선발하기로 한 바 있었다. 1949년 10월 28일 양교의 이사를 교류하는 안이 토의되었지만 한국전쟁이 발발하면서 본격적인 합동 논의는 다시 미루어졌다.

1) 1950년 10월 28일 합동위원회와 1·4 후퇴

1950년 10월 28일 개최된 합동위원회 회의에는 양교 합동에 대한 다음과

---

[1] 주로 다음의 책을 참고하였다. 박형우, 연세대학교는 어떻게 탄생했는가 (서울: 공존, 2016), 279~281, 283~284, 286~300쪽.

같은 제안이 제출되었다. 일제 시기인 1929년 처음 도출된 두 개의 방안 중에서 연합대학교 안을 따르고 있음을 알 수 있다.

1. 대학교의 영어 명칭은 영어 'Chosun Christian University'로, 의과대학은 'Severance Medical College of C. C. U.'로, 병원은 'Severance Hospital'로 한다.
2. 한글 명칭은 _____로 한다.
3. 현재의 모든 이사는 사퇴한다.
4. 협동에 참여하고 있는 단체를 초청하여 새로운 재단의 이사들을 선임하며, 이전 이사진도 피선거 자격이 있다. 세브란스 의과대학 졸업생은 1975년까지 2명의 이사를 선임한다.
5. 새 재단은 정관에 따라 총장과 다른 보직자들을 선출한다.
6. 상무이사(Managing Director)의 직책은 폐지한다.
7. 재단은 재무 이외에 대학교 업무 관리자(Business Manager)를 선임하는 것이 바람직하다.
8. 재단은 의료 위원회를 선출하되, 가능하면 협동에 참여하는 선교부를 대표하는 최소한 2명의 의사를 포함하며, 이 위원회에는 학장과 병원장이 당연직으로 참여한다. 이사가 아닌 사람도 의료 위원회에 선출될 수 있으나 위원장은 이사이어야 한다.
9. 의료 위원회의 위원장은 대학교 재단의 실행 위원회의 당연직 위원이 된다.
10. 경비 산출법을 적용하여 여러 (단과)대학으로부터 경비를 각출한다.
11. 한 (단과)대학을 위한 기금과 지정 기탁은 어떠한 경우에도 다른 (단과)대학을 위해 전용하지 않는다.
12. 장기발전계획위원회는 대학교의 모든 (단과)대학의 요구를 경청하고 참작한다.

이날 회의에서는 이화의 김활란에게 합동에 동참할 의사가 있는지에 대하여 문의하기로 하였다. 그런데 한국전쟁이 일어나기 전인 1950년 3월 15일 세브란스 이사회에서는 세브란스-연희뿐 아니라 이화도 합동하는 건에 대한 보고가 있었다.

5. 3개 대학(세대, 연대, 이대)의 합동에 관하여

이 3개 대학 합동 건에 관하여 연대의 백낙준 씨와 본교 학장 이용설 씨로부터 각각 그간의 경과보고와 설명이 있었다.

하지만 한국전쟁이 터졌고 모두 부산으로 피난한 어려운 상황임에도 합동을 위한 논의가 계속되었다. 10월 28일의 합동위원회의 결정에 따라 10월 31일 백낙준과 프레드 P. 만젯은 이화의 김활란 총장에게 편지를 보내 연희와 세브란스는 1951년 초에 합동을 성취하려는데, 혹시 이화가 합동에 참여할 의사가 있는지 문의하였다. 전후 복구 사업과 발전을 위해 미국에서 기금을 확보하는 데 한 기관으로 나서는 것이 훨씬 유리하다는 이유에서이었다. 이것은 1929년 공식적인 논의에서 도출된 연합의 장점 중 하나이었다.

이에 대해 김활란 총장은 11월 23일 답장을 통해 다음과 같은 견해를 밝혔다.

> 첫째, 이화는 근본적인 합동은 원하지 않는다. 이화의 창립 정신은 한국에서 독립적인 여자대학을 유지하는 것이다.
> 둘째, 하지만 최대한의 협동 및 공동 사업은 환영한다. 교수진의 교환이나 시설의 공동 이용은 이미 협동하고 있다. 공동 사업으로 공동의 강당, 중앙도서관 설립, 공동 대학원, 공동 연구실 등을 고려할 수 있다. 특히 이화로서는 과학 및 의학 분야에서의 협동이 절실하다.
> 셋째, 미국에서의 공동 기금 모금은 가능하고 또 바람직한 일이다.

하지만 얼마 후 중공군이 남하하는 바람에 다시 서울을 비우고 남쪽으로 후퇴해야만 하였던 이른바 '1·4 후퇴' 때문에 합동 논의는 다시 지연되었다.

2) 1953~1954년: 거듭된 합동 원칙의 확인

1952년에 들어 전세가 호전되고 전선(戰線)이 38선 근방에 고정되자 세브란스는 전시연합대학에서 탈퇴하여 여러 대학 중 처음으로 서울로 복귀하여 1952년 6월 12일 개강하였다. 1953년 5월에는 거제도에서 임시 수업을 하던 간호학교가 서울로 복귀하였다.

의과대학이 서울로 복귀한 후인 1952년 10월 이용설이 학장에서 사임하고, 김명선이 제6대 학장에 취임하였다.

연희는 캠퍼스에 주둔하던 미군이 1953년 4월 철수하고 휴전이 된 이후, 일부 건물을 임시로 복구하여 9월 14일 서울에서 개강식을 가졌다. 이즈음인 1953년 10월 백낙준이 문교부장관에서 교체되어 총장으로 복귀하였다.

1953년에 들어 휴전 논의가 본격화되기 시작되면서 합동 논의가 다시 시작되었다. 1953년 4월 13일에 개최된 세브란스 이사회는 연희와의 합동과 관련하여 합동 원칙을 승인하고 연희 측과 절충에 나서기로 의결하였다. 양교의 합동을 두고 절충하였던 내용 중에 가장 중요한 것은 새로운 대학의 명칭이었다. 당시 연희 측은 학교명을 '연희대학교 세브란스 의과대학'으로 개칭하기를 원하였으나, 세브란스 측은 '연희'라는 명칭을 포기하고 새로운 교명을 채택할 것을 강경하게 주장하였다.

휴전이 되고 1953년 9월 4일에 개최된 세브란스 이사회는 백낙준 이사로부터 "그간 양교의 1차 위원 회합이 있었지만 구체적인 진전은 없었다."는 보고를 받았다. 이어 1954년 1월 28일의 이사회는 "합동 문제를 조속히 촉진하기 위하여 제1, 2, 3의 실천 단계를 작성하여 순차적으로 실천"하기로 결정하였다. 그리고 4월 21일에 개최된 이사회에서는 "합동 문제를 실행 위원회에 위임"하기로 결정함으로써 합동에 한 발 더 다가섰다.

1954년 10월 13일 개최된 세브란스 이사회에서는 합동과 관련하여 양측 이사회는 즉시 합동 이사회를 구성하고 1년 후에는 새로운 정관에 따라 이사의 수를 줄이기로 의결하였다. 그리고 '합동 이사회와 관련된 일정'을 실행 위원회로 넘겼다. 이와 함께 이사장 이용설이 세브란스 병원장으로 임명됨에 따라 연희대학교 총장 백낙준이 세브란스 이사회의 이사장으로 임명되었다.[2]

그림 3-45. 흉곽병원 건립을 위해 연희가 제공하기로 한 부지(1953년). 연세대학교 박물관 소장.

3) 연희 부지 내 미 제8군 기념 흉곽병원의 건립

전후 복구 사업에 정신이 없던 양교의 합동 추진에 큰 전기를 마련해 준 것은 미 제8군 기념 흉곽병원이었다.

흉곽병원 건축 제안이 있기 이전에 학교 본관의 수리를 주선했던 어니스트 B. 스트러더스는 어니스트 N. 와이스와 함께 100병상 규모의 결핵병원 설립 계획에 적극 나서고 있었다. 이미 1953년 10월경, 스트러더스는 조만간 연희 와 이화 사이의 연희 부지에 세브란스의 새 병원이 지어질 수 있을 것이라 예상하고 있었다. 당시 백낙준 총장은 이들에게 새 병원 건립을 위한 공간을 제공할 수 있다는 의사를 밝힌 바 있었기 때문이다.[3] 스트러더스와 와이스의

---

2) Severance Union Medical College, Hospital, and School of Nurse. Minutes of Meeting of Board of Directors, Oct. 13th, 1954.

이 계획에 결정적인 힘을 보탠 것이 바로 미 8군이 제안한 기념병원의 건립이었다.

한편 맥스웰 D. 테일러(Maxwell D. Taylor, 1901~1987) 장군은 미 제8군 기념병원 건립에 관심이 많았다. 이 병원은 미 제8군 사령관 테일러를 비롯한 군 수뇌들이 한국전쟁에서 산화한 미군들을 기념하기 위한 사업의 일환으로 추진된 것이다. 이 사실을 잘 알고 있었던 한미재단의 하워드 L. 브룩스(Howard L. Brooks)는 1954년 8월 10일 김명선 및 와이스와 함께 세브란스의 장래에 대하여 논의한 바 있었다. 이후 와이스는 김명선과 함께 비공식적으로 연희의 백낙준 총장과 이에 대해 다시 논의하였는데, 백낙준은 "병원 건립을 위한 대지가 무상(無償)이라는 점에 아무런 의문이 없다."라고 확언하였으며, 만일 연희 어느 곳엔가 병원을 짓는다면 땅파기 작업할 때 나오는 석재도 무상으로 이용할 수 있다고 하였다.[4]

1954년 9월 7일 개최된 세브란스 이사회 실행위원회에서는 9월 이내에 연희 이사회에서 세브란스 새 병원의 건립을 위한 부지를 제공해 줄 수 있는지에 대한 답변을 공식적으로 요청하기로 하였다.

이어 10월 7일 개최된 세브란스 이사회 실행위원회에서 와이스는 미군 당국으로부터 전쟁 기념병원의 건립을 위해 40만 달러에 상당하는 건축 자재와 장비를 지원하겠다고 알려 왔다고 보고하였다.[5] 그리고 이 기금은 미군 당국이 한국에서 가장 시급하다고 판단되는 흉곽외과를 위해 사용해야 한다고 요구하였으며, 로빈슨 장군, 클리랜드 대령(Col. Cleland), 리바스 대령(Col. Rivas)이 이 문제를 두고 장시간 논의하였고, 현재의 세브란스와 연희 부지를 둘러본 후 연희 부지를 선호한다고 보고하였다. 세브란스 이사회에서 미 제8군 기념병원이 정식으로 논의된 것은 1954년 10월 13일 회의이었다.

---

3) E. B. Struthers, Letter to Rowland M. Cross(Oct. 23rd, 1953).

4) Ernest W. Weiss, Letter to Eugene Smith(Sept. 11th, 1954).

5) Ernest W. Weiss, Letter to Eugene Smith(Sept. 11th, 1954).

그림 3-46. 흉곽병원 기공식의 첫 삽을 뜨고 있는 미 제8군 사령관 라이먼 L. 렘니처(Lyman L. Lemnitzer, 1899~1988) 장군. 연세대학교 박물관 소장.

그림 3-47. 연희대학교 전경. 오른쪽에 건축 중인 흉곽병원, 외래진료소 및 종합병원이 보인다. 연세대학교 박물관 소장.

드디어 1955년 1월 22일 연희이사회는 합동을 전제로 미 제8군 기념 흉곽병원을 연희 교내에 신축하는 것을 수락하였다. 그리하여 4월 23일 미 제8군 흉곽병원 건립을 위한 역사적인 기공식이 열렸다.[6] 이 병원은 철근 콘크리트 5층 건물로, 연건평이 3,500평이었다.

착공 후 1년 동안 새 병원의 건설이 순조롭게 진행되었다. 그 와중에 아시아 기독교고등교육 연합재단은 1956년 4월에 이 기념병원에 덧붙여 의과대학 부속병원의 부대시설과 외래 진찰소 등을 건축하여 동양 최대의 종합 의료원을 건축하기로 결정하였다.

---

[6] 당시 테일러 장군이 부재중이어서, 렘니처(Lyman Lemnitzer) 장군이 대신 첫 삽을 떴다.

4) 세브란스 동창회의 합동 반대

합동이 진행되고 있을 즈음 미국에서 유학 중이던 세브란스의 두 교수가 미국 북장로교회 해외선교본부로 보낸 편지는 상당히 의미 있는 것이었다. 합동에 대한 세브란스 동창들의 정서를 제대로 표현하고 있었기 때문이다.

우선 1949년 미국으로 유학을 떠난 조동수는 1952년 3월 뉴욕에서 미국 북장로교회로 다음과 같은 내용의 편지를 보냈다.[7]

> (……)
> 기독교 대학교의 설립: 서울의 모든 기독교 대학으로 구성된 기독교 대학교의 설립과 관련하여, 세브란스의 모든 구성원은 만장일치로 그 제안에 동의하고 있으며, 세브란스와 연희 사이에 이루어진 진전에 대해 만족하고 있습니다. 우리 모두는 이화와 감신대가 조만간 함께 연합하기를 기대하고 있습니다.
> 하지만 한 가지 지적해야 할 점이 있습니다. 그것은 연합에 충분한 융통성이 있어 각 단과대학의 발전이나 활동이 제한되지 않아야 한다는 점입니다. 이것을 제가 굳이 언급하는 이유는 많은 비전문적 대학에 비해 의과대학은 상당히 많은 재정이 필요하다는 점을 이해할 수 있을까 하는 점 때문입니다.
> (……)

또한 1948년 졸업생으로 미국에서 연수를 받고 있던 이삼열의 1955년 12월 25일자 편지는 합동과 관련하여 세브란스 교수들의 입장을 보다 구체적으로 분명하게 보여 주고 있다.[8]

> (……)
> 세브란스 졸업생들의 합동 반대와 관련하여 귀하(미국 북장로교회 플래

7) Dong Soo Cho, Memorial for Severance Union Medical College(Mar. 13th, 1952).
8) Samuel Y. Lee, Letter to Archibald G. Fletcher(Sec., PCUSA)(Dec. 25th, 1955).

쳐 총무)의 해석은 정확합니다. 즉, 세브란스 졸업생들은 (서울)시 외곽에
세브란스 새 병원의 건축에 반대하는 것이 아닙니다. 그렇다고 세브란스
새 병원의 건축이 세브란스에 분명한 이점을 가져다주는 것은 아닙니다.
저는 휴가 중에 남부 주를 방문하여 여러 동창들을 만났습니다. 우리는 세
곳에서 다른 동창들과 이 문제에 관하여 논의하였습니다. 그들은 저와 매
우 진지하고 심각하게 논의하였으며, 그래서 미국에 체류하고 있는 세브란
스 동창들이 이 계획에 대하여 갖고 있는 생각을 설명하고자 합니다.
　　저는 개인적으로 한 가지 견해를 묻고자 합니다. 총무님께서는 새 대학
교의 총장이 일반 대학 교수 월급의 3배인 의과대학 교수(전임으로 근무하
는 의학박사)들의 월급을 보장할 수 있을 것이라고 생각하십니까?
　　(……)

　이렇게 많은 동창들의 생각과 세브란스 이사회의 결정에 괴리가 생긴 상황
에서 세브란스 동창회는 합동에 반대하고 나섰다.
　1955년 4월 25일, 박용래 동창회장이 참석한 가운데 세브란스 재경 동창회
가 개최되어 연희와의 합동 문제를 두고 격론을 벌였다. 결국 '오랜 역사와
모교의 전통을 살리기 위해 연희와 합동할 수 없다'는 결론에 도달하였고, 이
를 계기로 세브란스를 종합대학교로 승격시킬 수 있는 방안을 검토하기로 의
견을 모았다.
　이어 4월 30일에 개최된 세브란스 동창회 긴급 임시 총회는 합동을 반대하
며, 이의 관철을 위해 9명으로 구성된 합동 반대 대책위원회를 조직한다는
것과 독자적인 종합대학교 건설을 요구한다는 결의문을 채택하고, 5월에 열
린 재단이사회에 통고하였다. 이에 더 나아가 한국일보 9월 9일자에 세브란
스 동창, 교수, 재학생 일동의 명의로 다음과 같은 '합동 반대 성명서'가 게재
광고되었다.

성명서
　세·연 양 대학 병합 문제에 대하여 기왕 성명한 바도 있거니와 우리 동
창회 내 세·연 병합 반대 위원회는 반대 방침을 계속 추진 중 수년 내 이
사회 경과를 명백히 하여 소기 목적을 완수코자 동창 대표 이사 3명의 연

서로 임시 이사회 개최를 이사장에게 요청하였던바 이사회 내 실행 위원회
는 이 요청을 거부하고 실행위원 대 동창 이사 연석 회합으로 대체하여 병
합을 주장하는 자기들의 소위 설득 운동을 시도코자 본월 구일 오전 9시에
초청한 바 있어 동창 대표 이사 3명이 연석 토의 중 소위 실행위원 중 병합
추진파 대 동창 대표 이사 간 일문일답이 공개되어 합법적이라고 주장하고
소위 과거 이사회 결의문 운운은 그 내용 및 당시 이사 명단에 전혀 불합치
한 허위 기록 나열에 불과하므로 이러한 기록 허위성을 ○○히 지적 규탄
하자 합병 추진 이사 수 명이 중도 퇴장하여 연석회의는 결렬되고 말았다.

이 합의 결과를 주시 중이던 다수 동창들은 이사회 기록의 허위 날조된
사실을 의법 제소할 것을 결의하고 별도 모교 강당에서 동창생 교수진 재
학생들의 합동회의가 열려 만장일치로 결의된 바를 좌에 열거 성명한다.

기(記)

1. 야욕과 사기로서 신성한 학원을 정치 도구화하려는 분자를 모교에서
   축출하자.
1. 학교 재단을 낭비 착복한 분자를 박멸하자.
1. 70년래 과학과 인술의 전당인 모교를 연대 예속으로 책동하는 분자를
   제거하자.
1. 모교를 주체로 한 종합대학 창설을 주장한다.
1. 우리는 목적 달성할 때까지 결사투쟁하자.

단기 4288(1955)년 9월 9일
동창, 교수
세브란스 의과대학
재학생 일동

5) 자율권, 정관 제6장 그리고 합동의 실현

양교 이사회에서 합동에 원칙적으로 합의한 이후 1954년 4월 30일 연희에
서는 양교가 새 대학교의 정관 초안 작성을 위한 위원회 구성을 제의한 것으
로 알려져 있다. 이후 1954년 후반기에 정관 초안이 작성되었는데, 대체로 연
희대학교의 정관을 다소 수정한 것이었다. 아무래도 단과대학인 세브란스의

정관보다 종합대학인 연희의 정관이 새 정관의 초안을 작성하는 데 용이한 점이 많았기 때문이다.

1955년 3월 23일의 합동 이사회

이날 개최된 합동이사회에서 세브란스의 김명선 학장은 합동과 관련하여 다음과 같은 원칙을 제시하였다.

> 1. 세브란스 동창회의 재단 파송이사는 2명에서 3명으로 늘려야 한다.
> 2. 양 재단은 일정 기간 동안 유지해야 한다.
> 3. 병원과 관련된 의료 업무를 위한 의료위원회를 구성해야 한다.

이날 합동이사회에서는 학교 명칭과 일부 사항을 제외하고 새 대학교의 정관에 대체적인 합의를 보았다.

1956년 4월 24일의 합동 이사회

1956년 4월 24일 합동 이사회가 개최되었다.[9] 이날 회의에 참석한 세브란스 동창회의 파송이사 박용래, 정기섭, 정진욱은 "우리들을 파송한 세브란스 동창회가 양교 합동에 반대하고 있으며, 우리들의 의사가 이 회의에서 반영되지 않는다."며 퇴장하였다. 이들이 퇴장한 가운데 처음으로 양교의 학사 보고와 교수의 승급 심사가 진행되었다. 아직 정식 합동을 하지 않은 상태이었지만 양교의 학사 문제를 처음으로 공동 논의한 것은 중요한 진전이었다.

이날 회의에서 세브란스의 김명선 학장은 흉곽병원 옆에 종합병원 건축을 위한 재원을 확보하기 위하여 세브란스 재산의 일부를 매각할 수도 있다는 의견을 내놓았고, 실행 위원회에 회부하기로 결정하였다. 또한 합동의 전망

---

[9] Minutes of the Joint Meeting of the Boards of Mangers of the Chosun Christian University and Severance Union Medical College, Apr. 24th, 1956.

과 걸림돌이 논의되었다. 이날 참석자들은 양교의 현재 명칭을 포기하고 새 명칭을 채택하자는 데 의견을 모았는데, 동명, 신민, 태백, 한경 등이 제안되었고 계속 논의하기로 하였다.

교명 논의

7월 5일에 개최된 합동 이사회에서는 새 교명에 대한 투표가 진행되었다. 그 결과 '신민(新民)'이 6표, '기독(基督)'이 5표, '한국기독'이 2표이었으며, 기타 '동명(東明)', '태백(太白)', '한경(韓京)'이 있었다. 이에 신민과 기독을 대상으로 2차 투표를 한 결과 '기독대학교'가 8표로 6표를 받은 '신민대학교'를 젖히고 새 대학교의 명칭으로 결정되었다. 하지만 많은 이사들이 불참하였으므로 이를 확정하지는 않았다.

한편 1956년 10월 9일 개최된 연희 동문회의 임원회는 모교 이사회에 새 대학교의 명칭을 '연세'로 하자고 건의하였다.

1956년 10월 16일의 합동 이사회

연세합동과 관련된 논란에 종지부를 찍은 것은 1956년 10월 16일의 합동 이사회이었다. 이 회의에 참석한 세브란스 동창회의 최영태(정기섭 대리)는 세브란스 동창들은 기관의 발전을 염원하고 있으며, 다만 '재정 및 인사'와 관련하여 보장을 해 준다면 합동에 반대하지 않을 것이라 믿는다고 발언하였다.

이에 대해 백낙준은 '보장'이란 다름 아닌 '재정 및 인사의 자율권'일 것인데, 이미 1950년 12월 28일 제시된 12개 조항과 다르지 않다고 지적하였다.

또한 학교 명칭과 관련하여 이전 회의에서 다수의 표를 받은 '기독'과 연희 동문회에서 제안한 '연세' 중에서 선택하자고 발의되었고, 결국 만장일치로 '연세'로 결정되었다.

또 하나 중요한 점은 병원 건축 후 연희로부터의 사택 5채 구입, 추가 부지

매입 등에 관한 논의가 오가던 중, 원일한이 "연희 캠퍼스에서 세브란스가 사용하는 부지에 대해 사용료를 부과할 의도가 전혀 없다"고 선언한 점이었다.

이상과 같이 이날 회의는 합동의 걸림돌을 모두 제거한 매우 건설적인 회의이었다. 이를 바탕으로 정관 초안에 제6장이 추가되었다.

1956년 10월 22일의 합동 이사회

10월 22일에 개최된 합동 이사회의 주요 의제 중 하나는 '연세대학교' 재단 기부행위에 대한 논의이었는데, 그 사이 다소 변경된 부분만 토의하여 최종 기부행위를 의결하였다.

연세대학교 정관 제6장

최종 기부행위에 추가된 제6장은 바로 '단과대학 위원회'이었다. 이 '단과대학 위원회'를 추가함으로써 최영태가 요구하였던 '재정 및 인사의 자율권'을 보장하려 하였던 것이다.

제6장 단과대학위원회

第28조 본 법인이 경영하는 대학교에 소속된 단과대학으로서 본 법인 소유 기본재산 총액의 100분의 5 이상을 해당 대학의 지정 재산으로 가진 단과대학에는 단과대학 위원회를 둔다.

第29조 단과대학 위원회는 5명 이상 11명 이내로 하되 대학교 총장과 그 단과대학장은 예겸위원이 된다.

　　　전 항 위원의 과반수는 반드시 이사 중에서 선출하여야 하며, 이사 아닌 위원은 반드시 본 법인 구성 기관 소속 인물 중에서 선출됨을 요한다.

第30조 단과대학위원회의 예산, 학장, 교수, 부교수와 기타 이와 동등한 간부 직원의 임명에 관한 사항 및 그 위원회에 관한 세칙은 이사회의 승인을 얻어 당해 위원회에서 정한다.

합동 이사회가 열리기 직전에 작성된 다음의 문서는 기부행위에 제6장이 추가된 배경을 알려 준다. 즉, 의과대학은 새로운 대학교의 한 부분이 분명하지만 자율적으로 운영될 것이라는 점이었다.[10]

> 세브란스는 연희대학교와 합동하여 출범할 대학교의 온전한 단위, 그러나 자율적인 단위이다.

원일한의 견해

원일한(호러스 G. 언더우드)은 1956년 10월 25일 미국 협동재단[11]의 총무 메리 퍼거슨(Mary Ferguson)에게 보낸 편지에서 양교의 합동이 최종 결정되었으며, 그 이유는 '의과대학의 자율권 보장을 위한 정관 제6장의 추가'하였기 때문임을 밝혔다.[12]

> 지난 월요일(10월 22일) 연희와 세브란스의 연석 재단이사회에서 새 (연세) 대학교의 새로운 정관을 만장일치로 채택하였다는 것을 알게 되어 귀하 및 재단의 나머지 분들께서 기뻐하실 것으로 믿습니다. 귀하께서는 의과대학의 자율권을 보장하기 위하여 정관 초안에 제6장이 추가된 사실을 아실 것입니다. 그것은 의과대학이라고 특정되어 있지 않습니다만, 현재 그 조건을 충족하는 유일한 대학이 의과대학입니다.
>
> 만장일치는 세브란스 졸업생 파송이사가 회의에 참석하지 않았기 때문입니다. 하지만 그들의 태도는 크게 바뀌어, 23일 개최된 동창회에서 합동 반대 의사를 철회하였습니다.

---

10) Assumptions, Severance, Sept. 17th, 1956.

11) 연석 위원회는 1918년 세브란스 의학전문학교와 조선기독교대학(연희전문학교)을 후원하기 위한 조선 기독교 교육 협동재단(Cooperating Board for Christian Education in Chosen)으로 재탄생하였다. 이 재단에는 미국 남·북 장로교회, 남·북 감리교회, 캐나다 장로교회가 참여하였으며, 뉴욕에 본부를 두었다. 이 재단은 뉴욕 주 법에 의하여 1928년 10월 30일 정식 등록되었다. 당시 이사장에 존 T. 언더우드, 부이사장에 알프레드 갠디어와 윌러드 G. 크램이, 총무에 어니스트 F. 홀이, 재무에 조지 F. 서더랜드가 각각 임원으로 임명되었다. 그리고 언더우드, 프랭크 M. 노스, 아서 J. 브라운, 서더랜드, 홀로 실행 위원회를 조직하고, 존 L. 세브란스, 언더우드, 서더랜드, 홀로 재정관재 위원회를 조직하였다.

12) Horace G. Underwood, Letter to Ferguson(Oct. 25th), 1956.

Chosun Christian University
Seoul, Korea
25 October 1956

Cooperating Board for Christian Education in Chosen,
150 Fifth Avenue
New York 11, N. Y., USA

Dear Miss Ferguson:

I am sure that you and the rest of the Board will be as pleased as we are to know that at a joint meeting of the CCU and Severance Boards on Monday they unanimously voted to adopt the new constitution for the new (YONSEI) University. You will see that a Chapter VI has been added to the former draft to provide a degree of autonomy for the medical school. It is not specified as the medical school, but is the only one that would qualify at the present time.

The unanimous vote was because the three Severance alumni representatives did not attend the meeting. However, their attitude has changed greatly and at a meeting of the alumni association on the 23rd they withdrew their objection to union. In any case, the preponderance of the Board was prepared to go ahead without the Severance alumni.

그림 3-48. '의과대학의 자율권 보장을 위한 정관 제6장의 추가'로 합동이 성사되었음을 담은 원일한의 편지.

대학교 설립의 법적 절차

이렇게 연희와 세브란스의 합동 결정으로 새로운 대학교 '연세'대학교의 출범을 추진하게 되었다.

1956년 10월 22일 합동이사회에서 학교명 및 정관에 대해 원만한 의결이 이루어지자, 11월 22일 합동위원회가 다시 개최되어 '재단법인 연세대학교 기부행위'가 최종 만장일치로 통과 승인되었다. 이어 12월 21일에는 연희대학교를 연세대학교로 명의 변경할 것, 세브란스 의과대학은 연세대학교에 재산 일체를 통합할 것, 연세대학교는 연희대학교와 세브란스 의과대학 재산을 양수하는 절차를 밟을 것을 결의하였다.

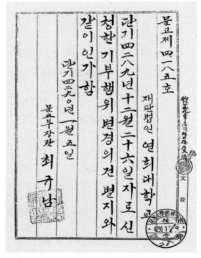

그림 3-49. 연희대학교 기부행위 변경 인가 (1957년 1월 5일). 연세대학교 박물관 소장.

여기서 유의할 점은 '연희'가 단순히 '연세'로 바뀐 것이 아니란 점이다. 연희가 단순히 연세로 바뀐 것이라면, 연희의 재산을 연세로 넘길 필요가 없기 때문이다. 또한 세브란스가 재산을 넘긴 것은 연희가 아니라 새로이 설립되는 연세였다. 엄연히 법적으로는 이전의 연희와 연세는 전혀 다른 재단이었으므로, 다시 말해 운영 주체가 변경된 것이었으므로 연희와 세브란스의 재산 모두를 연세로 넘긴 것이었다.

합동이사회는 김명선(세브란스)과 원일한(연희)을 교섭위원으로 선출하여 문교부와 서울 지방법원에 그 수속을 밟게 하였으며, 재단법인 연세대학교 이사는 임기가 만료될 때까지 현재의 연희대학교와 세브란스 의과대학 이사 전원으로 구성하기로 의결하였다. 이 의결에 따라 12월 21일부로 서울지방법원에 이사 명단을 등기하고, 26일 학교명 변경을 신청하였다.

드디어 1957년 1월 5일 문교부는 연희대학교와 세브란스 의과대학의 합동을 정식 인가하였다. 그 인가서의 내용은 다음과 같다.

> 문교 제4184호
> 재단법인 연희대학교
> 단기 4289년 12월 26일자로 신청한 연희대학교의 명칭을 연세대학교(延世大學校)로 변경의 건을 인가함.
>
> 단기 4290년 1월 5일
> 문교부 장관 최규남

문교부의 정식 인가를 얻은 직후 1957년 1월 19일자로 서울지방법원에 등기를 완료하였으며, 3월 25일에는 연희와 세브란스의 마지막 합동이사회를 개최하여 합동이사회의 해산을 선포하였다. 그리고 새로운 '재단법인 연세대학교 이사회'를 구성하였다. 새로운 이사회는 이날 제1회 정기 이사회를 개최하고, 이사장과 총장에 백낙준을 선임하였다. 그리고 최현배와 김명선이 부총장에 임명되었다.

세브란스 의과대학의 학장 김명선이 연세대학교 부총장에 임명되자, 연세대학교 의과대학장에는 조동수가 임명되었다.

2. 연세대학교의 정관과 의과대학 위원회[13]

이상과 같이 수십 년 동안의 논의 끝에 연세가 탄생하였다. 연세는 두 기관이 합동하여 탄생한 것이었고, 세브란스 측은 교육과 관련된 부서, 진료 부서를 모두 이전해야 하는 입장이었다. 최영태가 지적하였듯이 세브란스의 '재정과 인사의 자율성'이 어떻게 보장되어 있는가는 매우 중요한 사안이었다.

이 자율성은 연세의 정관과 그 규정에 따라 구성된 의과대학 위원회와 깊은 관련이 있다. 이 두 부분을 간단히 살펴보자.

1) 연세의 정관

새 대학교의 정관에서 '제6장 단과대학 위원회'를 제외하고 중요한 점은 다음과 같다.

제3장 자산 및 경리

제6조 전조의 자산 중 재단법인 세브란스 의과대학이 소유하였던 재산은 별도 회계로서 이를 경리한다.
공통 사용되는 운영비의 비율 및 특히 지정함이 없이 추가되는 재산이 있을 때는 그 추가된 재산의 소속과 용도는 이사회가 이를 정한다.
제8조 본 법인이 타인 또는 타 단체로부터 재산의 기증을 받거나 기부금을 체납코자 할 때에는 조건의 유무를 막론하고 용도의 지정이 있을 때에는 지정된 용도 이외에 사용할 수 없다.

---

13) 주로 다음의 책을 참고하였다. 박형우, 연세대학교는 어떻게 탄생했는가(서울: 공존, 2016), 300~304쪽.

즉, 세브란스의 소유 재산은 별도 관리하여 재정적 자율권을 보장한 것이었고, 지정 기탁의 경우 타 용도로 사용하지 않는다는 것은 기탁 혹은 기부의 보편적인 원칙을 채용한 것이다.

그런데 제6조를 규정하게 된 다른 이유도 있었다. '연세대학교 백년사'에는 다음과 같은 설명이 있다.[14]

> 연희·세브란스 양교의 합동을 위해 새로 결정을 본 '재단법인 연세대학교 기부행위' 제5조와 제6조에 의하면 양교 재단은 원칙적으로 통합하되 현재 양교가 보유하고 있는 재산의 귀속은 당분간 유보시키고 임시 조치로 양교가 각자 개별적으로 관할하도록 하였다. 이것은 이미 설정된 재단 기금의 지정된 사용 목적을 변경할 수 없기 때문이었다. 따라서 세브란스 의과대학의 재산은 연세대학교 의과대학 및 부속병원과 간호학과의 운영하에 별도 회계로 경리하게 되었다. 그러므로 이사회의 전적인 감독과 승인을 얻어야 함은 물론이었지만 실질적으로 재정은 물론 학사 및 행정 업무 등 모두가 의과대학위원회의 전관하에 두어지게 됨으로써 연세대학교의 운영은 이원 체제하에 놓이게 되었다. 하지만 기부행위 제6조의 규정에 따라 용도에 대한 지정 없이 연세대학교 명의 앞으로 기증되는 재산은 그 배속과 용도를 이사회가 전결할 수 있게 되었다. 그러나 의과대학의 경우 시설과 기금 등 거의 모두가 사용 목적을 분명히 한 외국 원조에 의한 것이었던 만큼 위와 같은 이원 체제는 불가피한 것이었다. 이와 같은 관계 때문에 기부행위 제6장에 단과대학 위원회 조항이 설정되고, 이 조항에 의해 본교의 유일한 단과대학 위원회인 의과대학위원회가 구성되었으며, 뒤이어 이 위원회의 세칙이 만들어져 그 운용과 기능이 명문화하게 되었던 것이다.

2) 의과대학 위원회

앞의 조항이 주로 재정적 자율권과 관련된 것이라면, 의과대학 위원회는 재정은 물론 인사의 자율성과 관련된 중요한 조항이다. 의과대학 위원회는 예산 및 교직원의 임명을 관할하는 실제적으로 중요한 기구이었다.

---

14) 연세대학교 백년사 1. 연세통사 상(서울: 연세대학교, 1985), 575쪽.

연세 창립 당시 의과대학 위원회는 다음과 같은 11명의 위원으로 구성되었다.

캐나다 연합교회	제임스 무어(James Moore)
미국 북장로교회	케니스 M. 스코트(Kenneth M. Scott)
미국 북감리교회	어니스트 N. 와이스
대한예수교 장로교회 총회	김상권
대한감리교회 총리원	김광우
미국 남장로교회	허버트 A. 코딩턴(Herbert A. Codington)
호주 장로교회	헬렌 P. 매켄지(Helen P. Mackenzie)
감리교회 여선교회	바바라 모스(Barbara Moss)
동창회	최영태
당연직(총장)	백낙준
당연직(부총장)	김명선

의과대학 위원회의 기능은 다음과 같았다.

1. 의과대학·부속병원·간호학과의 예산을 심의하고 이사회에 제출하는 일
2. 의과대학·부속병원·간호학과에 대한 재산 감사와 보고를 하는 일
3. 학장, 교수, 병원장, 부교수, 간호학 과장 및 이와 동등한 타 직위의 간부 직원의 임명에 대하여 이사회 제출을 위한 심의를 하는 일
4. 기타 이 위원회에 위촉하여 제안케 한 사항을 심의하는 일

이 위원회는 이사회의 연례회의가 열리기 전 최소한 1번 개최하며, 총장 혹은 3명 이상의 위원의 요청에 의해 개최할 수 있었다. 효율적인 업무를 위해 의과대학 위원회 산하에 실행 위원회를 두되, 총장, 의무부총장 그리고 3명의 위원으로 구성하며, 의과대학 위원회에서 위촉된 사항들을 처리하도록 하였다.

최초로 구성된 실행위원회 명단은 다음과 같다.

김명선, 와이스, 최영태, 총장(당연직), 머리

그리고 의과대학 위원회의 세칙을 개정할 경우에는 이사회의 결의를 거치도록 규정하였다.

4월 20일 개최된 이사회 특별 회의에서는 의과대학 학장(조동수)과 세브란스 병원장(이용설), 간호학과 과장(홍신영)을 추가로 의과대학 위원회의 당연직위원으로 임명하였다.

3. 연세 의료원의 출범과 의료원 위원회[15)]

미 제8군 기념 흉곽병원의 건설이 진행되고 있던 1956년 3월, 아시아 기독교 고등 교육 연합재단은 부속병원, 부대시설, 외래 진료소 등을 더 건축하기로 결정하였다. 이에 덧붙여 1957년에는 차이나 메디컬 보드(China Medical Board, 이하 CMB 혹은 재단으로 줄여서 사용)가 의과대학 교사의 신축을 도왔고, 미국 연합 장로교회 및 캐나다 연합교회의 해외 여자 전도회의 도움으로 간호원 기숙사를 건립하였다. 이외에도 소아마비 재활원이 건립되었다.

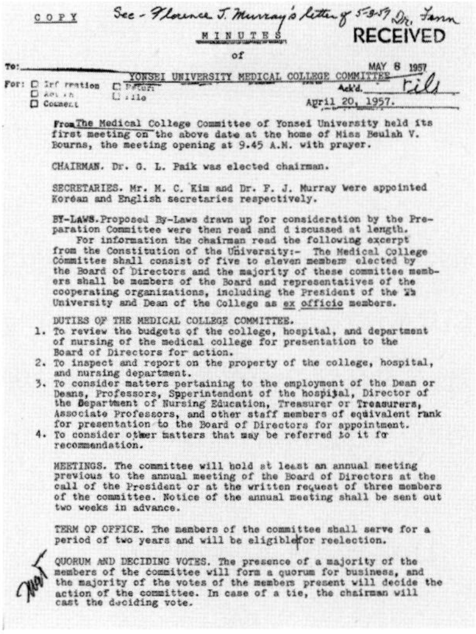

COPY See - Florence J. Murray's letter of 5-9-57 Dr. Fann

MINUTES

of

RECEIVED

MAY 8 1957

To: YONSEI UNIVERSITY MEDICAL COLLEGE COMMITTEE

For: ☐ Information ☐ Action ☐ Comment ☐ Return ☐ File

Ack'd. File

April 20, 1957.

From The Medical College Committee of Yonsei University held its first meeting on the above date at the home of Miss Beulah V. Bourns, the meeting opening at 9.45 A.M. with prayer.

CHAIRMAN. Dr. G. L. Paik was elected chairman.

SECRETARIES. Mr. M. C. Kim and Dr. F. J. Murray were appointed Korean and English secretaries respectively.

BY-LAWS. Proposed By-Laws drawn up for consideration by the Preparation Committee were then read and d iscussed at length.

For information the chairman read the following excerpt from the Constitution of the University:- The Medical College Committee shall consist of five to eleven members elected by the Board of Directors and the majority of these committee members shall be members of the Board and representatives of the cooperating organizations, including the President of the University and Dean of the College as <u>ex officio</u> members.

DUTIES OF THE MEDICAL COLLEGE COMMITTEE.

1. To review the budgets of the college, hospital, and department of nursing of the medical college for presentation to the Board of Directors for action.
2. To inspect and report on the property of the college, hospital, and nursing department.
3. To consider matters pertaining to the employment of the Dean or Deans, Professors, Superintendent of the hospital, Director of the Department of Nursing Education, Treasurer or Treasurers, Associate Professors, and other staff members of equivalent rank for presentation to the Board of Directors for appointment.
4. To consider other matters that may be referred to it for recommendation.

MEETINGS. The committee will hold at least an annual meeting previous to the annual meeting of the Board of Directors at the call of the President or at the written request of three members of the committee. Notice of the annual meeting shall be sent out two weeks in advance.

TERM OF OFFICE. The members of the committee shall serve for a period of two years and will be eligible for reelection.

QUORUM AND DECIDING VOTES. The presence of a majority of the members of the committee will form a quorum for business, and the majority of the votes of the members present will decide the action of the committee. In case of a tie, the chairman will cast the deciding vote.

그림 3-50. 1957년 4월 20일에 처음으로 개최된 의과대학 위원회 회의록.

이와 같이 여러 건물이 신축되자

15) 주로 다음의 책을 참고하였다. 박형우, 연세대학교는 어떻게 탄생했는가(서울: 공존, 2016), 304~308쪽.

그림 3-51. 연세의료원 건축 광경(1960년 5월 15일 촬영).

1962년 의과대학과 병원이 신촌으로 이전하였고, 6월 5일 동양 최대의 연세의료원(Yonsei Medical Center)이 출범하였다. 1955년 흉곽병원 건물의 착공을 시작으로 7년여 동안 연인원 3만여 명과 공사비 300만 달러가 투입된 결과였다. 이에 따라 의과대학 위원회도 의료원 위원회로 변경되었다.

1) 흉곽병원 및 부속병원

기념병원의 공사가 순조롭게 진행되던 1956년 4월 아시아 기독교 고등교육 연합재단은 기념병원 옆에 철근 콘크리트 건물로 연건평이 3,700평인 부속병원, 부대시설, 외래 진료소 등을 더 건축하기로 하였다.

그런데 1956년 10월경 예기치 못한 환율 문제가 발생하면서 기념병원의 공사가 일시 중단되었다. 이 위기는 아시아 기독교 고등교육 연합재단과 정부

그림 3-52. 세브란스 병원 및 미 제8군 기념 흉곽병원 봉헌식(1962년 6월 5일).

당국의 원만한 타협으로 해결되어 1958년 3월부터 공사가 계속되었으며, 미 제8군 기념 흉곽병원 자체는 1958년 6월 28일 일단 완공되었다.

이와 같은 공사의 중단은 보다 완벽한 의료원을 위해 건설 계획을 충분히 재검토할 수 있는 기회를 제공하였다. 그동안 급수 및 배전 시설의 일원화, 간호학교 및 간호원 기숙사의 신축 계획 등의 문제를 면밀히 재검토한 끝에 당초 계획보다 더 완벽한 설비를 갖추기로 결정하고, 건축 설계의 변경 및 자금 조달에 나섰다.

그리하여 공사가 다시 시작된 후, 1958년 4월 1일에 외래 진료소와 부대시설 건물의 기초 공사에 착수하여 1959년 10월 1일에 정초식을 거행하였다. 외래 진료소는 5개 동으로 설계되었는데, 4개 동은 2층, 나머지 1개 동은 3층이었다. 외래는 연건평 1,500평의 철근 콘크리트 건물이었으며, 당시 기준으로 하루 약 1,500명의 외래 환자를 진료할 수 있는 규모이었다. 부대시설 건물은 외래와 입원실 중간에 위치해 있었으며, 1층에는 난방을 위한 보일러실, 세탁실, 주방, 식당 등을, 2층에는 사무처, 임상검사실, X선실 등을, 3층에는 흉곽 환자(주로 결핵)를 위한 진료실, 검사실, 방사선과, 흉곽외과 전용 수술실 2개 등을 배치하였다. 4층에는 일반 수술실 6개와 분만실 2개를 배치하였다.

한편 연세합동이 실현된 후인 1958년 6월 14일에 열린 의과대학 동창회의 정기총회에서는 이 외래 진료소의 신축을 위하여 5,000만 환의 후원금을 모금할 것을 결의하였다. 또한 퇴계로 건너편 에비슨관이 있던 부지를 50만 달러에 매각하고, 그중 30만 달러도 이에 보탰다. 이로서 외래 진료소는 미 제8군, 아시아 기독교고등교육 연합재단의 지원, 동창들의 후원, 세브란스 부지 일부를 매각한 자금으로 건립되었다.

2) 의과대학 교사

북경 협화 의과대학(Peking Union Medical College)을 인수해 경영하던 미국의 록펠러 재단은 1928년 CMB를 설립하였다. 이 재단의 설립 목적은 중국에서의 의학 교육, 공중 보건 및 의학 연구를 지원하는 것이었으며, 우선은 북경 협화 의과대학을 지원하지만 극동의 유사한 다른 기관을 돕는 것도 설립 목적에 포함되어 있었다.

한편 1922년 중국의 13개 대학 및 대학교의 기독교 교육을 연합으로 진행하기 위하여 중국 기독교 고등 교육 연합재단(United Board for Christian Higher Education in China)이 조직되었다. 하지만 1949년 중국 공산당(중공) 정권이 집권하고 1950년 한국전쟁이 발발하여 중공이 참전하면서 미국과 중국은 서로의 모든 은행 자금을 동결하였다. 이에 따라 중국에서 사업을 계속할 수 없게 된 연합재단은 중국 본토 이외 지역의 대학을 지원하게 되면서 1956년 1월 27일 아시아 기독교 고등 교육 연합재단(United Board for Christian Higher Education in Asia)으로 명칭을 바꾸었다.[16]

그림 3-53. 연세 의료원 전경(1969).

중국의 공산화 과정에서 1951년 1월 20일 북경 협화 의과대학이 국유화되자 CMB는 1953년 세브란스 의과대학의 전후 복구를 돕기로 결정하였고, 이후 연세대학교 의과 대학의 발전, 특히 연구 분야의 발전에 큰 도움을 주었다. 1953년 이후 CMB는 세브란스 의과대학 교직원의 유학을 위한 기금을 비롯하여 연구비, 기구 구입비 등으로 매년 약 10만 달러를 정기적으로 제공하였다.

CMB는 1957년에 의과대학 교사의 신축을 위해 45만 달러를 지원하기로 결정하였고, 1959년 2월에 추가로 30만 달러를 지원하기로 결정하였다. 이 재단이 의과대학 교사 신축을 위해 지원한 것은 원래 건물이나 항구적 시설에 대

---

16) 협동재단은 1956년 9월 아시아 기독교고등교육 연합재단과의 합동 가능성을 타진하였다. 협동재단과 연합재단의 합동 합의서는 1957년 1월 23일 승인되었고, 이후 아시아 기독교고등교육 연합재단으로 합체되었다. 연합재단은 이후 대만, 홍콩, 일본, 한국, 필리핀의 몇몇 대학을 지원하였으며, 1970년대 들어 태국, 인도네시아, 인도, 기타 몇 나라에서 사업을 시작하였고, 1980년부터 중국에서 활동을 재개하였다.

한 원조를 하지 않는다는 운영 원칙을 깨뜨린 이례적인 일이었다.

의과대학 교사는 1959년 4월 1일 기초 지질 검사를 시작으로 7월 15일 공사가 시작되었다. 이 교사는 건평이 600평, 연건평이 2,367평이었으며, 학생 강의실 및 실험실, 동물실, 교수 연구실, 소강당, 도서실 등 최신식 시설과 장비를 갖춘 현대식 4층 철근 콘크리트 건물이었다. 의과대학 건물은 1961년 9월 20일 준공되었다. 의과대학의 준공과 함께 1961년 12월 26일부터 1962년 1월 18일까지 우선 본과 1, 2학년들이 새 건물로 이전하였다.

3) 소아마비 재활원

소아마비 환자의 진료를 위해 1954년에 설립된 소아마비 진료소는 연세합동을 계기로 신촌에 소아마비 재활원을 신축하기로 결정되었다. 그리하여 의료원 신축 부지 뒤쪽을 재활원 터로 정하고, 1957년 5월 25일에 공사를 착공하였다. 재활원은 1959년 10월 1일에 준공되었다.

4) 간호원 기숙사

여러 논의 끝에 간호학교에 앞서 간호원 기숙사를 신축하기로 결정하였다. 이를 위해 미국 연합장로교회와 캐나다 연합교회의 해외 여전도회가 지원하였고, 1959년 10월 1일 준공되었다. 이 기숙사는 건평이 210평, 연건평이 750평인 철근 콘크리트 3층 건물로 139명을 수용할 수 있었다.

이상에서 살펴본 바와 같이 1945년부터 1957년까지의 기간은 연세대학교 의과대학의 역사에서 가장 힘들고, 중요했던 시기이었다. 선교사가 강제로 추방당한 이후, 세브란스는 폐교는 면하였지만 교명이 강제로 바뀌었고 선교 본부로부터의 기부는 물론 설비나 약품 등이 공급되지 않아 병원은 황폐해져만 갔다.

1945년 8월 15일 해방이 되자 모든 한국민들은 자주적인 국가를 염원하였다. 우선 사회 곳곳에서 반민족 친일 세력을 제거하는 것이 급선무이었다. 하지만 미국과 소련이 38선을 기준으로 남한과 북한을 분할 점령하고 신탁통치로 이어지자, 남한 사회는 이를 두고 찬탁과 반탁으로 나뉘어 심한 갈등을 겪게 되었다. 이에 따라 반민족 친일 세력과 민족 세력 간의 대립구도가 좌익과 우익 간의 대립 구도로 바뀌었다.

세브란스 학생들은 상하이 임시정부의 노선을 따라 반탁에 적극 나섰고, 반탁학생 본부도 세브란스에 설치되었다. 1946년 1월 18일 웅변대회에 참가하였던 반탁학련 학생들이 인민보사와 조선 인민당 본부 등을 습격하였고, 그 여파로 1월 20일 경찰이 반탁학련 학생 40여 명을 검거하였다. 결국 김성전과 홍석기는 법원으로부터 4개월의 징역과 2년의 집행유예를 구형받았다.

한편 세브란스는 다행히 이영준 교장이 용퇴하고 최동 교장이 임명됨으로써 다른 여러 학교에서 일어났던 친일 세력의 제거를 둘러싼 갈등은 거의 없었다. 세브란스는 9월 28일 모든 전문학교 중에서 가장 빠르게 재개교하였고, 교수회는 제4대 교장으로 최동을 선임하였다. 그는 오랜 염원이었던 세브란스의 대학 승격을 위하여 노력하였다.

1946년 3월 7일 6·3·3·4제의 학제가 결정되어 대학 설립을 위한 법적 조치가 마련되자 세브란스의 교수회와 이사회는 2년의 의예과 과정을 두기로 결정하고, 7월 첫 예과생과 마지막 전문부 학생을 모집하였다. 8월부터는 예과 교수 7명과 다수의 강사를 임용하여 충실한 예과 교육을 준비하였다.

예과생 모집과 예과 교수진 충원에 이어 세브란스는 1946년 12월 28일부로 대학 설립의 건을 신청하였다. 이 신청은 1947년 7월 5일 문고발(文高發) 제39호에 의하여 정식 인가되었고, 이로서 세브란스 의학전문학교는 세브란스 의과대학으로 명칭이 바뀌었다.

최동 학장은 1946년 5월 15일, 개교 62주년 기념식을 거행하여 학교의 역사를 바로 세우는 데에도 적극 나섰다. 당시에는 알렌이 내한한 1884년을 기점으로 한 것이었다. 하지만 매년 기념식을 거행하다가 1954년에 이어 1955년 개교 70주년 기념식을 거행하였는데, 기점을 1885년 4월 제중원 개원으로 바꾸었기 때문이다.

세브란스는 맞은편에 서울역 역사(驛舍)가 있어 서울 뿐 아니라 한반도 교통의 요지에 위치해 있었다. 먹을 것도 부족했고 위생 상태도 엉망인 전재민들의 비참한 광경을 목격한 세브란스 학생들은 이들의 구호에 적극적으로 나섰다. 조선학도대의 지대인 세브란스 학도대는 귀국 전재민의 구호 사업을 주요 사업으로 정하고 이에 전념하여 약 1달 동안 7만 명 이상의 사람들을 돕는 등 큰 활동을 벌이고 9월 28일 개학에 맞추어 학교로 복귀하였다. 이와 함께 방역 활동과 진료 봉사에도 적극 나서 예비 의료인으로서 최선을 다하였다.

이렇게 혼란한 가운데에서도 세브란스 학생들은 연극과 음악제, 그리고 체육 활동 등 다양한 문화 활동을 전개하였다. 이들 행사는 주로 5월 중순의 개교기념일과 12월의 성탄절을 중심으로 진행되었다. 특히 세브란스의 연극은 수준이 높아 많은 연극인들과 학생들의 관심을 모았고, 항상 관객들로 넘쳐났다.

남한을 통치하게 된 미 군정은 한국인들이 최신 지식을 배우고 미국에 대한 우호적인 인상을 갖도록 미국으로 유학을 보내거나 각종 국제회의에 대표단을 파견하였는데, 이들 중에는 다수의 세브란스 졸업생 및 교수들이 포함되었다.

이즈음 선교본부가 다량의 의학서적을 기증하여 도서관이 확충되었고, 1948년에는 에비슨관이 신축되었다. 그리고 선교본부의 지원과 선교사들의 내한으로 세브란스의 복구가 활발해졌다. 더욱이 최동 교장의 주선으로 1947년 8월 동은 김충식이 1만 두락으로 재단법인을 설립하고, 그 소출액을 기부한다고 발표함으로써 큰 힘이 되었다.

1948년 8월 15일 대한민국 정부가 수립되고, 9월 18일 최동 교장에 이어 제5대 학장으로 이용설이 임명되었다. 이용설 학장은 올리버 R. 에비슨의 은퇴를 앞두고 제기되었던 연희와의 합동을 위하여 본격적인 협의에 나섰다. 연희와의 합동은 미국 선교본부들이 연희를 건립할 때의 원래 계획을 실현하는 것이었고, 시내에 위치해 있지만 공간의 부족을 절감하고 있던 세브란스로서도 적극 나서야 하는 사안이었다. 그 첫 조치로 1949년 9월 신학기에 예과를 연희대학교에서 뽑기로 결정하였다. 하지만 문교부의 승인이 늦어져 1950년이 되어서야 실행되었다.

이렇게 밝았던 향후 전망은 1950년 6월의 한국전쟁으로 큰 시련을 겪게 되었다. 유엔군의 개입으로 9월 28일 서울이 수복되었지만, 1951년 1·4 후퇴로 다시 공산군 치하에 있게 되고 3월에 다시 수복되는 과정에서 세브란스는 건물의 85%가 파괴되거나 소실되는 아픔을 겪었다. 이런 어려움 속에서도 세브란스는 거제도, 청도 및 원주에서 구호병원을 개설하여 전쟁 중 부상당한 많은 사람들을 치료하였다. 1952년 4월에는 서울 세브란스 병원에서 진료를 다시 시작하였고, 6월 가장 먼저 의과대학을 개강하면서 전시연합대학에서 강의를 받던 학생들도 서울로 복귀하였다.

1952년 10월 16일 그동안 부학장으로 학교의 실무를 챙겼던 김명선이 제6대 학장에 선임되었다. 김명선은 파괴된 학교와 병원을 재건하기 위하여 적극 나섰다. 세브란스의 재건에는 운크라, 미국 북장로교회, 북감리교회, 캐나다 연합선교회, 한미재단, 미 제5공군, 세계 기독교 봉사회 등이 지원하였다. 특히 에비슨관의 재건축에는 미국에서 연수를 받고 있던 다수의 동창들이 성금을 보탰다.

1953년에 들어 휴전 논의가 본격화되기 시작되면서 연희와의 합동 논의가 다시 시작되었다. 몇 번의 회의는 합동 원칙만을 재확인할 뿐이었고 전후 복구 사업에 정신이 없었기 때문에 특별한 진전을 이루지 못하였다.

양교의 합동 추진에 큰 전기를 마련해 준 것은 미 제8군 기념 흉곽병원이었다. 1953년 10월 경, 백낙준 연희 총장은 연희 기지에 새 병원 건립을 위한 공간 제공 의사를 밝힌 바 있으며, 세브란스 이사회는 1954년 10월 미 제8군이 계획하고 있던 기념병원에 대하여 정식으로 논의하였다. 세브란스, 연희, 미 제8군 사이의 논의 끝에 1955년 1월 22일 연희이사회는 합동을 전제로 미 제8군 기념 흉곽병원을 연희 교내에 신축하는 것을 수락하였다. 그리하여 4월 23일 미 제8군 흉곽병원 건립을 위한 역사적인 기공식이 열렸다.

그런데 세브란스 동창회에서 양교 합동을 반대하고 나섰다. 이 문제는 합동 후 재정과 인사 문제 때문이었다. '지정 기탁'과 '세브란스 의과대학 기본 재산의 별도 관리' 규정을 통해 재정권은 어느 정도 보장이 되었다. 인사권은 정관에 '단과대학 위원회'의 규정을 추가하여 보장함으로써 동창회의 찬성을 이끌어내어 합동이 이루어졌다. 1956년 12월 26일부로 신청한 연희대학교와 세브란스 의과대학의 합동은 1957년 1월 5일 문교부에 의해 정식 인가되었다.

이와 같이 1945년 해방 이후 한국 전쟁을 거치면서 세브란스는 갖은 시련과 고난을 겪었다. 그리고 이러한 시련과 고난을 딛고 연세 합동을 통하여 새로운 탄생한 연세대학교의 의과대학으로, 그리고 1962년 연세대학교 의료원으로 발전하게 되었다. 연세대학교의 탄생은 한국의 기독교 전래 과정에서 선교본부들이 앞세웠던 의료(세브란스)와 교육(연희)이 함께 아우러진 역사적인 사건이었으며, 초창기 두 학교의 설립과 운영에 깊이 관여하였던 올리버 R. 에비슨과 호러스 G. 언더우드의 꿈을 이루는 일이기도 하였다.

1945년 8월 1일   해방과 함께 세브란스 의학전문학교라는 교명을 되
찾음

8월 25일   세브란스 학도대, 조선 학도대에 참여함
서울 역 구내에 세의전 구호소를 설치함

8월 26일   세브란스 학도대, 향린원을 인수하여 구호 활동을 확
대함

9월 13일   세브란스 학도대, 긴티요를 인수하여 전재민을 수
용함

9월 28일   세브란스, 가장 먼저 재개교함
최동, 제4대 교장에 선임됨

9월 29일   개교식을 거행함

10월 22일   제36회 졸업식을 거행함(63명)
임시 동창회가 개최됨

10월 30일   록펠러 재단 1차 유학생으로 최창순, 최명룡, 윤유선,
백행인이 출발함

11월 17일   김명선, 군정청의 의과대학계 한국인 담당관으로 임
명됨

12월 11일	제3회 학생대회에서 상하이 임시정부의 깃발 아래에 단결하기로 결의함
12월 16일	세브란스 학생대표, 위의 결의문을 김구 주석에게 봉정함
12월 19일	전(全) 세전(世專) 아이스하키 부 총회가 개최됨
1946년 1월 7일	반탁학련, 박탁치 학생대회를 개최함(김덕순 부위원장) 반탁학련의 본부가 세브란스에 설치됨
1월 18일	반탁학련 주최 웅변대회가 끝난 후 좌익 청년들의 급습으로 함영훈 등이 부상을 당함
1월 20일	경찰, 반탁학련의 본부에서 남녀학생 41명을 검거하고 입건함
3월 1일	해방 이후 발행된 최초의 학술지인 조선의사신보가 발간됨
3월 7일	군정청, 6·3·3·4제의 학제를 성안하여 대학 설립을 위한 법적 조치를 마련함
3월 14일	세브란스 교수회와 이사회, 의예과 과정 설치를 결정함
4월 10일	반탁학련 본부에서 연행된 김성전과 홍석기에게 징역 4개월에 집행유예 2년을 구형함
5월 15일	개교 62주년 기념식 및 최동 교장 취임식을 거행함
6월	콜레라가 유행함
7월 10일	마지막 전문부 및 첫 예과 입학시험이 치러짐
9월 20일	신입생 입학식이 거행됨
9월 21일	개학식이 거행됨
11월 20일	제1회 이인선 문하생 발표회가 개최됨
12월 20일	연극부, 성탄절 축하 공연으로 성극(聖劇) '마틴 루터'를 공연함
12월 28일	대학 설립의 건을 신청함
12월 30일	연희, 이화와 함께 세 학교의 합동을 논의함

1947년 5월 15일	개교 63주년 기념식이 거행됨
5월 25일	창립 63주년 기념 가면극 '어느 날 밤의 꿈', 전 3막의 연극 '생의 제단'이 공연됨
6월 7일	제37회 졸업식을 거행함(93명)—세브란스 의학전무학교 명의의 마지막 졸업식임
7월	미국 선교본부에서 최신 의학 서적 1,834권을 기증함
7월 5일	대학 승격 신청이 문고발 제39호에 의해 정식 인가됨
8월 21일	동은 김충식, 1만 두락으로 재단법인을 설립하고, 그 소출액을 기부한다고 발표함
12월	세브란스 의과대학 체육회가 조직됨
12월 15일	교지 '세브란쓰'가 발간됨
1948년	에비슨관이 준공됨
5월 15일	개교 64주년 기념식이 거행됨
6월 5일	제38회 졸업식을 거행함(105명)
7월 14일	제1회 예과 수료 증서를 수여함(69명)
8월 15일	대한민국 정부가 수립됨
9월 18일	이용설, 제5대 학장에 선임됨
11월 13일	이용설의 학장 취임식이 열림
11월 21일	임시 교수회에서 연희와의 합동을 만장일치로 의결함
12월 13일	세브란스 연희 양교 교수회 대표들, 양 대학 이사회에 합동 결의서를 제출함
12월 17일	성탄 축하 음악회가 개최됨
1949년 3월	점령지 행정 구회 원조 장학생으로 조동수, 문병기, 손원태 및 최선학이 선발됨
3월 15일	세브란스 연희 양교 이사회 대표가 회동하여 합동을 전체로 의예과를 협의에 두기로 의결함
5월 13일	세브란스 연희 양교 연합위원회를 개최하여 9월 신학기에 예과를 연희대학에서 뽑기로 결정함
5월 14일	개교 65주년 기념식이 거행됨

5월 16일	연희, 의예과 모집에 따른 학칙 변경을 문교부에 인가 요청함
6월 11일	제39회 졸업식을 거행함(77명)
	재단법인 동은학원이 설립됨
11월 15일	연희의 학칙 변경을 인가함
1950년 5월 1일	연희대학교 의예과 입학 시험이 치러짐
6월 5일	연희대학교 의예과의 입학식과 개학식이 거행됨
6월 11일	제40회 졸업식을 거행함(66명)
	첫 학부 졸업생 3명이 배출됨
6월 25일	한국전쟁이 일어남
9월 28일	서울이 수복됨
10월 초	서울에서 연합대학이 운영된 것으로 알려짐
10월 28일	세브란스, 연희의 합동위원회가 개최됨
11월 23일	김활란, 이화는 합동에 참여하지 않겠다는 견해를 밝힘
12월 15일	흥남 철수작전을 벌임
1951년 1월 4일	1·4 후퇴로 서울에서 철수함
2월 19일	전시연합대학의 개교식이 거행됨
봄	거제도 진료소를 개소함
3월 14일	서울을 다시 탈환함
4월	청도 구호병원을 개설함
5월 4일	대학 교육에 관한 전시 특별 조치령이 공포됨
5월	심상황 교수와 일부 직원이 서울에 구호 진료소를 개 설한 것으로 알려져 있음
7월	청도 구호병원을 폐쇄함
8월 25일	원주 구호병원에서 긴료를 시작함
10월 3일	연희 영도에 분교에서 개강함
11월	부산 전시연합대학이 해체됨
11월 30일	제41회 졸업식을 거행함(37명)
12월	이사회, 미 8군이 서울 병원의 일부를 한인 노무자을 위해 사용한다면 기꺼이 수락할 것임을 의결함

1952년	1월 5일	원주 구호병원의 직원이 거제도로 복귀함
	2월 29일	거제도 진료소의 선발대와 장비가 서울역에 도착함
	3월 1일	대한민국 정부, 올리버 R. 에비슨에게 건곡공로훈장을 수여함
	3월 27일	세브란스 병원 건물의 군 징발이 해제됨
	4월 1일	세브란스 병원이 개원함
	4월	연희대학교 의예과에 처음으로 여학생이 입학함
	5월 10일	제42회 졸업식을 거행함(20명)
	5월 31일	대구 및 광주 전시연합대학이 해체됨
	6월 10일	의과대학이 개강함
	7월 3일	다수의 교직원이 서울로 복귀함
	7월	제1회 의사국가시험이 치러짐
	10월 16일	김명선, 제6대 학장에 선임됨
1953년	4월 2일	제43회 졸업식을 거행함(32명)
		편입한 첫 여학생이 처음으로 졸업함
	4월 13일	세브란스 이사회, 합동 원칙을 승인함
	4월 29일	더글러스 B. 에비슨의 학교장이 거행됨(1952년 8월 4일 캐나다 밴쿠버에서 서거)
	7월 27일	휴전협정이 조인됨
	8월 15일	정부, 서울로 환도함
	8월 27일	연희, 서울의 본교사로 이전을 완료함
	10월	백낙준, 연희 기지에 새 병원 건립을 위한 공간 제공 의사를 밝힘
	11월 26일	제44회 졸업식을 거행함(24명)
	12월 20일	김명선 학장 취임식 및 축하회가 열림
1954년	5월 15일	개교 70주년 기념식이 거행됨
	7월 23일	에비슨관이 재봉헌됨
	10월 13일	세브란스 이사회, 합동 이사회 구성을 의결함
		미 제8군 기념병원에 대하여 정식으로 논의함

1955년 1월 22일	연희 이사회, 합동을 전제로 미 제8군 기념 흉곽병원을 연희 기지에 식축하는 것을 허락함
3월 29일	제45회 졸업식을 거행함(26명)
4월 23일	미 제8군 기념병원의 기공식이 거행됨
4월 23일	세브란스 동창회, 연희와의 합동에 반대하며, 세브란스를 종합대학교로 승격시키는 방안을 모색키로 함
5월 14일	개교 70주년 기념식이 거행됨(제중원 개원을 기점으로)
6월	진료소 건물이 재준공됨
7월 28일	대학원 의학과가 인가됨
9월 9일	세브란스 동창회, 한국일보에 합동 반대 성명서를 게재 광고함
1956년 3월 25일	제46회 졸업식을 거행함(42명)
4월	아시아 기독교고등교육 연합재단, 기념병원에 덧붙여 의과대학 부속병원의 부대시설과 외래 진찰소 등을 건축하기로 결정함
8월 28일	올리버 R. 에비슨이 서거함
10월 13일	에비슨관에서 에비슨의 추도식이 거행됨
10월 22일	합동이사회에서 정관에 단과대학위원회와 관련된 제6장을 넣기로 의결함
1957년 1월 5일	연세합동이 이루어짐

1. 연세대학교 관련 문서 및 간행물

연세대학교 의과대학 학적부.

연세대학교 의과대학 졸업 앨범.

세브란스(교지).

연세대학교 백년사 1. 연세통사 상(서울: 연세대학교, 1985).

연세대학교 의과대학 의학백년 편찬위원회, 의학백년(서울, 연세대학교 출판부, 1986).

연세대학교 의과대학 재정사(서울: 연세대학교 의과대학, 1982).

旭醫學專門學校 同窓會 會則. 同窓會 名簿(京城, 旭醫學專門學校 同窓會, 1943).

2. 기타 단행본

김기령, 나의 회고록(서울, 아카데미아, 2005).

박두혁, 영원한 세브란스인 김명선(서울: 김명선 선생 탄신 100주년 기념사업회, 1998).

박형우, 연세대학교는 어떻게 탄생했는가(서울: 공존, 2016).

부산대학교 오십년사 편찬위원회, 부산대학교 오십년사(부산: 1997).

안종철, 미국 선교사와 한미관계, 1931~1948(서울, 한국기독교역사연구소, 2010).

양재모, 사랑의 빚만 지고(서울: 도서출판 큐라인, 2001).

전남대학교 의과대학 오십년사(1944~1994)(전남대학교 의과대학, 1996).

정병준, 해제 - 주한 미24군단의 대한 군정계획과 군정중대·군정단. 한국현대사자
        료집성 47~51(국사편찬위원회, 2000).

최규식, 인사동 40년. 해정 최규식 회고록(서울, 도서출판 큐라인, 2010).

한국 반탁·반공 학생운동 기념사업회, 한국 학생 건국운동사(서울: 한국 반탁·반
        공 학생운동 기념사업회 출판국, 1986).

Chosun Christian University Bulletin. General Catalogue Number 1956~1957, The
        Forty-first year(Seoul, Chosun Christian University, 1956).

3. 각종 논문

강명숙, 미군정기 고등교육 연구. 서울대학교 대학원 교육학 박사 학위 논문(2002년
        8월).

김동춘, 서울시민과 한국전쟁 '잔류'·'도강'·'피난'. 역사비평 통권 51호(2000년 5
        월), 43~56쪽.

김태우, 한국전쟁기 미 공군에 의한 서울 폭격의 목적과 양상. 서울학연구 제35호
        (2009년 5월), 273~304쪽.

박형우, 동은 김충식과 연세대 세브란스병원. 다산과 현대 10(2017), 131~156쪽.

소진탁, 東隱醫學博物舘과 醫史學資料室, 월간 연세대학교 의과대학 동창회 회보
        제85호(1980년 8월 15일).

이경록, 김충식과 동은의학박물관. 연세의사학 4(1)(2000), 1~17쪽.

전종희, 전시연합대학에서의 활동. 의사학 9(2)(2000년 12월), 256~257쪽.

정태수, 미군정기 한국교육사 자료집(상)(서울, 도서출판 홍지원, 1992), 58쪽.

진재신, 세브란스 거제병원 약사(미간행 자료), 동은의학박물관 소장.

4. 미 군정 관련 자료

Education, 3 Oct. 45, Transportation Communication Education.

Headquarters, United States Army Forces in Korea, Office of the Military Governor, Seoul, Korea, General Orders No. 4(Sept. 17th, 1945).

Headquarters, United States Army Forces in Korea, Office of the Military Governor, Seoul, Korea, Ordinance No. 4, General Order Number 4 is suspended and amended to read(Sept. 29th, 1945).

Part 6. Bureau of Education. History of Bureau of Education from 11 September 1945 to 28 February 1946.

Severance Union Medical College, Hospital, and School of Nurse. Minutes of Meeting of Board of Directors, Oct. 13th, 1954.

Summary of Activities for Week Ending 23 February 1946. HQ USAMGIK, Bureau of Education , Seoul, Korea(Feb. 25th, 1946).

5. 선교사 관련 자료

Assumptions, Severance, Sept. 17th, 1956.

Dong Soo Cho, Memorial for Severance Union Medical College(Mar. 13th, 1952).

E. B. Struthers, Letter to Rowland M. Cross(Oct. 23rd, 1953).

Ernest W. Weiss, Letter to Eugene Smith(Sept. 11th, 1954).

Horace H. Underwood(Office of Mili. Governor, USAMGIK), Letter to J. Leon Hooper(Sec., BFM, PCUSA)(Feb. 16th, 1946).

Horace G. Underwood, Letter to Ferguson(Oct. 25th), 1956.

Horace G. Underwood, Bliss W. Billings, The Educational Foundation. The Korea Mission Field 7(6)(June, 1911), pp. 167~170.

J. Greigh McMullin, A History of the Canadian Mission to Korea(Belleville, Guardian Books, 2009), pp. 711~728.

J. Leon Hooper(Sec., BFM, PCUSA), Board Action to the Korea Mission, No. 849(June 29th, 1945).

J. Leon Hooper(Sec., BFM, PCUSA), Board Circular Letter to the Korea Mission, No. 852(Apr. 9th, 1946).

L. W. Whang(Cambridge, Mass.), Letter to Archibald G. Fletcher(Acting Med. Sec., BFM, PCUSA)(Nov. 17th, 1945).

Minutes of the Joint Meeting of the Boards of Mangers of the Chosun Christian University and Severance Union Medical College, Apr. 24th, 1956.

Samuel Y. Lee, Letter to Archibald G. Fletcher(Sec., PCUSA),(Dec. 25th, 1955).

6. 각종 신문

國際新聞.

기독신보.

獨立新報.

동아일보.

매일신보.

문화일보.

부인신문.

水産經濟新聞.

연세대학교 의료원 소식.

聯合新聞.

自由新聞.

조선일보.

조선통신.

現代日報.

7. 기타 자료

미국 국립 문서기록 관리청 소장. 국사편찬위원회 홈페이지.
평양의학대학 제1회 졸업 앨범(1949).

Codington, Herbert A. 314
Cook, Edwin D. 147
Cooperating Board for Christian Education
    in Chosen 148

D

D. D. T. 살포 64f
Dondanville, Joseph M. 25

E

Educational Federation 146
Educational Senate 147
Edwin, D. 147

F

Ferguson, Mary 309
Fletcher, Archibald G. 91
Foreman, Douglas 287
Found, Norman 256

G

Ginn, L. Holmes Jr. 256

H

Hirst, Jesse W. 7
Hodge, John R. 19

I

Ibsen, Henrik Johan 165

J

Joint Committee on Education in Korea
    148

K

Kieffer, Glenn S. 22
Kingsbury, Paul 255
Korean Committee on Education 26
Korean Council of Medical Education 23

L

Lemnitzer, Lyman L. f 301
Leonard, Adna B. 147
Lockard, Earl N. 22

M

MacArthur, Douglas 187
Mackay, Robert P. 147
Mackenzie, Helen P. 314
Malik, Yakov Alexandrovich 189
March, G. 140
Moore, James 314
Morse, Charles W. 147
Moss, Barbara 314

상우(尚友) 박형우(朴瀅雨)

　　연세대학교 의과대학을 졸업하고, 모교에서 인체해부학(발생학)을 전공하여 1985년 의학박사의 학위를 취득하였다. 1992년 4월부터 2년 6개월 동안 미국 워싱턴 주 시애틀의 워싱턴 대학교 소아과학교실(Dr. Thomas H. Shepard)에서 발생학과 기형학 분야의 연수를 받았고, 관련 외국 전문 학술지에 다수의 연구 논문을 발표하고 귀국하였다.

　　1996년 2월 연세대학교 의과대학에 신설된 의사학과의 초대 과장을 겸임하며 한국의 서양의학 도입사 및 북한 의학사에 대하여 연구하였다. 1999년 11월에는 재개관한 연세대학교 의과대학 동은의학박물관의 관장에 임명되어 한국의 서양의학과 관련된 주요 자료의 수집에 노력하였다. 2009년 4월 대한의사학회 회장을 역임하였다.

　　최근에는 한국의 초기 의료선교의 역사에 대한 연구를 진행하여, 알렌, 헤론, 언더우드 및 에비슨의 내한 과정에 관한 논문을 발표하였으며, 이를 바탕으로 주로 초기 의료 선교사들과 관련된 다수의 자료집을 발간하였거나 진행 중에 있다.

　　박형우는 이러한 초기 선교사들에 대한 연구 업적으로 2017년 1월 연세대학교 의과대학 총동창회의 해정상을 수상하였고, 2018년 9월 남대문 교회가 수여하는 제1회 알렌 기념상을 수상하였다.